国家社会科学基金项目 "地域文化、商人信仰与近代侨批局跨国经营网络治理研究"（18BJL001）

潮汕文化与侨批网络治理

Chaoshan Culture and the Management of
Overseas Remittance Network

胡少东◎著

经济管理出版社
ECONOMY & MANAGEMENT PUBLISHING HOUSE

图书在版编目（CIP）数据

潮汕文化与侨批网络治理/胡少东著. —北京：经济管理出版社，2021.11
ISBN 978 - 7 - 5096 - 8264 - 7

Ⅰ. ①潮… Ⅱ. ①胡… Ⅲ. ①文化史—研究—潮汕地区 ②侨务—外汇—史料—潮汕地区
Ⅳ. ①K296.5 ②F832.6

中国版本图书馆 CIP 数据核字（2021）第 232774 号

组稿编辑：谢　妙
责任编辑：申桂萍　谢　妙
责任印制：黄章平
责任校对：张晓燕

出版发行：经济管理出版社
　　　　　（北京市海淀区北蜂窝 8 号中雅大厦 A 座 11 层　100038）
网　　址：www. E - mp. com. cn
电　　话：（010）51915602
印　　刷：唐山玺诚印务有限公司
经　　销：新华书店
开　　本：720mm × 1000mm/16
印　　张：14.75
字　　数：240 千字
版　　次：2021 年 12 月第 1 版　　2021 年 12 月第 1 次印刷
书　　号：ISBN 978 - 7 - 5096 - 8264 - 7
定　　价：78.00 元

前 言

1860 年汕头成为通商口岸，潮汕人民下南洋渐成潮流，下南洋的主要目的是赚钱养家。潮汕华侨大多会定期汇款回家，侨汇是近代许多潮汕家庭的主要生活来源，有 40%～50% 的潮汕家庭依靠侨汇生活。侨批局①（也称批信局或批局等）是专为海（境）外华侨和国内侨眷传递书信、钱物的机构。分布于南洋和潮汕地区的侨批局通过合作，连接起海（境）外华侨和国内侨眷，构建起覆盖南洋地区和潮汕地区的侨批服务网络。在近代国际商务法制环境很不完善的情况下，侨批网络却能够有效地开展侨批传递工作，那么，海（境）内外侨批局是如何构建合作关系的呢？侨批网络又是如何保障侨批局诚信经营的呢？

侨批服务网络能够长期有效运作，离不开其有效的治理模式。而治理模式离不开它所处的文化、地域和制度环境。潮汕地区是一个血缘和地缘叠合的乡族社区，宗族文化和民间信仰是潮汕地域文化的两大支柱，宗族文化通过祖先崇拜等仪式凝聚宗族人员，民间信仰则有助于团结同乡。在乡族关系的牵引下，近代潮汕移民在南洋也形成了同族同乡聚居区，保持着家乡的文化和习俗。潮汕侨批网络兴起于跨国潮人②乡族社区之中，连接着海（境）外潮汕华侨和家乡侨眷。通过分析侨批局的人员雇用和侨批局间的合作关系可以发现，侨批局雇用的人员均为族人或同乡，海（境）内外侨批局依托乡族关系建立代理关系，形成合作网络，用乡族关系保障侨批网络的有效运作。也就是说，侨批网络采用了基于血缘

---

① 侨批局在不同地区、不同时期的称谓并不相同，这些称谓包括民信、侨批局、批信局、批局、银信局、信局、汇兑信局、汇兑庄、批馆和侨批馆等，比较正式的名称有侨批局、批信局和批局。

② 潮人是潮汕人的简称。

和地缘的乡族关系治理模式。这一治理模式无疑与潮汕地域文化密切相关，那么，侨批网络治理是如何与潮汕地域文化产生有机联系的呢？它们之间存在怎样的相互作用呢？

在侨批网络研究中，相关研究已阐述了侨批网络的起源、发展历程、组织形态、业务运作及其贡献等（戴一峰，2003；王炜中、杨群熙和陈骅，2007；马楚坚，2003；焦建华，2010）。不过，人们对侨批网络的认识仍然停留在概念层面，大多比较笼统和抽象，未能从社会网的视角展现侨批网络的特征及变化。再者，现有研究对侨批网络治理模式更是缺乏研究，对侨批局的经营管理尚未有比较全面、系统的研究，对侨批局的激励机制和约束制度还缺乏归纳和梳理，所以未能清晰地描述侨批网络治理模式。

现有研究强调了侨批网络与中国传统文化的密切联系（何启拔，1947；顾士龙，1948），认为潮汕华侨寄批习俗是宗族观念的体现（杜桂芳，1995；吴润填，2007），潮汕传统节日影响着侨批的周期变化（陈丽园，2014a，2014b）。传统道德、文化观念对侨批网络的运作有重要的影响，它们保障了侨批业的诚信经营（洪林，2007；张洪林和朱腾伟，2019；Hu and Chen，2013，2015）。这些研究将宗族文化、信仰和习俗作为外生变量，虽强调了潮汕文化对侨批网络的影响，但没有意识到这些文化内容也可能会受到侨批网络治理的影响，如侨批网络治理可能强化了潮汕宗族文化和习俗等。因此，我们需要进一步探寻潮汕文化与侨批网络治理模式之间的关联与互动。

为此，本书充分利用侨批档案资料，并通过口述史等方式进一步收集有关侨批局经营管理的资料，重新组织和透视已有的史实，比较全面系统地描述侨批局的经营管理，从社会网量化分析视角展示侨批网络的特征和结构，进而对侨批网络的治理模式进行系统的描述，清晰地呈现侨批网络治理模式，以研究侨批网络治理模式与潮汕文化之间的关联与互动，探讨地域文化与治理模式间的联系机制。

本书是国家社会科学基金项目"地域文化、商人信仰与近代侨批局跨国经营网络治理研究（18BJL001）"的结题成果，共分为八章。

第一章绪论。对本书涉及的主要领域的学术研究进行了文献综述，包括潮汕文化研究综述、侨批业研究综述、侨批网络研究综述，进而介绍本书研究的理论基础,主要包括社会网络理论和商帮治理理论,并对研究对象和有关概念进行界定。

第二章近代潮汕文化的主要内容。因潮汕文化内涵丰富,本章主要是识别对侨批网络治理模式有影响的潮汕文化。本章筛选了与潮汕文化及潮汕华侨相关的文献,采用扎根理论分析方法,识别出与侨批网络治理密切相关的潮汕文化,即宗族文化、民间信仰、下南洋和寄批习俗等,并用"乡族文化"这一概念来概括这些文化内容。

第三章潮汕华侨与侨汇。本章探讨了近代潮汕人下南洋的情况,包括下南洋的动因和人数;探讨了潮汕华侨在东南亚的区域分布和所从事的职业;探讨了潮汕华侨汇款回家的情况,包括侨汇数量和侨汇对潮汕经济社会发展的影响。

第四章批信局及其经营管理。本章探讨了批信局的产生及其内外部组织。为充分利用批信局登记档案资料,本章分析了汕头批信局的分布、创设和经营时间,批信局营业人籍贯分布、汕头批信局和潮汕分号批脚姓氏情况。此外,本章重点探讨了批信局的经营管理制度,包括人员招聘、激励制度和业务约束制度等,为后面侨批网络社会网分析和侨批网络治理模式研究打下基础。

第五章侨批网络社会网分析。本章分析了1933~1949年潮汕侨批网络的关系构成、侨批网络的规模、密度、中心性、结构洞,并进一步对侨批网络进行了帮派分析。研究认为,海(境)内外批信局以宗族关系、同乡关系为纽带构建合作关系,形成侨批网络。在近代,随着批信局服务范围的扩大,批信局更多地通过同乡关系构建合作,依托宗族关系进行合作的比重在下降。这表明近代潮汕帮批信局已从乡土家族血缘封闭心理开始走向有差等的社会开放,从注重宗族关系向注重同乡关系转变。在侨批网络中,汕头批信局连接了海(境)内外分号,起到结构洞的作用,在侨批网络中处于中心位置。侨批网络密度较低,松散的结构特征有利于侨批网络整合潮汕各地族群及近邻族群,促进侨批网络稳定、高效运作。侨批网络的派系分析表明,在20世纪40年代,潮汕侨批网络并不存在以县划分的小帮派,基于可达性形成的派系的服务范围大多覆盖潮汕地区,甚至扩展至潮汕近邻地区。派系的重叠性为解释侨批网络的高效运作提供了支持。

第六章多边惩罚机制与侨批网络治理。本章分析了侨批网络作为一个联盟满足多边惩罚的条件,进而构建博弈模型论证委托人确保代理侨批局诚信经营的多边惩罚策略，分析该策略自我实施的机制，从而为侨批网络有效解决委托代理问题做出解释，并指出在中华人民共和国成立前夕，一些侨批局不再诚信经营的原因是当时的侨批网络已无法满足多边惩罚的条件。

第七章地域文化与侨批网络治理。借助经济史中的商帮治理理论框架，本章构建了"地域文化、信念与侨批网络治理"分析框架。在地域文化的外生条件下，侨批网络采用了基于血缘和地缘的乡族关系治理模式，我们识别并描述了侨批网络治理模式。进一步分析表明，治理模式各激励工具之间具有互补性，治理模式内生选择出能降低运行成本的地域文化和信念，进而强化侨批网络的乡族关系治理模式，保障了侨批网络的有效运作。近代侨批网络能够实现有效治理，是因为侨批网络治理模式能与其所处的地域文化实现良好耦合，从而节约交易费用和治理成本。

第八章研究结论与政策启示。对本书研究结论进行了总结并阐述政策启示。

与现有研究相比，本书的创新主要体现在以下几个方面：一是数据资料的创新。在本书中，我们发掘了广东省档案馆馆藏中华民国汕头侨批局登记档案，获得了1933～1949年的汕头侨批局登记资料，这是迄今发现的比较系统的近代汕头侨批局登记资料，这让本书能够采用第一手资料进行研究和讨论。从文献资料本身来说，近年来国内外学术界才逐步接触到民国时期原始的地方档案文献，因此，从反映的历史准确性和深入程度来看，本书已有一定的创新性。二是研究方法的创新。现有关于侨批网络的研究多为描述性的，本书采用社会网量化分析，展现了近代潮汕侨批网络的特征、结构及其变化。通过分析侨批网络的关系要素和结构要素，为近代侨批网络的有效运作提供了实证支持，具有一定的创新性。三是学术观点的创新。本书提出了一些新的观点，特别是在量化分析的基础上，我们对侨批网络的运作与治理提出了一些新的学术见解。

本书的意义主要体现在以下两点：一是对公司治理理论与实践均具有重要参考价值。经济活动是嵌入在一定的社会结构中的，良好的治理模式是嵌入在企业所处的地域文化中的，并能与地域文化互为补充，从而降低企业的治理成本。多年来，我国企业主要在借鉴外国（主要是美国）的治理模式，而国外企业的激励系统与其特定的地域文化、共享信仰相耦合，未必与中国的文化环境、员工价值观及预期一致。因此，我们不能一味借鉴外国的治理模式，而是要思考如何创造性地实现地域文化与企业激励系统的良性耦合。因此，分析侨批网络治理模式与地域文化是如何耦合的，对今天的公司治理具有重要的理论和实践意义。二是挖掘历史智慧，服务"一带一路"建设。侨批网络是近代重要的跨国商业网络，通过分析潮汕文化与侨批网络治理之间的内在联系与互动，寻找潮汕文化与跨国商业网络治理的内在关联，可以进一步挖掘"海上丝绸之路"的商业历史和智慧，服务国家"一带一路"建设，促进与东南亚国家的经贸合作。

本书存在的不足在于，限于现有史料，我们仅能利用广东省档案馆馆藏"汕头批信局登记详情表"构建侨批网络，因"汕头批信局登记详情表"仅提供了汕头批信局及其海（境）内外分号的信息，因此，在本书中，侨批网络是指以汕头侨批局为总局，南洋侨批局和潮汕地方侨批局为分号所形成的网络，并重点关注了海（境）内外侨批局间的合作关系。从汕头侨批局与海（境）内外分号的业务联系呈现出侨批网络的特征与结构，无法反映海（境）内外批局间真实的信息交流与互动等。未来如能获取更丰富的批信局档案资料，则可以丰富并深化侨批网络的研究。

此外，在研究过程中，我们对批信局的组织管理和侨批网络治理模式的描述仍然感到不够深入，相关史料也较为不足，未来需要进一步开发挖掘侨批业史料，以便全面、系统、深入地描述批信局的组织管理和侨批网络治理模式。

目 录

第一章　绪　论

第一节　文献综述

一、潮汕文化研究综述

潮汕文化是汉文化的一个地域性亚文化，它是在潮汕地区自然环境条件的影响下，在漫长的历史发展进程中逐渐形成的（黄挺，1998）。谢荣（1991）考察了历史上移居到潮汕地区的族群情况，认为潮汕文化是在古闽越文化的基础上，以中原汉文化为主体融合俚僚畲蛋等族文化而形成的。陈家麟（1994）考察了潮州话、潮州戏、潮州音乐、潮州菜、工夫茶、潮州工艺品、民俗和潮人文化心态，认为"潮汕文化"形成于明代至清朝初年这一时期。且潮汕文化深受儒家学说、宗法思想和地理环境的影响，在儒家学说和宗法思想影响下，潮汕人表现出重伦理、重祖宗和宗族，并具有高度凝聚力等文化特征。地理环境对潮汕方言和潮人文化心态的形成起到了重要的作用，地狭人稠、面向大海的地理环境促进了潮汕商业活动的兴起，培育了潮人经商的特殊本领和敢于冒险的精神。黄挺（1998）认为明清时期的海防政策对潮汕文化的形成起着决定性作用，海防政策致使潮州海商以武力对抗海禁。海禁政策促进了福建人民向潮汕移民，进而促进了本地区手工业和商业的繁荣，促进了潮人善贾的特点。嘉靖时期之后，潮州海寇之乱加剧，本地居民多聚族而居以求自保，宗族势力不断发展壮大，潮汕人的宗族观念也因此得到进一步强化。

潮汕文化内容丰富，可以说包罗万象，不同学者对潮汕文化内容的论述颇有差异，让人对潮汕文化难以有比较完整的认识。这一方面是文化概念本身包含的内容太多，难以统一刻画；另一方面是缺乏理论指导，未能呈现潮汕文化的内容结构。因此，对潮汕文化研究进行综述，实有相当难度。

马林诺夫斯基（1987）认为文化是基于那一群传统的器物、货品、技术、思想、习惯及价值而言的。他将文化分为四个层面，包括物质层面、组织层面、精神层面和语言层面。我们尝试从马林诺夫斯基对文化内容的分类出发，对潮汕文化研究进行综述。

（一）物质层面

在潮汕文化中，物质层面的文化主要体现在工艺美术及民居建筑之中，潮汕工艺美术包括木雕、石雕、嵌瓷、灰塑、陶瓷、潮绣、抽纱、绘画等。对这些工艺美术的研究主要包括以下几个方面的内容：一是对各工艺类别的源流进行描述介绍；二是对各种工艺美术的题材内容、工艺特点和造型进行描述分析；三是探讨这些工艺美术所蕴含的潮汕文化元素。

在潮汕工艺美术源流研究方面，成果较少。张跃中和马夏妍（2013）以不同时期潮汕代表性石雕为依据，描述了潮汕建筑石雕的历史沿革。许南燕和黄华明（2012）描述了嵌瓷艺术在潮汕地区的发展。但这些研究都只是对石雕、嵌瓷等工艺的源流进行简单描述，缺乏深入考证。蔡香玉（2015）则比较深入地考证了近代潮汕抽纱业的兴起。其认为为了使入教的贫困妇女得以谋生，并增加女子教育经费的投入，晚清时期来华女传教士在潮汕地区引入了抽纱工艺，并在不同宗派、教派内部逐渐形成了教会管理和信徒经营两种经营方式。随着这种工艺在信徒和非教会人群中的广泛传播，抽纱业成为潮汕地区一种新的行业，并对潮汕地区的经济结构与社会生活的变迁产生了重要影响。

关于潮汕工艺美术的研究大多集中在对各类工艺美术的题材、工艺和造型等方面的描述及其文化内涵方面的探讨。如林凯龙（2007）以潮州已略公祠和丛熙公祠为例，介绍潮汕民居的金漆木雕和石雕艺术，并探讨这些工艺美术与潮汕文化的关联。张跃中和马夏妍（2013）以潮汕传统民居等典型建筑中的石雕构建为研究对象，从历史文化、材料、工艺、题材等方面进行探讨。李宇（2015）和吴泽锋（2011）等阐述了木雕、石雕、嵌瓷等潮汕民居装饰工艺技法并探讨其文化内涵。邱俞皓（2019）则从色、形、质以及均衡、比例、节奏等角度出发，探寻潮绣艺术的形式美。

潮汕地区工艺美术类别丰富多样，有潮汕古建筑三大装饰工艺的木雕、石雕和嵌瓷，还有灰塑、陶瓷、刺绣、抽纱、绘画等。相关研究显示这些工艺美术在主题取材、构图、工艺上都有相通之处。如木雕、石雕、嵌瓷多取材于忠孝主题的人物故事和寓意美好的主题，如《郭子仪拜寿》《桃园三结义》《松鹤延年》等，反映了潮汕工艺美术受传统儒家文化影响，体现了潮汕地区的传统文化观念；海洋生物也是潮汕工艺美术的主要题材，反映了潮汕地区濒临大海的地理特征，体现了海洋文化的影响（张晓宾和陈宏之，2010；许南燕和黄华明，2012；林凯龙，2007；许东生，2011；冯蔼子，2018）。木雕和石雕在艺术形式、题材内容和雕刻的形制上都基本相同，镂通雕是木雕和石雕共同的典型技法。木雕、石雕和嵌瓷作为一种匠心独运的装饰工艺，表现了潮汕地区"精细"的工匠精神（林伦伦，2008）。这些工艺美术在美化建筑的同时，也表达了潮汕民众丰富的民间信仰文化，如嵌瓷作品既表达了浓厚的门第观念和宗族文化观念，又体现了朴素的本土民间信仰，对美好生活的向往和追求（张晓宾和陈宏之，2010；许南燕和黄华明，2012）。刘忠（2013）以潮州瓷塑、通花、瓷花为例，从艺术风格、装饰题材、表现手法三方面解读了潮州陶瓷当中蕴含的潮汕文化元素。认为潮州陶瓷风格中蕴含着"精细"的潮汕文化基因，潮州陶瓷装饰采用的题材广泛，既有反映孝道、崇文等儒家文化元素的题材，也有反映本土风土人情、宗教文化和海洋文化的题材。

潮汕传统民居建筑极具特色，素有"京都帝王府，潮汕百姓家"之说。潮汕民居研究多集中在民居装饰上，即对木雕、石雕和嵌瓷的研究，对于民居格局的研究数量不多，郭马风（2001）认为，潮汕地区多聚族而居，聚落建筑形成以姓氏宗祠为中心的围寨格局。曾建平（2003）以岭南第一侨宅陈慈黉故居为研究对象，从美学角度分析了其美学特色和文化意蕴，认为陈慈黉故居的格局映射着强烈的"中心"礼制观念和聚合向心的宗亲观念。林凯龙（2007）、李宇（2015）认为潮汕传统民居"四点金""下山虎""四马拖车""百鸟朝凤"等建筑布局及装饰中，都体现了宗法伦理观念。

在与其他区域工艺美术进行比较研究方面，相关文献极少。刘子川（2012）对广府木雕与潮汕木雕进行比较研究，认为由于民系文化的差异、自然地理环境的不同以及在区域文化中主导性不同，使广府木雕艺术与潮汕木雕艺术有着各具特色的地域文化特征。如潮汕木雕反映了潮汕精细、贾而好儒的商业文化性格，广府木雕反映了广府大气、重商远儒的商业文化性格。

（二）组织层面

有关潮汕文化在组织层面的研究集中于潮汕族群及宗族组织、潮州会馆等方面。

1. 潮汕族群及宗族组织的研究

近年来，有关华南族群的研究不少，但有关潮汕族群的研究较少，且主要是对潮汕与客家两个族群的比较研究和相互认同研究。如周大鸣（2005）对粤东地区潮客村落进行比较研究，认为潮汕人与客家人的差异和认同体现在习俗文化上。潮州人与客家人在建筑方面有着很明显的区别，尤其体现在祠堂等公共建筑上。而判断一个人是潮州人还是客家人，就是看他是讲潮州话还是客家话，另外民间信仰也是潮客族群认同的载体。宋德剑（2004）对处于潮汕、客家两个族群边缘的一个宗族村落——丰顺县留隍镇九河村进行研究，详细考察了九河村宗族文化对潮汕文化的逐渐认同过程，认为产生文化认同的原因与行政归属、婚姻网络、人口迁移以及经济结构的变动等因素都有密切的关系。

在潮汕宗族组织研究方面，主要集中于清代潮汕宗族构建的研究。如黄挺（2015）以举丁翁氏、西林孙氏、凤陇薛氏为例，阐述潮汕家族史的构建过程。认为在家族构建过程中，通过寻求官府的认同和支持，以确保宗族组织及其规约的合法性和权威性。与本地望族联婚也是宗族构建过程中的一个重要举措。研究还认为在家族史构建过程中，受社会观念的影响，历史事实被有选择地用于家族历史文本的重构。如受当时潮汕士大夫强烈的正统观念影响，在翁氏家族史构建过程中，强调了翁氏诗书传家的士族身份，而家族"以渔为业"的历史则被有意遗忘。横田浩一（2012）以潮州饶平县某乡村的宗族为研究对象，探讨宗族在移民过程中的入赘风俗，认为在清代形成宗族组织的时候，该乡村的人们通过入赘风俗的文化实践，特别是族谱的编者重新贴上自己的来历是外来人的族群标签，以此主张和证明自己的文化正统性。汕头开埠之后，很快发展成为一个繁华城市，城市中的宗族活动与乡村并不相同。黄挺（2009）以民国时期汕头三个联宗组织为研究对象，探讨了在商业城市社会中宗族的构建问题，认为城市宗族组织的成立背景、组织形式、运作方式等方面与乡村有着不同的特点，商人建立联宗组织，目的在于借助宗族的力量，提高竞争力。

改革开放以来，潮汕各地普遍出现宗族意识的回归，潮汕宗族组织和宗族意识的变化也引起学者关注。张仲凯（2003）通过对潮汕新联乡张氏五房家族组织的考察，总结出潮汕地区现代家族组织的总体特征，并进而分析这些家族组织特征对潮汕地区经济发展的影响。吴贤俊（2010）研究了潮州市潮安县金石镇《仙都乡林氏族谱》的重修案例，在该族谱重修过程中，采用了全乡视角，纳入同乡次姓，淡化主姓地位，强化对仙都乡的地缘认同，将林氏族谱修编为跨宗族的同乡族谱。

2. 潮州会馆的研究

伴随着潮商商业活动的拓展和潮汕人向东南亚移民，海内外潮州会馆不断涌现。潮州会馆组织也成为潮汕人团结的象征。海内外潮州会馆数量众多、形式多样，包括商人会馆、行业组织、同乡会馆、同乡会、宗亲会等。从现有研究来看，有关潮州会馆的研究主要是阐述会馆的起源、功能作用及发展沿革等，随着研究的深入，有研究开始探讨会馆的组织及管理机制，分析会馆组织与国家权力的互动。

周召京（1995）详述了苏州、南京、上海、广州、北京、天津、嘉兴等地的潮州会馆，对各地潮州会馆的创立、沿革、功能和活动等多有详述，是研究各地潮州会馆的重要资料。黄瑾瑜（2001）以苏州潮州会馆、上海潮州会馆等国内潮州会馆为对象，论述了潮州会馆的源流、规模、结构、形式、类型、管理和活动等。龙时瑶和谢舜龙等（2018）探讨了地缘、文化、政治因素对潮商商会组织形成的影响，并阐述了潮商商会组织的演化。在各地潮州会馆中，苏州潮州会馆因成立时间早并有碑刻《潮州会馆记》而备受关注。蔡鸿生（1991）以苏州清代《潮州会馆记》碑刻为资料，分析了苏州潮州会馆的创制规模、地位和作用，说明当时潮商在江南一带的贸易盛况，又从一些文化具象论及苏州文化对潮州的影响。段雪玉（2019）详细分析了苏州《潮州会馆记》碑文所载会馆祭业内容，从祭业价值、地理方位以及管理祭业的董事入手，分析清代潮州会馆管理祭业的运作机制、祭业的户籍登记与漕粮管理机制，从而揭示了清代商人会馆的管理机制。

在海外潮州会馆研究方面。胡一声和郑焕宇（1982）阐述了新加坡华人同乡会馆的创立时间、创立目的、会员和规模、同乡会馆间的关系等。作为新加坡华侨第二大帮，潮州帮的最高机构潮州八邑会馆及其他同乡会馆，该文均有阐述介绍。朱育友（1987）介绍了马来西亚"潮侨村"保留的潮州风俗习惯、马来西亚各地潮州会馆的成立和组织情况，认为"潮侨村"是马来西亚农村地区潮人的一种互助结构，而潮州会馆是潮人在城市中的另一种互助结构，两者都具有联络乡谊、共济互助的重要作用。

以潮汕华侨团体为研究对象的文献较少，对潮汕华侨团体的研究大多包含在对华侨团体的研究当中。如市川信爱和郭梁（1981）以泰国华侨五大乡帮，即潮州帮、福建帮、客家帮、海南帮、广肇帮的"会馆"为对象，重点阐述了潮州帮在泰国发展壮大的过程和泰国潮州会馆的历史沿革。研究认为，到 20 世纪初，华侨会馆逐渐转变成为一种经济团体或相互帮助的福利团体。随着社会经济发展，华侨团体也在发展演化之中。葛立功和陈景熙（2013）以 1947 年槟榔屿潮州会馆修改章程为案例，分析了潮州会馆为适应时代发展潮流进行变革演进的过程。野泽知弘和乔云（2011）则探讨了现代潮汕华侨社团的国际化。

除了对外埠和海外潮州会馆组织进行研究外，也有学者对汕头本土的商会、行业组织进行研究。陈海忠（2011a）分析了近代汕头会馆、商会的组织形态和运作，认为近代汕头万年丰会馆、保商局与商会三者在组织形态上具有非常高的同质性。通过这些组织，汕头商人群体在面对事关全埠商业和公共利益的时候，都很容易达成一致意见并采取有效的行动去实现自己的利益诉求。黄挺（2002）、陈海忠（2010，2011b，2016）研究了在近代汕头金融市场动荡环境中，汕头商会、地方商人与国家权力之间的互动与关系，研究认为，随着国家政权力量加强对社会的控制，加上商会内部组织的派系斗争和冲突，商会在地方社会中的影响随之减弱。

（三）精神层面

对潮汕人精神方面的研究，大多结合潮汕地区的地理环境特征、海禁政策和海上贸易进行总结归纳。虽然不同学者对潮汕人精神文化的归纳有所差异，但大多认为潮汕人的精神文化包括冒险精神（开拓进取）、团结精神（凝聚力）、顽强的适应能力（灵活性）、市场意识（商品意识）、创业精神、乡土情怀等（张富强和丁旭光，1994；隗芾，1998；冷东，1997）。林伦伦（2008）则从潮汕农业精耕细作方式、手工业艺术等出发，将潮汕文化的核心归纳为"精细"文化。

虽然不少学者对潮汕人的精神文化有所研究和概括，但这些概括未能深入刻画潮汕人的价值观和伦理规范。要了解潮汕文化的精神层面，需要从潮汕宗族文化、信仰和习俗等方面去探究。

1. 潮汕宗族文化研究

较早对近代潮汕地区宗族村落社区的研究专著是葛学溥（1925）采用文化人类学方法，对潮州凤凰村进行观察、调查及访谈等，记录和分析了凤凰村的人口、经济、政治、教育、家庭和宗族、宗教信仰和社会控制等，描述了家族、宗族多方面的特征，并用"家族主义"来形容凤凰村宗族社区的制度特征。

陈达（2011）以闽南和粤东侨民社区为调查对象，主要研究南洋华侨对家乡的影响，略有涉及潮州宗族、家族以至礼俗等方面的资料。通过调查分析，陈达发现闽南和粤东的乡民崇拜祖先，也崇奉神明，信仰成为乡民生活的一部分。

葛学溥对凤凰村的家族、宗族之诸多特征进行描述，比较全面但不够深刻。而陈达的研究则不仅限于潮汕地区。对潮州宗族村落社区进行比较全面深入研究的是陈礼颂。陈礼颂（1995）以潮州斗门乡为例，比较全面深入地描述了斗门乡的宗族结构、家族结构、宗族和家族的多元化功能、信仰习俗等，认为潮州各地村落，均具有宗族村落社区特征，宗族与家族色彩浓厚，村民日常生活亦皆与宗族、家族有着极密切的关系。

潮汕村落社区宗族与家族色彩浓厚，宗族文化影响着潮汕人的文化观念。黄挺（1995）以碑刻资料为证据，认为海外潮商在传统文化的熏陶下，怀有极其强烈的乡土宗亲观念，具有心系故土的恋"根"情结和行义赈灾以光宗耀祖的孝心。海外侨商热衷于回乡兴建祠堂，祭祀祖先，其意愿在于提高宗族组织的凝聚力，增强自身与宗族的关系。田仲一成（2007）认为南洋潮汕帮的组织和祭祀观念，是与传统的中国宗族主义结合在一起的，潮汕帮内部组织是以宗族观念为核心的。

近代海外潮人还保留着回归乡土宗族文化的心理，而到近代后期潮商已逐渐丧失乡土宗族情怀，具有强烈追求小家族独立发展的意识。他们开始以更广泛的同姓文化联结宗亲关系，形成了更为开放的群体文化，狭隘的宗亲关系逐步让位于潮汕同乡关系，高度凝聚力成为潮汕人文化心态的一大特点（黄挺，1998，2008；林济，2008）。

近年来，由于潮汕地区经济发展趋于滞后，有研究开始探索潮汕宗族文化与地方经济发展的关系。何东霞等（2014）分析了潮汕地区宗族制度的演进历史，认为宗族观念导致了个人交往层面的特殊"关系网络"，造成"分割"的社会结构，增加了市场经济制度实施的交易成本，导致资本、劳动力和技术难以进入，使这一具有商业传统的地区陷入小商小贩"过密化"的陷阱，从而影响了地方经济发展。

2. 潮汕地区信仰和习俗研究

葛学溥、陈达、陈礼颂的研究对潮汕地区的信仰和习俗均有所描述，谢雪影的《汕头指南》对潮汕地区的信仰习俗也略有描述，沈敏的专著《潮安年节风俗谈》则对近代潮汕地区的年节风俗进行了详细的描述。可惜这些研究没有进一步深入探究潮汕地区信仰习俗的形成与变化，陈春声和黄挺等的研究弥补了这一不足。

陈春声（1999，2001）通过对澄海樟林神庙系统的研究，描述了一个相互重叠的、动态的信仰空间的演变过程，以及这种信仰空间所蕴涵的权力支配关系和"超地域"的社会心理内容。通过对潮汕地区民间信仰的分析发现，潮汕民间信仰的形成及其象征意义的转换，与潮州地区数百年来王朝教化及地域社会复杂互动的契合过程有着密切的关系。彭尚青等（2019）以粤东"夏底古村"的信仰为例，对村落与庙宇的社会关系进行了梳理，探讨民间信仰的"社会性"内涵与神圣关系建构的问题，认为民间信仰的社会性看似充满世俗与功利色彩，但其本身也具有神圣性、合法性的社会秩序与集体意识。周大鸣（2005）认为无论是祖先崇拜还是民间信仰，它们都是构成传统社会文化的基础。

海外潮人在适应居住国环境和与当地人民长久相处中，与当地文化互相渗透融合，海外潮人文化研究也颇受关注。冷东（1997）认为东南亚潮人在与当地文化互动中，使自身文化形成层次性和多元性的特点，但仍然保留传统文化特点，包括方言、宗教和习俗等，方言是东南亚潮人首要的凝聚纽带和标志。信奉妈祖、关帝、祭祀祖先是海外潮人的传统信仰，东南亚潮人一直保留着潮汕传统习俗。

黄挺（2008）进一步将信仰习俗与潮商文化精神建立联系。在对潮汕地区的信仰习俗进行描述的基础上，深入分析了妈祖、关公、韩愈信仰在潮汕地区是如何成为地方信仰的，分析了妈祖、关公、韩愈信仰的功能并探讨这些信仰对潮汕商人文化的影响，认为各种民间信仰对潮商的团结、诚信、冒险精神、和气生财等商人精神都具有重要影响。

在信仰与地方经济互动研究方面，陈衍德（1996）认为妈祖信仰在沿海人们求生存和发展的经济生活中产生并普及，渔商经济越发展，崇拜越升级，以至于人们把虚幻的寄托转化为信心，反过来又推动了经济生活的运行。其认为汕头老妈宫及其周围街市乃是一个"以庙带市"的民间商业发展的典型，老妈宫对开发汕头埠所产生的凝聚力和感召力是至为明显的。

（四）语言层面

潮汕方言也叫潮汕话，属于闽方言的闽南次方言，流行于粤东的汕头市、潮州市、揭阳市，汕尾市的陆丰、海丰，梅州市的丰顺、大埔和福建省的东山、诏安等部分地区也有不少人能讲潮汕话（李新魁，1993；林伦伦，1988）。瑞典著名汉学家高本汉说："汕头话是现今中国方言中最古远、最特殊的。"[1]

语言是文化的载体，地方方言是地域文化的载体，也可以说其代表着一种地域文化。潮汕方言的研究主要集中于方言的形成、语音特点等方面（林伦伦和陈小枫，1996），从文化视角对方言等方面的研究较少。

语言是维系族群认同的明显标志，这促使有的学者依据语言进行族群划分，如在谈及南洋华侨时，往往按照不同方言将华侨分为潮汕帮、客家帮、福建帮、海南帮、广肇帮等（姚曾荫，1943；市川信爱和郭梁，1981）。即便在今天，客家和潮汕族群都较为一致地以自己所讲的语言来判断自己的族群归属（周大鸣，2005）。黄挺（1998）认为潮汕文化包含着许多文化特质，它们组成了既与共存

---

[1] 汕头话即潮汕话，转引自林伦伦：《"潮人文化"与"潮人"的身份认同》，《韩山师范学院学报》2017 年第 1 期。

于同一地域中的畲族文化、客家文化不同，也与周边其他地域文化有异的一个体系。在这些文化特质中，语言是最具有区别性特征的一种。他进一步将潮汕文化理解为，由讲潮汕话的民系所创造的一个文化共同体。语言、习俗、宗教、地域等文化特征都是族群认同的要素，潮汕人多有较为强烈的乡土感情和宗法观念，不论在什么地方，只要是说潮汕话，便可三五成群，结朋友，认宗亲，这就是所谓潮汕人的凝聚力之所在（谢荣，1991）。

（五）潮汕文化研究述评

潮汕文化内涵丰富，不易驾驭。本书试图从物质、组织、精神和语言四个方面对潮汕文化研究进行综述，也难免有所疏漏。从现有文献来看，潮汕文化研究主题涵盖了潮汕文化溯源、潮汕文化内容及特征、潮汕文化演化和潮汕文化对经济社会发展的影响等方面。在这些研究中，潮汕文化在物质层面的研究总体上比较空泛、浅显；对潮州会馆、宗族文化和信仰方面的研究比较深入，能深入探讨这些文化元素对海内外潮汕族群的经济社会影响。无论是物质层面、组织层面还是语言层面，都最终指向潮汕文化的精神层面，即潮汕人的宗族文化观念和信仰习俗，以帮助我们从多个角度理解潮汕文化。

不过，在潮汕宗族文化和信仰习俗研究方面，现有研究主要是阐述宗族文化和信仰习俗的源流、内容、表现和变化，也有研究尝试进一步论述潮汕宗族文化、信仰习俗等对社会经济发展的影响，探究文化与社会经济发展的互动。但大多从宏观层面进行论述，显得内容比较空泛。虽然许多学者都认为潮汕文化对潮商的经营管理有重要的影响，但大多将宗族文化、民间信仰和习俗等文化因素视为外生变量，没有意识到潮汕文化本身也可能会受到潮商治理模式的影响，未能探寻潮汕文化因素与潮商经营管理之间内在的互动。本书将从批信局微观层面和侨批网络层面，深入探讨潮汕文化因素与侨批网络治理之间的关系与互动，寻求侨批网络乃至潮汕商帮维持良好治理的文化基因。

二、侨批业研究综述

（一）侨批业的产生和发展历程研究

侨批业产生的背景和发展历程在近代已受到学者的关注，相关文献均从批信局与侨胞之间的关系出发，阐述批信局产生的背景及发展历史，强调了侨批业的产生与中国传统文化的密切关联，何启拔（1947）更是将批信局看作是我国固有文化的遗俗（西尊，1947；顾士龙，1948）。基于文化的视角，杜桂芳（1995）、吴润填（2007）通过对潮汕华侨批信内容的分析，将侨批的产生归结于潮汕传统文化，认为侨批的目的是赡家济亲，批信内容体现了潮汕人强烈的家族观念，批信中写明的分款程序体现了宗族之中经济差别的调协。华侨寄批习惯和国内亲属依靠侨批被认为是天经地义，都是潮汕人宗族观念的体现。陈训先（1996）也认为侨批是潮汕文化的特色文化形态，侨批业的产生是潮汕人"根"意识的特殊递变、"智"潜能的优化组合、"商"思想的灵活应用的结果。

侨批业研究文献的内容大多比较综合，包括侨批业的起源、发展历程、业务运作及其贡献等。如王炜中等（2007）比较全面地描述了潮汕侨批业的起源、发展历程、业务运作和贡献等。马楚坚（2003，2008）探讨了潮帮批信局的起源、侨批业的业务运作及其演变、侨批业的贡献。李小燕（2004）探讨了客家侨批业的产生、发展及对地方经济社会的贡献。林真（1988）详细论述福建批信局的萌芽、发展及其特点与形式，肯定了批信局沟通海内外联系的桥梁作用和争取侨汇中的历史地位。黄海清（2012）以批信局网络发展为主线，以侨批实物上记载的信息为依据，考察了从水客①个人、批信局网络到侨批行业网络整个侨批业的发展过程，认为闽帮侨批局有其网络经营的国际化视野和金融属性，能够因时因地而变，从而促进和适应不同时期侨批的业务发展。焦建华（2017）分析了近代侨批跨国网络的历史变迁，揭示了近代侨批网络及侨批业的发展规律。常慧（2013）则从微观层面，以福建王顺兴信局为研究对象，分析其创办及兴衰历程，折射出侨批业的变迁。

在东南亚侨批业研究方面。杨晓慧（2003）对泰国批信局的起源、发展并逐步走向消亡的过程进行了简介。洪林（2007）阐述了泰国侨批业的产生与发展历程，强调了传统道德、文化观念对侨批和侨批业产生的影响，认为泰国侨批业兴衰的过程不仅反映了中泰两国金融、政治方面的历史状况，也可看出华侨对家乡的深厚情感和所做的巨大贡献。李小燕（2009）描述了新加坡侨批业的兴起、发

---

① 水客：侨批业早期经营形式是水客，水客往返于中国与南洋地区，专门为海（境）外华侨和国内侨眷递送家书钱物。

展、繁荣和衰落的过程，认为新加坡侨批业随着时代的发展而变迁，批信局的盛衰除受时势影响外，也与本身经营状况息息相关。

（二）侨汇及其作用的研究

学者关注侨批业的主要原因是华侨汇款。关于华侨汇款的数额，近代中外学者和机构的估算很多，估计者包括西方学者摩尔斯（H. B. Morse）、瓦括尔（S. R. Vagel）、雷麦（C. F. Remer），日本学者井出季和太、土屋，中国学者杨建成、吴承禧、郑林宽，以及各种研究机构如中央研究院、中国银行、东亚研究所等。因各家所采用的估算方法不同，准确度也有差异。其中，以雷麦的估算影响较大，吴承禧、郑林宽的估算也比较受认可，被广为引用。

因以前没有关于侨汇的统一管理机构，潮汕地区每年由南洋华侨汇入的批款数额，缺乏较为完整的调查统计，有关潮汕侨汇的数额多为估计值，如《潮州志》对潮汕侨汇数额的统计也只是个估计值："兹据老于此业者较确实估计，民国十年以前，汇归国内批款年在数千万元，十年以后年在一亿元以上，至二十年以后又增倍蓰，可能达二亿之上……"（饶宗颐，2005）。对潮汕地区侨汇进行过调查研究的是吴承禧，吴承禧（1936）依据汕头批业同业公会提供的数据资料，估算了1930～1935年汕头的华侨汇款情况，认为汕头华侨汇款数目庞大，在全国华侨汇款中的地位比厦门更为重要，并就侨汇的利用和潮汕的经济前途提出了建议。

在近代学者对侨汇估算的基础上，陈丽园（2014a）结合侨汇和侨信，研究侨汇和侨信的节律变化。认为在潮汕传统文化节庆影响下，华侨寄送侨批和侨汇存在一定的周期变化，每逢年节，东南亚侨批便周期性地涌入潮汕地区。通过对东南亚与华南间的侨汇与侨信的分析，陈丽园（2014b）进一步揭示出侨批互动中的双重变动——侨汇与侨信的变动、维持性侨汇与改善性侨汇的变动，它们分别体现了侨批互动稳定性与异动性并存的双重特征，同时也表明了海外华人与侨乡社会互动关系中的双重机制。侨批互动中海外华人及其家乡亲属为维持家庭生活的基本需要而相互不断地进行物质与感情上的交流，构成了华南与东南亚华人社会互动关系中的坚韧纽带。

袁丁等（2014）利用广东邮政管理局档案资料，详细讨论了抗日战争时期广东的侨汇状况，认为在潮汕沦陷初期，私营批信局受到较大影响，但在沦陷区内仍然保存了大部分原来的邮政局系统以及私营批信局，他们在艰难的情形下依旧维持着侨汇业的运作，纠正了过去认为沦陷区侨汇衰落的观点。焦建华（2014）进一步对太平洋战争前（1939 年 7 月至 1941 年 12 月）潮汕沦陷区侨汇业进行研究，结合日军侵略形势变化及潮汕地区状况，更为翔实与准确地厘清了太平洋战争前潮汕沦陷区侨汇业的变迁，认为在这一时期沦陷区与国统区之间继续通邮通汇，侨汇寄递渠道是畅通的，沦陷区侨汇业在短暂受创后逐渐恢复并有所发展，这也支持了袁丁等的观点。

在侨汇的贡献和作用方面。林金枝（1996，1998a，1998b）比较全面地分析了侨汇的用途和对中国社会经济发展的作用，将侨汇的历史作用概括为：一是侨眷最重要的生活来源，二是抵补中国对外贸易逆差的主要砝码，三是在中国企业投资中起的重要作用。可以说，侨汇的贡献和作用是多方面的。一些学者从促进金融市场发展的角度论述侨批业的贡献。如陈训先（2005）认为清代潮汕侨汇是一笔巨额流动资本，侨批业的发展促进了地方金融市场的发展，也促进了我国原始金融业的发展。王炜中和王凯（2015）从规范原始金融市场、发展银庄业和促进外汇市场平衡三个方面，分析了潮汕侨批对近代当地金融业发展的推动作用。郑一省（2006）认为水客加强了海（境）外华侨和家乡亲人的联系，水客是金融网络的建构和经营者，是海外移民网络的重要环节，在侨乡金融网络和移民网络中发挥着独特的作用。也有学者从农村社会发展、建筑等方面阐述侨汇的贡献和影响。如黄燕华（2006）阐述了华侨汇款对近代潮汕地区农业与农村社会的影响，认为侨汇不但维持和改善了当时潮汕地区农村侨属的生活条件及居住环境；对促进当地农业生产的发展、改善农村的交通条件、刺激农村市场的繁荣、活跃农村经济等方面也起到了积极的作用。吴孟显（2014）认为海（境）外华侨寄回的投资性汇款和捐赠性汇款，以及批业商号的进驻等因素都对潮汕墟市的发展起到了一定的推动作用。肖文评（2008）认为在民国时期的客家山区，水客和侨批对近代侨乡社会的形成和发展起着重大的影响作用。吴妙娴和唐孝祥（2005）认为近代华侨投资极大地促进了潮汕侨乡建筑的发展，奠定了潮汕地区城市的基本格局。

（三）侨批业与国家侨汇体系的关系

依据西方国家经验，邮政必由国家垄断经营，不准民间私人力量涉足，取缔民信局和批信局等传统组织便成为晚清以来政府的必然选择与既定政策。批信局与国家政策的博弈成为学者关注的对象，并体现在批信局与银行、邮政局等主要政府部门关系研究之中。

在批信局与邮政局关系方面。焦建华（2007a，2007b，2007c）研究了批信局与政府邮政的关系认为，国营邮局以管理者和经营者的双重身份，采取各种法律和行政手段，逐渐掌控批信局及其业务，最终确立了国营邮局在侨批寄递市场的垄断地位。不过，虽然侨批业与国家邮政的关系由邮政主导，但批信局借助侨批公会和海（境）外华侨的支持，对邮局也存在反制与制约，从而形成一定程度的竞争格局。凌彦（2007）以 20 世纪 30 年代的厦门为中心，分析了民国邮政与民间信局的关系，认为民信局的走私和邮政的缉私斗争，反映了国家邮政与民间信局关系的一个侧面。

在批信局与银行关系研究方面。陈春声（2000）以银行委托潮汕内地批信局代理侨批业务为例，分析了银行与批信局的合作关系，认为作为传统组织，批信局也可以与近代的邮政机构和金融组织实现良性互动，并从中找到巨大的发展空间。戴一峰（2004）考察了 20 世纪上半期闽行与侨批局关系变化，揭示了两者在环南中国海华人移民侨汇市场中所形成的竞争、合作、利用、借鉴和共生等多重关系，认为侨批局和银行在侨汇市场上，面对的是一个相当特殊的消费群体和市场，相比之下，侨批局显示出其制度上和经营管理制度上的诸多长处，成为银行合作和借鉴的对象。焦建华（2017a）对 1946～1949 年侨汇逃避期间中国银行与批信局间的关系进行探讨，发现闽行主张只取缔从事侨汇逃避的汇兑局，而保留与其有业务往来的批信局。闽行积极处理与国内外批信局的关系，并与批信局形成一种依赖与竞争的关系。该研究认为闽行的做法比南京中央政府单纯地实施取缔批信局的政策更为现实可行。

在侨批业与国家侨批业政策方面。焦建华（2013）梳理了国民政府侨批业政策的制定过程，认为批信局形成的制度特色和经营优势，迫使南京国民政府调整邮政专营政策，取缔经营国内邮政业务的民信局，但保留经营华侨民信的批信局，批信局从而成为现代国家构建的一部分。

陈丽园（2003）认为在 1927～1949 年抗日战争前、战争中和战争后三个时期，侨批网络与国家公营侨汇体系间存在三种关系模式，即竞争、对抗和相互合作利用，不同时期是不同关系模式的组合。国家体系和民间商业网络如果能明确各自的活动空间，充分发挥它们的优势进行合作，那么两者间就可能出现良性互动，避免摩擦。胡少东和陈斯燕（2013）从新制度理论的视角分析了 1860 ~ 1949 年侨批业组织场域和制度的共同演化，结果表明，侨批业各利益相关者通过侨批业组织场域进行对话、竞争和合作，从而推动了侨批业和制度的共同演化。由规制性、规范性和文化—认知性制度所构成的三大制度支柱对侨批业的经营都有重要的影响，当三大制度支柱能够较好结合时，就能够促进侨批业的发展，形成侨批局、邮政局、银行共同经营的局面，但当三大制度支柱不能得到较好结合时，侨批业行为就会趋于混乱以至走向衰败。

国民政府的侨务活动是功利导向的，主要目的在于获取华侨的经济力量（周瑜斌，2017）。国民政府为加强对侨汇控制，对侨汇采取特许经营方式，但由于滥发货币和实行不合理的汇率制度，导致侨汇逃避的问题（袁丁和陈丽园，2001a）。为解决侨汇逃避问题，国民政府一方面改善自身的侨汇经营，另一方面极力打击侨汇黑市以解决侨汇流失问题，对侨批局采取既限制又利用的政策。但由于官营行局无法取代民间侨批局，恶性通货膨胀更是促使大量侨汇进入黑市，最终导致政策的失败（袁丁和陈丽园，2001b）。

（四）侨批业研究述评

总的来说，现有文献已比较清楚地描述了侨批业的产生与发展历程，多数文献认为中国传统文化与侨批业有着密切的关系。南洋华侨社会保持着我国的传统文化，侨批业是我国文化遗俗的体现，侨批业所进行的不仅仅是经济活动，这些活动有着更加深刻的社会与文化内涵（陈春声，2000）。不过，这些研究只是指出我国传统文化对侨批业有重要影响，但没能进一步深入探讨我国传统文化与侨批业间的相互作用，特别是我国传统文化与侨批网络的有效治理间的互动与关联更是缺乏研究。

在侨汇研究方面，现有文献通过对不同时期侨汇数额的估算研究，可以让我们从数量上比较清晰地认识侨批业在不同历史时期的经营状况和发展变化。相关研究对侨汇的贡献和作用的阐述，让我们能全面地认识侨汇对侨乡乃至国家的重要影响和贡献。由于潮汕侨汇数据缺乏比较完整、准确的统计资料，因此仍然缺乏系统、有深度的研究。另外，侨汇研究多从行业层面进行，以致我们对微观层面——批信局在经汇批款方面了解不多。本书将在新发现史料的基础上，从微观层面展示批信局的业务情况。

在侨批业与国家关系研究方面，现有研究比较清楚地描述了私营批信局与公营侨汇体系之间的博弈过程，梳理了近代国家侨批业政策的发展变化，有助于我们从国家政策背景下更加深入地理解近代批信局的业务及经营情况的发展变化。不过，关于国家侨批业政策的变化对侨批网络治理的影响却缺乏研究，比如公营侨汇体系对海内外批信局间的合作有何影响，批信局与公营侨批体系的合作是否会影响原来的合作网络等。

三、侨批网络研究综述

分布于南洋和潮汕地区的批信局连接起海（境）外华侨和国内侨眷，构建起覆盖南洋和潮汕地区的侨批网络，为华侨侨眷提供了高效安全的侨批服务。随着 20 世纪 90 年代华商网络理论的出现，侨批网络吸引了许多学者的关注。

（一）侨批网络组织研究方面

张公量（1993）介绍了闽南批信局的起源及其组织，将批信局从地域上分为三部分，即南洋信局、国内通商口岸设立的南洋代理局和在侨信分发中心地点设立的内地代理局，三部分批信局通过分工合作完成侨批的递送工作。马明达和黄泽纯（2004）则按功能将批信局分为收揽局、中转局、投递局三种基本类型，按规模及经营网络将批信局分为大型、中型、小型三类，认为各类批信局各具特点，共同构成了侨批的经营网络。焦建华（2010）分析了福建侨批网络的空间形态，认为侨批网络具有跨国性、多重性、地域性和松散性等显著特征。在侨批网络运作中，东南亚和福建批信局各承担不同分工与职能，共同完成侨批收集、寄递、分送与完成等事宜。

戴一峰（2003）描绘了侨批网络组织形态，认为侨批局就是借助地缘与血缘交织的社会纽带，将自身网络化，并使其商业活动结构性地嵌入华人跨国社会。陈丽园（2003）将侨批网络的组织形态分为家族网络、合股关系网络和乡族商业网络，认为这三种组织形态往往交织在一起，不是截然分开的。

陈丽园（2012）以潮汕侨批业为例，探讨了侨批网络的内部整合与制度化问题。陈丽园（2014c）将侨批公会、南洋中华汇业总会、中华总商会等也纳入侨批网络之中，将侨批公会的成立看作是侨批业制度化的标志，南洋中华汇业总会的成立进一步推动了侨批网络的制度化运作，使中国与东南亚间的侨批网络得到进一步的加强与整合，并进入以中华总商会为中心的更高层次的华人社团网络。侨批网络的扩大加强了其对外的集体交涉能力，从而维护了潮汕侨批网络的正常运转。

以上有关侨批网络的研究大都是描述性和整体性的，内容比较空泛，尚未涉及具体的侨批网络。刘伯孳（2019）则从个体网络的角度，分析了由捷兴信局和源兴信局所构成的侨批服务网络，认为该服务网络建立在闽南方言群的基础上，网络服务覆盖了闽南人在东南亚侨居地与闽南地区各主要侨乡，以地缘和血缘为主的社会资本为其带来了源源不断的客户。刘睿珺和吴宏岐（2019）以《新宁杂志》刊登的银信机构资料为依据，对侨批网络中不同侨汇机构的结构进行分析，认为广东台山侨汇网络的中心以抗日战争取得胜利为转折点，逐渐从台山转移至香港地区，主体也由一开始的银号、商号逐步发展为现代金融组织。

虽然刘伯孳的研究呈现了侨批服务个体网络的合作关系，刘睿珺和吴宏岐的研究呈现了侨批网络中侨汇机构的结构，但都未能采用社会网分析方法探讨侨批网络的规模、关系、特征与结构等。

（二）侨批网络治理研究方面

侨批网络能够长期有效运作，离不开其有效的治理模式。可是，这个治理模式是什么样子，现有研究还没能较好地给出答案。

虽然针对侨批网络治理模式的研究极少，但在有关批局及其业务的研究中，大多会涉及侨批网络治理的内容。通过对相关文献的梳理，涉及侨批网络治理的内容主要包括：一是对批局组织形式、业务制度的描述；二是对批局与华侨侨眷关系的描述；三是对批局与其代理批局关系的描述。

对批局组织形式进行研究的文献较少，相关文献主要介绍批局的组织结构、人员构成、业务制度等。近代学者姚曾荫（1943）、何启拔（1947）、西尊（1947）等均描述了批局的内部组织结构，介绍了批局内部的职位设置。一般而言，批局的内部组织整体比较简单，一般设有司理、司账、司库和批脚等，职位设置和人数一般根据批局规模和业务的不同而有所不同。批局雇用的人员，均为同乡或宗亲，他们非属乡亲，即为戚友，在血缘上总能找到一些联系（西尊，1947；顾士龙，1948）。

对于批信局的业务制度研究，早期文献对批局的收批列字与编号制度、回批制度、票根制度和查验制度均有介绍（芮诒埙，1987；顾士龙，1948），这些制度保障了侨批递送的安全高效。现代的研究大多围绕批信局的经营制度，包括信汇制、帮号制、三盘经营制、垫款制等，认为这些制度创新是与文化传统和社会环境相适应的（焦建华，2005；赵雪松，2008）。批信局的制度特点衍生出一系列经营特色，如地域性、富有人情味的服务、多种经营等（戴一峰，2003）。路晓霞和陈胜生（2013）阐述了潮汕侨批业行业制度，认为以侨批业为代表的潮汕传统商业不仅有健全的行业制度，还进行了制度创新，从而带动了潮汕商业的繁荣，建构了哀多益寡的商业伦理。

在批局与华侨和侨眷的关系上，相关研究主要描述了批局与华侨的密切关系，认为批局的营业是有地方性的，主要为本县本乡华侨服务，依托乡族关系接揽侨汇（姚曾荫，1943；何启拔，1947）。在南洋地区，批局的员工与华侨大多比较熟悉，批局经常派出批脚登门为华侨收批，还为经济困难的华侨提供免息赊汇服务，帮助华侨按期汇款养家（姚曾荫，1943；何启拔，1947；西尊，1947）。可见批局与华侨关系之密切。"批信局系侨胞传统上之生命线，侨胞为批信局之唯一信任者。批信局与侨胞之关系根深蒂固，实有不可分离之势，故宜其日渐发达矣。"（顾士龙，1948）在潮汕地区，批局与侨眷的关系也一样密切。送批的批脚均为诚实可靠并熟悉当地情形的人（姚曾荫，1943；何启拔，1947）。侨眷多散处穷乡僻壤，批脚都一一登门送交（西尊，1947；饶宗颐，2005），批脚可以说是侨乡最受欢迎的人。

作为侨批网络的关键环节，批局与其代理批局间的关系比较受学者的关注。陈春声（2000）以广东省档案馆馆藏批局登记详情表为资料来源，以汕头有信批局、振盛兴批局、洪万丰批局等为例，发现这些批局的负责人与分号（代理批局）的负责人中存在血缘、地缘关系。批局自设分号自成网络的很少，批局之间大多通过代理关系形成合作网络，批局负责人之间存在血缘、地缘关系，乡族关系是其合作的重要纽带（陈丽园，2007；戴一峰，2003；焦建华，2010；胡少东、孙越和张娜，2017）。

现有研究指出，无论是批局内部的人员关系，还是批局间的代理关系，抑或是批局与华侨侨眷的关系，都建立在血缘和地缘的基础上，即批局依托乡族关系，构建起连接海（境）外华侨和家乡侨眷的服务网络。可惜，这些研究并没有进一步论证乡族关系与侨批网络治理的关系。

近年来，侨批网络治理问题开始受到学者的关注。相关研究认为侨批网络主要依赖传统信用机制，即源于中国传统文化及在此基础上产生的集体惩罚机制（戴一峰，2003；焦建华，2017b）。吴二持（2008）阐述了侨批业经营的诚信因素和诚信机制。认为侨批业之所以能长期诚信经营，最主要的因素是经营者受传统道德长期影响形成的个人操守，还有通过同业公会组织等加以制约和保障沿途安全。黄挺（2009）以吧达维亚华人公馆的档案资料为中心，分析了早期侨批业中的信用保证、纠纷解决、对不可预见情况的处理等，探讨了侨批业的治理问题。张洪林和朱腾伟（2019）比较全面地分析了潮汕侨批纠纷调处方式，包括自力救济、侨批行业公会调解、公堂调解、盟神查案、适用无过错赔偿原则等，认为潮汕侨批纠纷调处方式与家族文化密切相关，家族法是潮汕侨批法律文化的根基，家族文化中的商业诚信理念和规则为纠纷预防提供了特有的文化资源（张洪林和薛锐，2018）。

（三）侨批网络研究述评

在侨批网络研究中，相关研究已阐述了侨批网络的起源、发展历程、组织形态、业务运作及其贡献等，也有研究从量化角度分析了某一时间截面侨批网络的特征与结构，但从较长时间序列对侨批网络进行的量化分析仍处于空白，我们对近代侨批网络的发展变化仍然缺乏研究。

虽然现有研究强调了传统信用机制在侨批网络治理中的作用，但没有进一步分析传统信用机制是如何发挥作用的；虽然已有文献介绍了批信局的经营管理，但这些介绍都过于简单和碎片化，未能呈现比较完整的批信局经营管理模式，更未能清晰描述侨批网络治理模式的样貌；虽然已有研究探讨了传统文化在侨批网络治理中的作用，但未能探讨文化因素与侨批网络治理模式之间的关联与互动。

治理模式是一个制度体系，或一整套"激励系统"，有效的治理模式是各种制度要素互补的结果。现有研究只是对侨批业的部分制度要素、组织要素进行描述，但对这些要素间的关系缺乏深入分析。本书将在批信局经营管理研究和侨批网络社会网分析的基础上，进一步重新组织和透视已有的史实，梳理、识别侨批网络的各种制度要素和组织要素，包括地域文化、侨批业的经营制度、人们的信念等，清晰描述出侨批网络的治理模式，进而分析侨批网络治理模式与各制度要素和组织要素之间的关系及其相互作用。

第二节　理论基础

一、社会网络理论

社会网络的概念最早是在英国著名人类学家布朗对结构的关注中提出来的。布朗所探讨的网络概念聚焦于文化是如何规定有界群体（如部落、乡村等）内部成员的行为的，他的研究比较简单，而实际的人际交往行为要复杂得多。较成熟的社会网络的定义是 Wellman 于 1988 年提出的"社会网络是由某些个体间的社会关系构成的相对稳定的系统"，即把"网络"视为是联结行动者（Actor）的一系列社会联系（Social Ties）或社会关系（Social Relations），它们相对稳定的模式构成社会结构（Social Structure）。随着应用范围的不断拓展，社会网络的概念已超越了人际关系的范畴，网络的行动者（Actor）既可以是个人，也可以是集合单位，如家庭、部门、组织。社会网络与企业知识、信息等资源的获取紧密相关。网络成员有差别地占有各种稀缺性资源，关系的数量、方向、密度、力量和行动者在网络中的位置等因素，影响着资源流动的方式和效率。

根据分析的着眼点不同，社会网络理论有两大分析要素：关系要素和结构要素。关系要素关注行动者之间的社会性粘着关系，通过社会联结的密度、强度、对称性、规模等来说明特定的行为和过程。结构要素则关注网络参与者在网络中所处的位置，讨论两个或两个以上的行动者和第三方之间的关系所折射出来的社会结构，以及这种结构的形成和演进模式。这两类要素都对知识和信息的流动有着重要的影响。具体来说，强弱关系、结构洞理论、嵌入理论、社会资本理论是社会网络理论的主要内容。

（一）强关系与弱关系

格兰诺维特（Granovetter，1973）最先提出关系强度的概念。他将关系分为强关系和弱关系，从互动的频率、感情力量、亲密程度和互惠交换四个维度测量了关系的强弱，认为强关系是在性别、年龄、受教育程度、职业身份、收入水平等社会经济特征相似的个体之间发展起来的，而弱关系则是在社会经济特征不同的个体之间发展起来的。

格兰诺维特（1973）认为强弱关系在人与人、组织与组织、个体与社会系统之间发挥着根本不同的作用。强关系维系着群体、组织内部的关系；弱关系则充当信息桥的作用，在群体、组织之间建立了纽带联系。群体内部相似性较高的个体所了解的事物、事件经常是相同的，所以通过强关系获得的信息往往重复性很高。而弱关系是在群体之间发生的，跨越了不同的信息源，能够充当信息桥的作用，将其他群体的重要信息带给本不属于这些群体的某个个体。弱关系充当信息桥的判断，是格兰诺维特"弱关系的力量"的核心（杨瑞龙和杨其静，2005）。

（二）结构洞理论

罗纳德·伯特（Ronald Burt，1992）在格兰诺维特思想的基础上，进一步提出了结构洞（Structure Holes）理论。伯特认为，无论是个人还是组织，其社会网络均表现为两种形式：一是网络中的任何主体与其他主体都发生联系，不存在关系间断现象，从整个网络来看就是"无洞"结构。这种形式只有在小群体中才会存在。二是社会网络中的某个或某些个体与有些个体发生直接联系，但与其他个体不发生直接联系。无直接联系或关系中断的现象，从网络整体来看好像网络结构中出现了洞穴，因而称作"结构洞"（R. S. Burt，1992）。

罗纳德·伯特依据结构洞理论对市场经济中的竞争行为提出了新的解释。他认为，一个人或一个组织，要想在竞争中获得、保持和发展自己的优势，就必须与相互关联的个人和团体发生广泛的联系，以争取信息和控制优势。

可以看出，罗纳德·伯特的结构洞观点与格兰诺维特关于强弱关系重要性的假设有很强的渊源，结构洞之内填充的是弱联结，因而伯特的观点可以看作是对格兰诺维特观点的进一步发展、深化与系统化。另外，结构洞与社会资本有关。伯特认为社会资本伴随行动主体的中介机会而产生。主体拥有的结构洞越多，具有的社会资本也越多。

（三）嵌入理论

嵌入理论（Embeddedness Theory）由波拉尼（1992）提出，他认为经济从来就不是一个单纯的独立领域，在前工业社会中经济是嵌入于社会、宗教亦即政治制度之中的。也就是说，像贸易、货币和市场这样的现象是由谋利以外的动机所激发的，并和具体的社会现实结合在一起。按照波拉尼的观点，前工业社会的经济是嵌入在社会结构中的，而现代社会中则不存在这种嵌入现象。格兰诺维特对此提出了异议，认为无论是工业社会还是前工业社会，嵌入现象始终存在，只不过在各个社会中的嵌入程度有所不同。

格兰诺维特认为，经济行为嵌入在社会结构中，核心的社会结构就是人们在经济生活中的社会关系网络，嵌入的社会关系网络机制是信任。所谓"嵌入"，指的是各类经济交易活动都受到其所处的社会结构限定，这种社会结构决定了交易的形式与结果。

交换行为得以发生的基础是双方必须有一定程度的相互信任。格兰诺维特（1985）认为，信任来源于社会关系网络，信任嵌入在社会关系网络之中，而人们的经济行为也嵌入在社会关系网络的信任结构之中。

同弱关系假设相比，嵌入性概念强调的是信任而不是信息。而信任的获得和巩固需要交易双方长期的接触、交流和共事。实际上，嵌入性概念隐含着强关系的重要性（杨瑞龙和杨其静，2005）。

（四）社会资本理论

林南（1982）通过对社会网的研究提出社会资源理论，并在此基础上提出了社会资本理论。

林南在发展和修正格兰诺维特"弱关系力量假设"的基础上提出了社会资源（Social Resources）理论。他认为，那些嵌入个人社会关系网络中的社会资源——权力、财富和声望并不为个人所直接占有，而是通过个人的直接或间接的社会关系来获取。个体社会关系网络的异质性、社会关系网络行动者的社会地位、个体与社会关系网络行动者的关系力量决定该个体所拥有的社会资源的数量和质量。也就是说，人们的社会地位越高，摄取社会资源的机会越多；一个人的社会关系网络的异质性越大，通过弱关系摄取社会资源的机率越高；人们的社会资源越丰富，工具性行动的结果就越理想。林南认为，弱关系的作用不只限于信息沟通，由于弱关系联结着处于不同的阶层、拥有不同资源的人们，所以资源的交换、借用和摄取往往通过弱关系纽带来完成。而强关系联结着阶层相同、资源相似的人们，因此类似资源的交换不具有工具性的意义。

资源是林南社会资本概念的核心，在社会资源理论的基础上，林南又提出了社会资本理论。林南认为，"社会资本是投资在社会关系中并希望在市场上得到回报的一种资源，是一种镶嵌在社会结构之中并且可以通过有目的的行动来获得流动的资源"。简要地讲，社会资本是嵌入社会网络关系中的、可以带来回报的资源投资。一种社会网络如果只停留在网络意义上，没有为行动者所利用，没有给行动者带来利益，那么网络就不是资本。社会网络一旦被人们加以工具性的利用，社会网络就已经资本化了。社会资源仅仅与社会网络相联系，而社会资本是从社会网络中动员了的社会资源（杨瑞龙和杨其静，2005）。

（五）社会网络理论与侨批网络

侨批局借助地缘和血缘关系纽带，构建起包括海内外华侨和侨眷，海内外合作批局的服务网络，将自身网络化，并使其商业活动结构性地嵌入跨国潮人社会，侨批商业活动离不开跨国潮人的社会关系，乡族关系为侨批网络的有效运作提供了信任基础和社会资本，保障了侨批网络的有效运作。社会网络理论为解释近代侨批网络的有效运作提供了重要的理论视角，从侨批网络特征出发，我们主要对侨批网络的关系要素和结构要素进行分析，关系要素主要分析侨批网络的关系纽带、网络规模、网络密度等；结构要素主要分析网络的中心性、结构洞、派系，以此为侨批网络的运作提供实证支持。

二、商帮治理理论

侨批的递送需要跨国两地多个侨批局的合作才能完成，因此委托代理活动显得非常重要。从契约理论的角度来看，商人一旦雇用他人参与生意，就存在一个委托—代理问题。近代落后的交通和通信技术使监督代理人尤为困难。跨国侨批的顺利递送取决于是否存在一个支持性的制度安排，它能低成本地解决代理问题，或者说给予代理人适当的激励使其诚实可信，尽心竭力为委托人服务。

在近代商业法制环境很不完善和通信技术落后的情况下，委托—代理问题越发突出。商帮的治理模式为低成本地解决委托—代理问题提供了制度性支持，良好的治理模式能让代理人诚实、努力地为委托人服务，促进远程贸易的顺利进行。可以说，一个商帮的治理模式关系到商帮的盛衰，也关系到从事行业的盛衰。

（一）多边惩罚机制治理理论

关于如何克服委托—代理中的承诺问题，格雷夫（2008）对马格里布商人联盟的研究表明，一个以声誉为基础的经济制度能够较好地克服承诺问题，这个制度就是由相同种族和宗教信仰的人所组成的商人联盟。马格里布商人联盟通过多边惩罚机制和给予代理人足够的代理费用，较好地解决了代理中的承诺问题。

根据格雷夫对中世纪地中海一带的马格里布商人的系统研究，商人联盟中的多边惩罚机制和商人间的文化信念在治理中发挥了核心作用（Greif A.，1989，1993，1994，2006）。多边惩罚机制是指当某个代理人欺骗了其委托人时，代理人将被解雇，同时，所有其他的潜在的委托人都不会雇用这个代理人，以对其实施集体惩罚。多边惩罚机制与双边惩罚机制并不相同，双边惩罚机制是指当代理人有欺骗行为时，委托人只能解雇他作为惩罚，但别的委托人也许还会再雇用他。因此，在制约代理人行为方面，多边惩罚机制比双边惩罚机制要有效得多。不过，实施多边惩罚机制比实施双边惩罚机制难度更大。多边惩罚机制能够得到有效实施的条件：一是人们能够获得代理人的欺骗信息；二是人们对代理人有争议的行为能达成共识等；三是人们要有共同的信念，保证潜在的委托人对一个欺骗了别人，但没有欺骗自己的代理人实施惩罚。

格雷夫对中世纪从事地中海贸易的马格里布商人和热那亚商人进行了系统研究，形成基于多边声誉机制和文化信念的商帮治理理论。该理论认为，根据地缘关系形成的多边惩罚机制和商人间的文化信念在商帮治理中发挥了核心作用。基于地缘和共同宗教信仰的马格里布商人联盟能够满足多边惩罚机制实施的条件，从而取得中世纪地中海贸易的成功。商人的文化信念不仅影响商帮治理模式，也会内生地促进商帮治理模式的形成与演变。商人的文化信念与治理模式相互支持、强化。当外部环境发生变化时，采用不同治理模式的商帮会走上不同的发展道路。如在地中海贸易不断扩张时，信奉个人主义文化信念的热那亚商人很容易与非热那亚商人建立合作，抓住扩张机会走向兴盛；而奉行集体主义文化信念的马格里布商人难以与商帮之外的商人建立合作，最终走向衰落。

潮汕人移民南洋历史悠久，自1860年汕头开埠以后，更是兴起一波移民高潮。潮汕人移民南洋后，投靠宗亲或同乡以求发展，并依托乡族关系形成聚居群落。在一定程度上，南洋潮汕人社区是故乡潮汕乡族社区在南洋的复制，乡族关系依然是南洋华侨保持密切联系的纽带。在跨国潮人社区中，潮汕人以潮汕方言、共同的宗教信仰为身份特征，形成了一个类似马格里布商人联盟的潮人社区网络。侨批经营网络中的代理关系则类似于马格里布商人从事海外贸易的情形。因此，我们在第六章将参考格雷夫关于马格里布商人联盟制度的分析，利用历史文献资料和口述史资料，分析侨批网络以声誉为基础的社群执行机制，进而运用博弈论方法构建模型以论证侨批局代理承诺问题和多边惩罚策略，识别侨批网络治理机制的制度要素，并进一步讨论中华人民共和国成立前夕潮汕侨批业联盟制度要素的变化以及侨批局从诚实经营向投机经营的转变。

（二）激励互补理论

格雷夫的商帮理论与激励的互补性理论密切相关。激励的互补性理论把治理模式看作是一整套"激励系统"，由一系列组织要素（资产所有权、绩效奖励和工作限制）组成，互补性表示一个组织中的不同组织要素协同运作，执行一项活动会增加其他活动的边际收益，使相互的产出更高，整体的组织绩效由这些互补的组织要素之间的共同作用来决定（Holmstrom B. and P. Milgrom，1994；Holmstrom B.，1999；Milgrom P. and J. Roberts，1990）。组织要素之间的互补性意味这些组织要素之间的一致性，即当外部参数发生变化时，这些组织要素的最优值也会发生系统和一致的变化。按照激励互补性理论，特定的地域文化可以使商帮治理变得更为有效。蔡洪滨等（2008）运用激励理论对明清时期的徽商和晋商的商帮治理模式进行了系统的比较和分析，强调商帮治理作为一种激励系统的本质，揭示了商帮治理与地域文化之间的互动关系，认为商帮治理模式受到地域文化的影响，并内生地选择出商人信仰等商帮文化，进而影响地域文化和商人习俗的演变。

无论是格雷夫的商帮治理理论还是激励理论，都将商帮治理看作一个制度体系，有效的商帮治理是各种制度要素互补的结果。侨批网络的治理也可看作一个制度体系，这一制度体系包括不同的制度要素（规则、信念、规范和组织），不同的制度要素具有不同的作用，每一个制度要素都对行为秩序的产生做出不同的贡献，它们互为补充，保障侨批网络的有效运作。我们需要梳理侨批网络治理中的激励工具都有哪些，有什么样的商业习俗和惯例等，从激励互补的角度分析商业习俗能否使侨批网络治理变得更为有效。

近代潮汕侨批业中，基于血缘和地缘的文化及信念是影响侨批网络治理的主要制度，我们将从潮汕地域文化出发，在第七章构建"地域文化、信念和商帮治理"的分析框架，运用激励理论和历史比较制度分析视角，重新组织和透视已有的史实，描述出侨批网络治理模式的样貌，进而探讨侨批网络治理模式与地域文化之间的相互作用，分析侨批网络内部的治理结构和各激励工具的互补关系，探讨侨批网络治理模式的内在逻辑。

第三节　研究对象和概念的界定

一、研究对象的界定

近代批信局主要分布于东南亚和中国的潮梅（潮汕和梅州）地区、福建和海南地区，其中，海内外潮汕籍批信局通过代理合作形成侨批网络，为广大的潮汕华侨和侨眷提供服务，维系着潮汕地区40%～50%家庭的生活来源，为潮汕地区提供源源不断的侨汇挹注，影响着潮汕地区经济社会的发展，在全国具有重要的地位和影响力。

侨批网络形成于19世纪中后期，到20世纪30年代进入成熟期，并于中华人民共和国成立之前进入衰退期。本书主要研究侨批网络20世纪30年代至中华人民共和国成立之前这一时期，这一时期是侨批网络从成熟走向衰落的阶段，也是国民政府将批信局正式纳入国家管理体系的阶段。我们在广东省档案馆发现这一时期汕头批信局在国家邮政局的登记情况表，这些登记档案资料为我们进行侨批网络的深入研究提供了重要史料支撑。

近代学者张公量（1993）将批信局从地域上分为三部分，即南洋信局、国内通商口岸设立的南洋代理局和在侨信分发中心地点设立的内地代理局，三部分批局通过分工合作完成侨批的递送工作，这一表述虽然没有提出侨批网络概念，但已具有侨批网络的思想。对于侨批网络的概念，不同学者会有不同的理解和定义。如戴一峰（2003）将批信局分为东南亚批信局和中国国内批信局，东南亚批信局负责收取华侨的信款，国内批信局负责向国内收信款人派送信款；国内外批信局通过联号构成侨批网络。随着近代国家邮政和银行体系介入侨批业，邮局和金融机构也成为侨批业中的重要参与者。如焦建华（2017b）认为侨批网络是批信局经营侨批寄递过程中形成的一种跨国商业网络，以各地批信局为主，以邮局、银行以及银号、钱庄、杂货店、进出口商行等传统商业组织为基础发展而成，跨越了不同国家与地区，实现侨批的收集、寄递、分送、回批收寄和寄递结束等业务过程。陈丽园（2012，2014c）则将侨批公会、南洋中华汇业总会、中华总商会等也纳入侨批网络之中，将侨批公会的成立看作是侨批网络制度化的标志，南洋中华汇业总会的成立进一步推动了侨批网络的制度化运作，使中国与东南亚间的侨批网络得到进一步的加强与整合，并进入以中华总商会为中心的更高层次的华人社团网络。

本书以广东省档案馆馆藏"汕头批信局登记详情表"档案为主要资料来源，该详情表是汕头批信局的执照登记信息，包括汕头批信局及其海内外合作分号的信息。根据该详情表，我们可以将批信局分为三部分，即汕头批信局、南洋批信局和潮汕地方批信局。南洋批信局是汕头批信局在南洋的合作代理局，潮汕地方批信局是汕头批信局在潮汕侨批分发地的合作代理局。由于汕头批信局一般会与多家南洋批信局和潮汕地方批信局合作，因此，由汕头批信局、南洋批信局和潮汕地方批信局构成了覆盖南洋地区和潮汕地区的侨批网络。综上，本书研究的潮汕侨批网络是指以"汕头批信局登记详情表"为依据，以汕头批信局为总局，南洋批信局和潮汕地方批信局为分号所形成的网络。

二、概念的界定

（一）潮汕文化

文化学家马林诺夫斯基（1987）认为，"文化，言之固易，要正确地加以定义及完备地加以叙述，则并不是容易的事"。对于潮汕文化，也正如此。关于潮汕文化，不同的学者有不同的观点。有的学者强调了潮汕文化的地域特征，有的学者强调了潮汕文化的群体特征，而更多的学者在定义潮汕文化时则兼顾地域和群体特征。

杜经国和杜昭（1992）认为，潮汕文化虽然带有浓郁的地域性色彩，但它并不是一种单纯的地域性文化，而是一种带有群体特征的地域文化，即以潮汕地区为基地的由海内外广大潮人所创造的文化圈。杜松年（1994）认为，"潮汕文化，是指居住在本土的潮汕人，居住在国内其他地方及海外的潮汕人和关心潮汕的人士所创造的有鲜明地方特色的潮汕文化，属广义也即大文化的范畴，包括物质文化和精神文化的总和。其外延包括潮人文化，是一种地域性群体文化"。黄挺（2008）将潮汕文化概括为"潮汕文化是属于汉文化的一个地域性亚文化"，把潮汕文化看成既是地域型的又是群体型的，由生活在边界不断变化的潮汕本土和海外特别是东南亚的潮汕人共同创造的文化体系。

考虑到定义潮汕文化并不是本书的主要任务，本书的主要任务是探讨潮汕文化与侨批网络治理模式之间的关联与互动，因此，从这一任务出发，我们认同潮汕文化既是地域型文化，又是群体型文化，是由潮汕本土和东南亚潮汕移民共同创造的文化体系。对文化的解读多从物质、组织、精神和语言四个方面进行，其中以精神层面尤为重要。因此，我们也将主要从精神层面解读潮汕文化，即从宗族文化、民间信仰与习俗方面解读潮汕文化。

（二）潮州、潮汕和汕头

由于历史沿革，潮州的地域范围有所变动。一般来说，近代潮州也称潮州府，下辖潮安（海阳）、揭阳、潮阳、澄海、饶平、普宁、惠来、丰顺八县，合称潮州八邑，也称为潮汕地区。清咸丰八年（1858年）辟潮州府澄海县鮀浦司沙汕头为通商口岸。沙汕头后称为汕头，汕头原为澄海县管辖，本书所讲的"汕头"仅指作为通商口岸的汕头商埠，即仅指市区部分。近代汕头商埠集聚了许多侨批局，潮汕地区的侨批绝大多数通过汕头侨批局中转。虽然汕头属于潮汕地区，但为突出侨批网络的关键节点，我们将侨批局的分布地点分为海（境）外部分、汕头和潮汕部分，潮汕部分是指近代汕头市区以外的潮汕地区。

（三）侨批、侨批业和批信局

批是书信的另一称谓。侨批俗称"番批"，也称为"批"，通常指海（境）外侨胞通过私人携带或民营机构等民间渠道寄回国内的汇款凭证和连带家书，以及侨眷收到来批后寄给华侨的回信（即回批）。华侨寄出的侨批既包括汇款，又包括家信，即家信和钱一起寄送，具有"银信合封"或"信款合一"的特征（见图1-1）。

图1-1　暹许松潮寄饶平隆都慈亲侨批

资料来源：张美生：《侨批档案图鉴》，中山大学出版社，2020年版，第85页。

侨批业又称侨汇业，是专门经营、传递华人移民侨批的私营商业性服务行业。批信局即为经营侨批业的私营机构，是一种兼有金融与邮政双重职能的经济组织。批信局在不同地区、不同时期的称谓并不相同，本书论述时主要采用批信局、侨批局和批局等称谓，引用时尊重原文。

（四）潮汕侨批网络

1897年汕头大清邮政成立后，在侨批跨国寄递过程中，批信须通过邮政局寄递，批款通过银庄或银行转汇，批信和批款到达汕头侨批局后，由汕头侨批局负责送交收批人。本书重点关注海内外侨批局间的合作关系，所以侨批网络为简化形式，没有将邮政局、银庄或银行包括进来。

汕头批局通过与海内外批局的合作，构成了一个连接海内外华侨侨眷的侨批经营网络，简化的网络模式如图1-2所示。众多的汕头批局、潮汕批局和海外批局，共同构成了覆盖海内外潮汕华侨和侨眷的侨批服务网络，我们将这一侨批网络称为潮汕侨批网络。在晚清和民国时期，潮汕侨汇和侨信的流通大部分是通过侨批经营网络进行的。平均每年有数千万乃至上亿元经批局汇入潮汕地区，维系和改善了数百万侨眷的生活，对潮汕地区的经济发展做出了巨大贡献（饶宗颐，2005）。

图 1-2 潮汕侨批网络简化模式

按照汕头批局的登记信息，我们以汕头批局作为侨批网络中的总号，以海外批局和潮汕批局为分号。因汕尾、诏安、大埔、梅县紧邻潮汕地区，侨批多从汕头批局中转，与潮汕地区社会经济联系密切，加之这几个地区的分号数量有限，并不影响整体侨批网络的分析。因此，我们将汕头批局在汕尾、诏安、大埔和梅县的分号也纳入潮汕批局，这样，按照地域潮汕帮批局分为汕头批局、潮汕批局和海外批局。

（五）侨批网络治理

在本书中，我们采用公司治理的视角来探讨侨批网络的运作。从广义的角度理解，公司治理是保证公司所有者实现利益的一系列制度安排，是包括公司产权制度、激励约束机制、财务制度、企业文化等在内的公司利益协调机制。从狭义的角度理解，公司治理主要解决公司的委托—代理问题。本书主要从狭义的角度探讨侨批网络治理，即探讨侨批网络如何解决委托—代理问题。

第二章　近代潮汕文化的主要内容

从前文有关潮汕文化的文献综述来看，我们能够了解到潮汕文化内涵非常丰富。那么，在近代，对侨批网络治理模式有影响的潮汕文化内容都有哪些？这需要我们在了解近代潮汕村落社区和侨批业的基础上，识别对侨批网络治理模式有影响的潮汕文化内容。

第一节　研究方法

在质性研究中，运用较为广泛的是扎根理论。扎根理论是一套系统的数据收集和分析方法，通过归纳得到结论，由 Glaser 和 Strauss 于 1967 年首次提出（Glaser B. and Strauss A., 2009）。扎根理论的核心在于在资料收集和分析的基础上建立理论。扎根理论是一种自下而上的归纳式研究方法，其资料收集与分析的过程也是理论演绎和归纳的过程。资料的收集与分析是同时发生、同时进行、连续循环的。资料的分析过程称为译码，是指将所收集的或者转译的文字资料加以分解，并分析现象，将现象初步概念化，再将初步概念化的现象第二次概念化、抽象化，之后以适当的方式将概念重新第三次抽象、提升和综合为范畴以及核心范畴的操作化过程。扎根理论的研究流程如图 2-1 所示。

有三种与理论性抽样相联系的编码方法：开放式编码（Open Codeing）、主轴式编码（Axial Coding）和选择式编码（Selective Coding）。开放式编码是指对

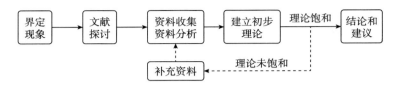

图 2 – 1 扎根理论研究流程

资料的词句和片段进行概念化和抽象化，其意义在于提炼概念。主轴式编码是首先厘清各个概念及其之间的相互关系，其次通过对概念之间关系的反复分析，整合出更高抽象层次的范畴，最终确定相关范畴的性质和维度。选择式编码主要是处理范畴之间的关系，确定核心范畴和次要范畴，从而形成建立在范畴关系基础之上的理论框架。以上三种编码可以按顺序进行，也可交叉进行。编码过程是一个不断反复的过程，研究者需要不断地回顾资料以及梳理、整合概念和范畴（成瑾和胡彩霞，2016）。

第二节　数据获取与分析

　　本书主要筛选了与潮汕文化及潮汕华侨相关的专著和论文作为扎根理论的资料来源。其中包含了有关近代潮汕地区的论著，如葛学溥的《华南的乡村生活——家族主义社会学》，这是中国社会学、人类学第一次对村落全面的田野调查，是第一本华南汉人村落社区的民族志研究，该书为了解 20 世纪初潮汕乡村实际情况提供了难得的翔实个案；陈达的《南洋华侨与闽粤社会》可以说是对潮州宗族村落社区的全面研究，并侧重研究南洋华侨对家乡所产生的各种影响；《一九四九年前潮州宗族村落社区的研究》是陈礼颂 1934 年暑假回乡时对潮汕典型宗族村落社区——斗门乡的调查研究，可以说是研究潮州宗族社会之专著。因此，这三部专著所记述和收集的有关资料，均可当作中华人民共和国成立前潮州宗族村落社区的一般社会现象，或者作为研究潮州宗族村落社区演变轨迹的重要依据。另外，《汕头指南》《潮梅现象》则由当时任职于汕头时事通讯社社长谢雪影所编著，反映了20世纪30年代潮汕地区和汕头的社会经济及民情。《潮安年节风俗谈》则非常详细地叙述了潮安地区20世纪30年代的年节风俗等；《潮海关史料汇编》则汇编了潮海关1882~1931年5个十年报告，这些报告除了重点汇报汕头进出口贸易情况外，还包括潮汕地区社会民情等。《潮州志》则是由饶宗颐总纂的地方志书，全面反映了潮汕地区在中华人民共和国成立前的情形。还有潮汕文化研究著名学者黄挺、林济的专著。我们也采用侨批作为资料来源，批信内容能真实反映华侨与家人之间的联系互动，特别是反映了华侨与家族、家乡之间的关系。这些资料加上潮汕文化研究论文、潮汕歌册等，通过相互印证，可以让我们比较准确地归纳出潮汕文化的主要内涵。

本书充分运用文献和二手数据，主要通过收集、鉴别、整理与潮汕文化相关的文献和二手资料来获得数据，进而通过专家讨论来分析数据，其结论具有较高的可信度。本书的数据来源如表2-1所示。

表2-1　研究的数据来源

编号	资料名称	作者	初次发表时间
1	华南的乡村生活——家族主义社会学	葛学溥	1925
2	南洋华侨与闽粤社会	陈达	1947
3	一九四九年前潮州宗族村落社区的研究	陈礼颂	1995
4	汕头指南	谢雪影	1934
5	潮梅现象	谢雪影	1935
6	潮安年节风俗谈	沈敏	1937
7	潮州志	饶宗颐	1949
8	潮海关史料汇编	中国海关学会汕头海关小组，汕头市地方志编纂委员会办公室	1988
9	潮商文化	黄挺	2008
10	潮商史略	林济	2008
11	十六世纪以来潮汕的宗族与社会	黄挺	2015
12	侨批	—	近代

本书在收集数据的过程中开始进行开放式编码，不断补充新的数据进行聚焦，直至没有新的编码出现，并且不断思考数据之间的联系，通过反复讨论、对

比、修正，最终得到潮汕文化内涵的主要内容。

在数据分析过程中，首先对大量的数据进行编码，编码时一方面重视频数，即重视资料中关键词、关键句出现的次数多少；另一方面也重视内容本身的重要性，以得出开放式编码的内容（即得出一阶概念）。比如，在开放式编码中，"下南洋"出现的频数要少于"宗族观念""民间信仰"，但这一概念与其他概念既不重合，又非常重要，本书就把其作为开放式编码的重要内容呈现出来。其次，从开放式编码到主轴式编码的过程中，本书非常重视各个一阶概念之间的区分度以及逻辑关系，不断聚类、修正，同时考虑上阶概念对下阶概念的包容性，以在此基础上得出主轴式编码的内容（即得出二阶概念）。如在主轴式编码过程中，我们把"宗族""祖先崇拜""寄批"编码为"基于血缘的文化"；把"民间信仰""同乡团结""下南洋"编码为"基于地缘的文化"。基于血缘的文化和基于地缘的文化既能比较好地概括一阶概念的内容，又能使编码具有逻辑上的对应关系，以提高区分度且明晰分类。最后，从主轴式编码到选择性编码的过程中，本书不断从概念的内涵和概念之间的逻辑关系出发，得出选择性编码的构念"乡族文化"，"乡"指的是"地缘关系"，"族"指的是"血缘关系"，乡族文化指的是基于血缘和地缘的文化。这一概念不仅包含了宗族和民间信仰两大乡村文化支柱，而且包含了近代潮汕移民文化，与侨批网络治理有着密切的联系。编码示例如表2-2所示。

表2-2 潮汕文化主要内涵证据的示例

开放式编码典型示例	贴标签	概念化	范畴化
大宗小宗竞建祠堂，争许壮丽，不惜赀费	宗族	基于血缘的文化	乡族文化
祠堂的设立在南洋是很普通的……暹罗的华侨，回国的机会比较多，有许多人家都在故乡建筑祠堂	宗族		
人们日常所过的生活皆为宗族和家族的反映	宗族		
为养亲计，去而服贾	宗族		
人们对于宗祠、家祠和祭祀都极为重视	祖先崇拜		
普通华侨家里都有祖宗的神主，每逢祖宗的生日或忌辰，进献鲜果与蔬菜以资崇拜	祖先崇拜		

续表

开放式编码典型示例	贴标签	概念化	范畴化
他们于是埋头苦干，胼手胝足，撙衣节食，积累到相当款项之后，逢月初或时节，他们就会按期预早把洋钱寄回养家	寄批	基于血缘的文化	乡族文化
当地商例，每年冬至之后，一年盈亏，几成定局，如果丰盈，则当事人便可先期酌支红利，寄批回乡，购置田宅和祭祀祖先	寄批		
一溪目汁一船人，一条浴布去过番。钱银知寄人知返，勿忘父母共妻房	寄批		
斗文乡吕文光 1937 年 10 月 17 日寄妻子批："兹寄中央币肆拾元，肆元送我外祖母，三姆、五姆各送两元，炳祈奢兄各送二元，隆奎弟、文耀弟、遥珍妹各与壹元为茶品之需，余家务之用"	寄批		
因据一般乡人的信仰，土地神保护地方上的治安，所以人人须崇敬的	民间信仰	基于地缘的文化	
每逢初一、十五的早上，各家主妇须向门外照墙或门神跪拜上香，同时还要往村里灵验的庙宇去进香跪拜	民间信仰		
乡村的游神，村人很忙碌地筹备着。家里的妇人，办理拜神的物品，大小粿品、牲畜鱼肉、香烛纸镪、青菜斋碗。游神之日，还要分请戚友们到来观光，几番应酬，更加忙碌	民间信仰		
汕头在与之有贸易联系的其他省份都设有会馆……会馆成员都限制在属于这一地带的商人。这种习俗制度似乎是本地人的地方特性的具体表现……全帝国公认，汕头人的非凡的联合本领和维护其一旦获得的地位所表现的顽强固执精神，使他们的国内同胞们望尘莫及	同乡团结		
本会馆以联络感情、敦睦乡谊、互助公益、推广教育为宗旨	同乡团结		
往后乡人出洋的更是络绎不绝，后去的大都前往投奔族人	下南洋		
（华侨）大多是省亲过年之后，参加新春游乐，在旧历的三至四月间又出洋了。候补的华侨，多于这时跟着去。所以三月至四月间，可以算是华侨出洋的时节，成了一种风俗	下南洋		

第三节　血缘和地缘叠合的宗族社区

从扎根理论分析来看，我们识别出对侨批网络治理有影响的潮汕文化内容，并将这些潮汕文化内容概括为乡族文化，乡族文化包括了基于血缘的文化和基于地缘的文化，这表明近代潮汕社区是一个血缘和地缘叠合的宗族社区。

在潮汕地区，宗族建构活动可能在宋代已经出现。到明代前期，一些潮州士大夫开始有意识地倡导宗族活动，通过修祠堂、修撰族谱，进行宗族构建。16世纪后，潮汕乡村宗族活动更加活跃，更多的新兴宗族出现了。这些新兴宗族有的是由新取得科名的士大夫倡导建构的，有的只是由乡村平民自己建构起来的。宗族建构的主要活动之一就是修撰族谱。如鮀浦北门翁氏在永乐十八年（1420年）编成族谱；潮州余氏在嘉靖年间修撰族谱；豪山陈氏在正德十三年（1518年）编修族谱等。到了清代，特别是放开海禁之后，潮汕地区海外贸易得到迅速发展，众多士大夫参与商业活动，"儒"与"商"的身份界限变得模糊，在潮汕地方的宗族建设中，商人日渐成为主要推动力量。拥有财富的潮州商人通过修族谱、建祠堂、置祭田等宗族活动，推动许多宗族被构建起来。如隆都前美陈氏、潮阳沙陇东里郑氏、澄海后巷池陈氏等（黄挺，2008）。

潮汕乡土社会宗族化进程开始于15世纪以前。到明代中期以后，宗族组织大量出现，并且和乡村地缘叠合，形成地缘和血缘相结合的宗族社区（黄挺，2008）。宗族活动通过地域化，将血缘和地缘相结合，构建起更大的社会网络。宗族与地域的结合有三种途径：

一是宗族乡约化。在明代中期，有一些宗族在地方上尝试宗族组织化。这种尝试多是士大夫依据宋儒主张的社会实践，也有明初控制乡里社会的政令影响，其中主要涉及族长的设立和族规的制定。明嘉靖以后，明朝大规模推行乡约制度，全国各地普遍开始了宗族乡约化过程。所谓宗族乡约化，是指在宗族内部直接推行乡约或依据乡约的理念制定宗族规范、设立宗族管理人员约束族人。它可能是地方官推行乡约的结果，也可能由宗族自我实践产生，宗族乡约化导致了宗族的组织化。组织化的标志是以推行乡约为契机制定规约、设立宗族首领、进行宣讲教化活动，并以建祠修谱增强宗族的凝聚力（常建华，2003）。

宣德十年到正统六年（1435～1441年），潮州知府王源依照宋儒提倡的办法，在本府施行乡约。到嘉靖五年（1526年）后，薛侃和季本在潮州推行乡约，组织方面采用了王阳明《南赣乡约》的做法（黄挺，2008）。乡约的贯彻以宗族为基础，宗族乡约化是其目标。

如潮州《西林孙氏族谱》里有一份《孙氏宗盟录》［作于正德十三年（1518

年）]，"所记录的宗族管理机构有族长为尊，族副辅之，又有族正、族照、族史，分治其事"。而在乡约管理机构里，则设立约长、约副、约正、约史、知约、约赞等。宗族的管理机构与乡约管理机构基本相似，可见宗族已乡约化。宗族乡约化的结果是血缘群体被地域化，血缘和地缘叠合的宗族社区于是出现（黄挺，2008）。

二是联宗活动。联宗是一个介于血缘和地缘之间的联盟。"若干个分散居住在一个（或相邻）区域中的同姓宗族组织，出于某种明确的功能性目的，把一位祖先或一组（该姓的始祖或首迁该地区的始迁祖）认定为各族共同的祖先，从而在所有参与联宗的宗族间建立起固定的联系。这个过程就是'联宗'的过程。"（钱杭，1998）通过联宗活动，拥有共同姓氏但分散居住在各地的人，在血缘的名义下，整合为一个宗族（黄挺，2008）。联宗活动促进了地缘和血缘相叠加。"无论是在一县或数县范围内，还是在一乡或数乡范围内，联宗的结果都形成了一个地缘性的同姓网络。"（钱杭，1998）

潮汕地区在明代中期已有联宗活动的出现，如揭阳渔湖袁氏的联宗活动："嘉靖三十四年（1555年）冬天，揭阳渔湖袁氏族人袁仕学（习斋）出银一百四十两，带着族人重修了祖墓。参加这次复修祖墓的，有定居于揭阳渔湖都化龙桥、潮阳直浦都澄港里、澄海蓬洲都鸥汀背等不同地域的三个袁氏的分支。通过复兴祖墓活动，袁氏建立起一个社会网络架构，把本来在地域上分散的一些人，在血缘的名义下整合为一个宗族。"（黄挺，2008）

到明代中期，联宗的行为在潮州并不被认可，士大夫们坚持一个姓氏中，本支和他支不应该相淆杂。到清代，联宗的做法在潮州也仍然不通行。虽然这时潮州的商业开始发达起来，商人积极参与宗族建构，但是并没有改变宗族"实体性"的传统形态（黄挺，2008）。汕头开埠后，联宗活动才开始在潮汕地区流行起来。

汕头开埠后，很快发展成为近代一个繁华都市，也带来了更为激烈的商业竞争，为更好地参与商业竞争，商人开始借助宗族力量，通过联宗活动形成联宗组织，借助联宗组织，商人能够认识更多的生意伙伴，从而促进商业合作，提升竞争力。联宗组织体现出商业会馆的部分功能。当时汕头比较典型的联宗组织有"吴氏三让堂""洪氏三瑞堂"和"徐氏一本堂"，这些联宗组织都是以商人为主体进行推动建设的（黄挺，2009）。

三是婚姻圈的扩展。随着手工艺和商业的发展，明朝初期，全国各地市镇普遍兴起，临时的、定期的集市发展为较大规模的工商业市镇。潮汕地区在港口贸易的带动下，出现了商业城镇。如柘林港的繁荣带动了周围一些乡都发展，城乡墟市贸易也繁荣起来，形成以州城为中心，从州城到县城，再到墟市的纵横交错的城乡沟通商业网络（于亚娟，2017）。到近代，借助境内四通八达的水运网络及民国以来的陆路网络，在港口对外贸易的推动下，潮汕地区农村基层市场发展迅速，市场网络不断扩大。如民国时期潮汕地区的实体墟市数量达到325个，是清光绪年间173个的1.88倍（见表2-3）。

表2-3 近代潮汕地区实体墟市分布   单位：个

县（市局）	清乾隆年间	清光绪年间	民国时期
海阳	9	26	—
潮阳	17	27	27
揭阳	21	34	62
饶平	17	18	36
惠来	11	11	21
大埔	20	19	47
澄海	10	11	25
普宁	13	27	52
汕头市	—	—	1
潮安	—	—	31
丰顺	—	—	18
南澳	—	—	4
南山管理局	—	—	1
合计	118	173	325

注：①南澳直隶厅乾隆时期和惠来县光绪时期的墟市数据尚未见于诸文献，这对两个时期墟市全局之判断基本不会构成实质性影响。②表中数据统计原则：各方志中标明已废除之墟市，不计入计算；光绪方志中没有墟市记载的，一般按乾隆县志做补充，个别墟市参考民国方志。

资料来源：①（清）周硕勋：《潮州府志》卷十四《墟市》；②（清）王崧、李星辉：《揭阳县续志》卷一《方舆志·墟市》；③（清）刘抃、惠登甲、齐翀：《饶平县志》卷二《城池》；④（清）张鸿恩：《大埔县志》卷三《城池志·墟市》；⑤（清）葛曙、许普济：《丰顺县志》卷一《疆舆志》；⑥刘禹轮：《丰顺县志》卷二《建制志·墟市》；⑦饶宗颐：《潮州志》（第一册）《疆域志》，（第三册）《实业志·六》，（第四册）《户口志》（上），潮州市地方志办公室重刊本2005年版；⑧杨群熙：《潮汕地区商业活动资料》（内部资料），潮汕历史文化研究中心、汕头市文化局、汕头市图书馆，2003年版。

转引自于亚娟：《近代潮汕侨乡城镇体系与市场圈（1840-1949）》，经济管理出版社，2017年版，第231-234页。

随着市场网络不断扩大，人们的交往网络也不断扩大，乡村社会的婚姻圈也明显扩大。婚姻关系成为宗族扩展自身地域关系的一种手段，与联宗活动发挥着同样重要的作用。

如据潮安县薛陇村《薛氏族谱》记载，大约在 1470 年之前，薛氏一族联姻地域主要集中在本里、本都和比邻薛陇村的上莆都砂陇乡。而到 1470 年，随着韩江三角洲的商业活动日渐活跃和商业联系的拓展，这个家族的联婚地域向外扩展已成为普遍现象，与大市集及其附近村落联姻已较普遍（黄挺，2008）。

经过宗族乡约化、联宗活动和联姻圈的扩展，到明末，潮汕地区已形成一个血缘和地缘叠合的乡族社区。我们将血缘和地缘叠合的关系称为"乡族关系"。近代潮汕人下南洋，正是在乡族关系的牵引下，在南洋也形成了血缘和地缘叠合的聚居区，可以说这是潮汕乡族社区的复制。加上潮汕方言作为潮汕人身份识别的特征，无论走到哪里，只要是潮汕人，都会彼此视为"自家人"或同乡。潮汕商帮的形成嵌入在这一跨国乡族社区之中，血缘和地缘合一的乡族文化，决定了潮商采用了基于血缘和地缘的乡族关系治理模式。一方面潮商在宗族和同乡中选拔经理和伙计，分散在汕头、香港地区、东南亚各地的潮商分别以同宗、同族、同乡关系建立合作；另一方面通过号规、行例约束同宗同乡经理、伙计和代理人，并对违规者进行集体惩罚。

从与侨批网络治理相关的角度，我们选择"宗族文化""民间信仰""下南洋和寄批习俗"作为近代潮汕文化中的特色内容做进一步论述。

第四节　近代潮汕文化的主要内容

一、宗族文化

到了近代，潮汕地区已发展成为典型宗族社区。潮汕地区的村落，"无一不具宗族和家族的色彩，人们日常所过的生活皆为宗族和家族的反映"。"村里各姓氏宗族既系聚族而居，且代代相传，子孙定居一地，遂奠定了血缘与地缘两种观念。"（陈礼颂，1995）血缘是亲属关系的决定基础，而地缘作为亲属关系的重要基础，也逐渐成为家族主义的另一基础（葛学溥，2012）。血缘和地缘的叠合，形成了独具特色的潮汕宗族村落社区。一切社会组织、社会生活皆以宗族、家族思想为中心（陈礼颂，1995）。

在潮汕宗族村落社区，崇拜祖先是十分显然的，光宗耀祖被认为是人生最为体面的事情之一。祖先崇拜是宗族村落社区最重要的礼俗。人们之所以固守着祖先崇拜，可能的原因：一是受传统的孝的伦理观念的影响，相信做子孙的对于祖先有祭祀的义务；二是相信去世的先祖，有操纵后代子孙祸福的权力。因此，人们对于宗祠、家祠和祭祀都极为重视（陈礼颂，1995；陈达，2011）。

宗祠的建立，原意是用来奉祀先祖，以及使子孙能各明其所本。后来发展成为族人的宗教、政治、司法、社会以及教育各方面的活动中心（陈礼颂，1995）。宗祠里神龛上安列着历代祖宗的"家神"，所谓"家神"即是"木主"或"神主牌"。各家的神主牌便俨然成为对祖宗崇拜的象征了。祖先崇拜是将生者社区与神灵社区联系起来，在这个二元社会（现世社区与神灵社区分开），血缘决定了成员资格、身份、责任、权利和活动。祖先崇拜不仅考虑到最近的血缘亲属，而且还包括更多的远亲，直到扩展到村落社区（葛学溥，2012）。

在潮汕宗族村落社区，人们"聚族而居，族必有祠"。如1919年的潮汕凤凰村，人口650人，建有3座祠堂，其中2座是支系建立的，1座是原先村里唯一的祠堂，只有全宗族的人祭拜始祖时才会在这一祠堂中举行祭祀活动。1934年，陈礼颂对潮州澄海斗门乡进行了调查，发现该村人口2035人，竟然建有11座宗祠，"足见斗门乡宗族观念的炽盛程度了"（陈礼颂，1995）。陈达于1934~1936年在汕头的华侨社区调研发现，该社区有4973家（户），区域内共有祠堂52座（陈达，2011）。民国时期，潮阳仅民间建祠就达2000多座。城乡同样祠堂密布，单潮阳县城就有110座，普宁仅大长陇一乡便有55座（罗堃和黄郁珠，2016）。

潮州商人大多"为养亲计，去而服贾"，对家族的责任成为其长途跋涉、冒险经商的心理动机。特别是潮商的海贩商业活动需要家族、乡亲力量的支持，更加增强了潮商的家族团体意识。虽然潮商并不热衷于投资土地，不像其他商帮商人一样"以末致财，用本守之"，追求"多置田室，以长子孙"，但他们也满怀乡土宗族情怀，致富之后于家乡营造豪室巨宅、捐建宗祠、捐赠祭田、扶持乡族贫困、履行家族救济职责。如揭阳商人陈日正，"诸昆皆空乏，妊辈嗷嗷待哺，悉推解以赡之。族人待以举火者五六家，均无德色，先世故寒素，坟垄颓圮有数十年不能修者，咸肩任经理之，并捐产业为祭扫资，以垂永久"，因此在家族中享有较高威望。商人卓宗元，"尝捐负郭田四亩以供春秋祠祭，族中孤寡四五家，月给米石余以济之，族弟有负博责者将鬻妻以偿，为挥金调停之，俾克完聚"，故而成为家族主宰人物。1891 年，陈慈黉回到家乡澄海前美乡担任乡长和族长，他建学校、办善堂、开药房、修桥造路、救危困、排纷解难、热心乡族公益事业。可以看出，潮商与家族势力的结合，促使商人的财富增强了家族的力量，"大宗小宗竞建祠堂，争许壮丽，不惜赀费"。潮商成为潮州家族社会的中心力量（林济，2008）。

潮汕人下南洋，已有悠久的历史，到南洋后，同一乡族的人往往聚居在一起，团结互助，血缘和地缘观念浓厚。已移民东南亚的华侨往往会支持亲戚朋友、同乡移民，并提供帮助。

陈礼颂于 1934 年对潮州斗门乡进行过调查，村中的年长者告诉他，"本村人出洋谋生已是六、七十年前的事了。当时人们出洋乘搭的是庞大的红头帆船，乡人管它叫作'红头船'。去的地方起初只限于暹罗一处。往后乡人出洋的更是络绎不绝，后去的大都前往投奔族人。一般称这些新客为'新唐'。在外洋同族人之间的关系是格外亲切的，万一'新唐'不幸发生事故，同宗族人就会分头向侨居当地的族人募捐相当数目的款项，给予济急，或帮他送回故里。由此足见侨居异域时，血缘与地缘观念显得格外明显"（陈礼颂，1995）。

陈达于 1934~1936 年对潮汕侨乡进行过调查，他认为"迁民出国的路线，往往依照在南洋的同族或同乡的经验与协助。这些迁民前辈，对于后来者大致有血统、友谊或邻居的关系，或广义的同乡关系"（陈达，2011）。如此，移民东南亚的华侨依然保留了原有在家乡的社会联系，同一乡族的人往往聚居在一起，以潮汕方言联合同乡、同姓宗亲，团结互助，血缘和地缘观念浓厚。

潮汕华侨在国外，一般家庭都保留了在国内的风俗习惯。春节、元宵祭拜祖先，清明节去自己祖先的坟前扫墓。同乡组织也有组织祭祖活动，所祭祀的祖先并不是一家一姓的祖先，而是对潮州移民祖先的公祭。如泰国潮州会馆每年清明要举行隆重的公祭先侨仪式，充满着慎终追远的文化情怀，起着敦乡谊、固团体的重要作用（林济，2008）。

海（境）外华侨处于东南亚社会之中，毕竟与故乡宗族社区的环境不同，无法像在故乡一样获得宗族的支持，更多地需要依靠个人的奋斗，因而潮汕华侨非常强调个人的独立自主能力，倡导一种个人对家族的责任感，他们在小家族为核心的发展中，又广泛联系潮汕同乡和同姓宗亲，成立了同乡组织和宗亲组织，有的还建立了自己的宗祠，以此加强乡族联系，强化乡族凝聚力。

二、民间信仰

祖先崇拜是将生者社区与神灵社区联系起来。有了祖先崇拜，于是有了灵魂泛在的信仰和鬼神迷信的习俗，关于鬼神迷信都是由灵魂泛在的信仰孕育出来的，在乡人的心中，往往感觉到神明的存在。这可以说是宗族村落社区的特质之一（陈礼颂，1995）。

潮汕地区的民间信仰也体现在庙宇数量上。虽然缺乏比较全面的调查或统计资料数据，但林俊聪的《潮汕庙堂》可提供相对可靠的参考，黄挺（2008）对《潮汕庙堂》一书中调查的庙宇进行统计整理，发现该书共调查记录了467座庙宇（不含佛寺、道观、善堂），庙堂中所供奉的主神一共74位。在潮汕地区，最普遍受到崇奉的神明有土地神、三山国王、妈祖、关公、双忠公、风雨圣者（雨仙）、龙尾爷（蚤母仙）、花公花妈、珍珠娘娘、总督和巡抚等。

在潮汕地区，土地神俗称为大伯公，有时候也称为伯公或伯爷。土地庙在潮汕的庙宇中，数量最多。潮汕村村有土地庙，有的甚至一村数庙。"因土地是到处都有的，所以大伯公亦是到处有的！""据我们在闽粤的经验，在华侨社区里，每村最少的有四庙，最多的有八庙，在非华侨社区里，每村最少的有两庙，最多的有六庙。庙的规模大致是很小的，通常是在路旁占一所狭小的房子，里面供奉两三位菩萨，但香火是很盛的，因据一般乡人的信仰，土地神保护地方上的治安，所以人人须崇敬的"（陈达，2011）。对于商人来说，之所以崇奉伯公，是希望到处可以服水土，因此可以获财利。

据陈礼颂（1995）对斗门乡的调查，人们把关于神的记载都收录在一本"历日头"（相当于"黄历"）里，各家日常行事之前，都会要预先翻阅，至于到底是吉是凶却全依据黄历的记载而定。这本册子简直就等于村里的宗教、社会以及礼俗各方面的行事规章。另据陈达1935年对潮汕地区的调查，在潮安某村，每年所拜的神明共30种（见表2-4），虽然这不是每家所敬奉的，特别是与职业有关的神，但一些民间信仰是与节令结合在一起的，例如，清明与冬至（祭祖）、中元（孤魂）及五谷老爷等（见表2-5）。"每逢初一、十五的早上，各家主妇须向门外照墙或门神跪拜上香，同时还要往村里灵验的庙宇去进香跪拜"（陈礼颂，1995）。民间信仰已成为潮汕人民生活习惯的一部分。

表2-4　潮州某华侨社区的信仰：神明名称及奉祀日期

序号	所奉祀的神明	日期（阴历）	序号	所奉祀的神明	日期（阴历）
1	诸神下降	正月初一	16	七圣夫人	七月初七
2	天公圣诞	正月初九	17	花公花妈	七月初七
3	抚督圣诞	正月十五日	18	魁星爷	七月初七
4	文昌爷圣诞	二月初三	19	孤魂	七月十五日
5	三山国王圣诞	二月二十五日	20	招财爷	七月二十三日
6	元天上帝圣诞	三月初三	21	司令帝官	七月二十四日
7	太阳神	三月十九日	22	八仙过海	八月初八
8	天后圣母圣诞	三月二十三日	23	月神	八月十五日
9	太子爷	四月初八	24	元天上帝飞升	九月初九
10	注生娘娘	四月二十五日	25	仙公	九月初九
11	关公	五月十三日	26	火帝夫人	九月十五日
12	三山国王夫人	六月初六	27	韩文公	九月十五日
13	慈悲娘（观音）	六月十九日	28	元帅老爷	九月十九日
14	火帝爷	六月二十三日	29	五谷老爷	十一月十四日
15	土地爷	六月二十九日	30	诸神上天	十二月三十日

注：祀神的仪式不一，有时在家、有时在庙。祭祖可以在家或在祠堂内举行。

资料来源：陈达：《南洋华侨与闽粤社会》，商务印书馆，2011年版，第269-270页。

表2-5　潮州某华侨社区的节令：名称及日期

序号	节令	日期（阴历）	序号	节令	日期（阴历）
1	清明（扫墓）	三月	6	赏月节	八月十五日
2	端午	五月初五	7	冬至（祭祖）	十一月
3	土地爷（大伯公）	六月二十九日	8	五谷老爷	十一月十四日
4	中元节（孤魂）	七月十五日	9	释迦成佛	十二月初八
5	地藏王圣诞	七月二十二日	10	福腰节	十二月二十九日

资料来源：陈达：《南洋华侨与闽粤社会》，商务印书馆，2011年版，第270页。

游神赛会在近代潮汕宗族村落社区已形成习俗。沈敏（1937）详细描述了潮安乡村游神盛况，"乡村的游神，村人很忙碌地筹备着。家里的妇人，办理拜神的物品，大小粿品、牲畜鱼肉、香烛纸锭、青菜斋碗。游神之日，还要分请戚友们到来观光，几番应酬，更加忙碌"。整个游神活动包括抬神出游、设坛迎神、演剧助兴、宴请戚友等，热闹非凡。

潮汕人民认为信仰神明不仅能够福佑于人，而且还能联结附近村落，有利于村落的整合和团结，强化了血缘和地缘的关系。伯公信仰最主要的功能莫过于村落和超村落地域的整合。这种功能是通过"营大老爷"这种普遍流行于潮汕地区的风俗来表达和呈示的（黄挺，2008）。

潮汕人下南洋，多为成年男子，主要目的是赚钱养家，家眷多留在家乡。对于华侨家庭来讲，家人在南洋身体平安、事业顺利、生意兴隆至关重要，因此，他们对于祈求神明保佑的信仰也越发重视。

潮汕人移民南洋，在潮汕人聚居处往往设有自己的庙宇，像在泰国的万望庙、新本头公庙、巴鲁妈宫等（素帕拉·乐帕尼察军，1991）。[1] 身处异国他乡，华侨祈求服水土、保平安和获财利。与在潮汕本土相同，受到潮汕华侨普遍信奉的神明主要有土地神（伯公）、妈祖等。

移民南洋的华侨，生存环境气候潮湿，毒虫猛兽甚多，自然也奉祀大伯公（土地神），祈求平安。以至于南洋华侨不论农工商各界，凡遇建新屋或筑工厂，每于动工之先，都会奉祀大伯公，以求平安（陈达，2011）。泰国潮汕华侨信奉大伯公，将大伯公改称为"本头公"，在清嘉庆以前泰国已建有老本头公庙和新本头公庙，常年祀奉香火。马来西亚北根、槟榔屿的潮汕华侨也特别崇敬大伯公。在新加坡，潮汕华侨于1819年以前建造了"粤海清庙"，供奉"天后圣母"和"玄天上帝"，后来又建造了伯公宫等（汕头市侨办和侨联编写组，1990）。

海（境）外华侨还以同乡或同宗的共同信仰成立了以庙宇为中心的各种华侨团体。如泰国的"老本头公"、新加坡的"粤海清庙"、槟榔屿的"韩江家庙"等。移居海外的华人，身居异域，面对陌生的生存环境，渴望得到支持和安慰，

---

① 这些庙宇均建于近代侨批网络兴起之前，万望庙建于1816年、新本头公庙建于1829年、巴鲁妈宫建于1848年。

而华人社团正好把这种支持和安慰给予了他们，满足了他们心灵上的需要（黄挺，2008）。因此，无论是在潮汕本土还是南洋地区，民间信仰都强化了血缘和地缘的关系，更是增进了潮汕移民的凝聚力。

三、下南洋与寄批习俗

潮汕地区地狭人稠，缺乏粮食，人民多以工商渔盐为生。随着明清海上贸易的兴起，依赖土地为生的农民为生活所迫，移民南洋渐成潮流。特别是随着清代红头船贸易的兴起，潮汕地区有大批居民随船出国谋生。汕头开埠后，人民得以自由出国务工经商，潮汕地区对外贸易进一步发展，加之东南亚地区对劳工的迫切需要，潮汕人民下南洋更是络绎不绝。自汕头开埠至民国时期，是潮汕人民出国谋生的高峰期。自光绪一年至民国二十八年（1875～1939年），经汕头出国侨民共557万余人，归国侨民计390万余人，出国比归国多出约167万人，其中大多数为潮汕人。

沈敏在《潮安年节风俗谈》中描述到潮安人民下南洋，"潮安接近汕头，交通便利。居民赴南洋谋生的很多，大约有6万余人。尤其是第七、第八两区，几占各区总人口的十分之二。潮安的经济，一部分是仰给于这些华侨的。由于交通便利的缘故，华侨的回乡并不困难。住了几时，便又回来；大多是省亲过年之后，参加新春游乐，在旧历的三月至四月间又出洋了。候补的华侨，多于这时跟着去。所以三月至四月间，可以算是华侨出洋的时节，成了一种风俗"（沈敏，1937）。

移民南洋的潮汕人，大多为穷苦人家，年龄多为少壮年阶段的男性，有的甚至是不超过十二岁的儿童（旺威帕·武律叻达纳攀和素攀·占塔瓦匿，1991）。父母或妻儿老小留居家乡，男人们只身出洋，造成了潮汕千千万万个隔洋分居的家庭。亲属关系、传统道德是维系这些家庭的纽带。家属对海外亲人经济上的仰赖，海外潮人对家属经济上的尽力，寄批回家是这一纽带的表现形式（杜桂芳，1995）。他们下南洋一心只求谋生，赚钱养家。"他们于是埋头苦干，胼手胝足，撙衣节食，积累到相当款项之后，逢月初或时节，他们就会按期预早把洋钱寄回养家。"（陈礼颂，1995）

陈昭天（1937）描述潮汕人寄批习俗，"此帮既以畛域关系而另立，又以夸耀家乡为愿望,故家乡之观念特强,凡旅外者第一要务为积款归还,建造庐墓,大张宴会,宴请闽粤人,即未能归还者亦必按期汇款回家,使家庭不露穷酸苦相,贻笑乡邻,此俗相沿一久,潮人遂视按月汇款回家为一种天经地义,以多汇为荣;反之且引起同帮之鄙视,谓其丧失人格,虽欲求一噉饭地位亦不可得,更奇者潮籍店号对血气未定之潮籍青年店员,负有督促或涉其汇款回家习惯,店东如视为理由充足可将该伙友薪金扣留一部分,代其汇寄回家,性质近于半强制"。

寄批是华侨对祖籍地的重要义务,表明其对家庭尽责、对家中长辈尽孝。侨批的寄送可以说是潮汕地区浓厚的宗族文化和传统习俗的表现。在大量的侨批信件中,无不表现出潮汕移民的家族观念。批款除了养家糊口外,还用于各种宗族活动和民间信仰等。这也可从侨批内容和华侨寄批周期得到印证。

在潮汕地区,如果家中生了男孩,须按乡例做"灯首"(添丁入族仪式)祭拜祖先,宴请乡人。如澄海上华镇山边乡旅居新加坡的陈少石家有添丁之喜(其兄或其弟未明),以其母名义要求寄款做"灯首",陈少石未能马上寄回,故而在1934年7月17日致母亲批信中写道,"寄上拾元以作家用……新年灯首请客之款,下月调上"(杜桂芳,1995)。

华侨对寄回家的款项按照宗法血缘、嫡庶亲疏、尊卑长幼进行分配,体现了浓厚的宗法观念。如斗文乡吕文光1937年10月17日寄妻子批,"兹寄中央币肆拾元,肆元送我外祖母,三姆、五姆各送两元,炳祈奢兄各送二元,隆奎弟、文耀弟、遥珍妹各与壹元为茶品之需,余家务之用"(吴润填,2007)。

陈丽园(2014)对1938~1941年、1947~1949年汕头批局收发批信及回批月度数据进行分析发现,整体而言,侨批寄送周期与中国传统农历节日周期是一致的,如批信数量在农历新年达到高峰,另外两个小高潮在端午节和中秋节,这些寄批主要用于节庆祭祖、拜神等。对于不同的华侨家庭来说,一些华侨家庭的批信寄送与其家庭行为习惯有关,如为长辈祝寿而寄批,这在大量批信中都能看到。在陈应传的家批中,陈应传祖婶的生日是在农历十二月,于是农历十一月底陈应传及其家人便往家里寄批,特为祖婶大人祝寿。

汕头有信批局经理芮诒埙回忆新加坡有信批局的经营情况,也反映了华侨在年终寄批的盛况,"淡月——常年阴历(以下同)一至三月,月约港币10万元;平月——四至九月,月约汇币15万港元;若在向称旺月的十至十二月,平均可分为平月的两倍，特别是年梢一个月特别增多。当地商例，每年冬至之后，一年盈亏，几成定局，如果丰盈，则当事人便可先期酌支红利，寄批回乡，购置田宅和祭祀祖先；一些高级职员，亦多得店主特许，先支奖金若干；此外唐中藉神敛财者，亦多在此时大显身手，修庙换袍，酹神演戏，趁机跃起，故侨批缘情而激增。直至十二月起，例有众多侨胞，寄批馈赠亲友，以至其在国内家属所赖以托庇的豪绅，亦皆奉敬无失"（芮诒埙，1987）。①

可以看出，华侨寄批不仅反映了潮汕地区宗族文化和习俗，其结果也反过来加强了潮汕地区的宗族文化和习俗，使之更加根深蒂固。

华侨寄批成为习俗，进而衍生出专为华侨传递家书和钱物的侨批业。随着源源不断的侨汇汇入，侨汇大大改善了侨眷的生活，华侨在南洋致富的成功故事更是给人们以强烈的示范效应。"如要赚钱，如要赚大钱，就应做生意去，往南洋做买卖去"（陈达，2011），下南洋成为潮汕人发家致富的主要途径。

本章小结

我们利用近现代与潮汕文化及潮汕华侨相关的文献资料，运用扎根理论，将潮汕文化内容归纳为血缘和地缘叠合的乡族文化，在阐述潮汕地区如何形成一个血缘和地缘叠合的宗族社区的基础上，我们识别出与侨批业密切相关的潮汕文化内容，即宗族文化、民间信仰、下南洋和寄批习俗等。宗族文化和民间信仰是潮汕宗族社区的两大文化支柱，宗族文化能够凝聚宗族成员，民间信仰能够联结附近村落，增强潮汕同乡的凝聚力。下南洋的主要目的是赚钱养家，华侨寄批回家是实现赚钱养家的主要途径，这些文化内容无疑与侨批业密切相关，对侨批网络的有效运作具有重要影响。

---

① 芮诒埙于1934年进入汕头有信银庄工作，后任经理，有信侨批局于中华人民共和国成立前结业。

第三章　潮汕华侨与侨汇

　　随着红头船贸易的兴起，加上潮汕地区地少人多，依赖土地为生的农民为生活所迫，乘红头船下南洋谋生的越来越多。汕头开埠后，对外移民合法化，汕头很快成为中国最大的华侨出入口岸之一，每年有大批百姓经汕头港出国往东南亚各国谋生。潮汕华侨多数分布于东南亚，以泰国最多，新加坡、马来西亚、印度尼西亚等地次之。华侨离开家乡下南洋时多为少壮年阶段，都担负着赡养家庭成员的责任，赚钱养家成为华侨出洋的主要动因。

第一节　潮汕人民下南洋

一、下南洋人数

　　汕头开埠后，成为中国最大的华侨出入口岸之一。每年有大批人民经汕头港出国往东南亚各国谋生（见表 3 - 1）。

　　汕头开埠后至民国时期，是潮汕人民出国谋生的高峰期，民国十六年（1927年）达到高潮，出国人数 22.2 万人，归国人数 14.5 万人。20 世纪 20~30 年代，每月经汕头出国人数在 5000 人以上，回国人数在 3000 人左右，汕头行驶南洋轮船航线平均每月 36 艘次。

表 3 - 1 1869 ~ 1946 年从汕头口岸去往东南亚各国的华侨、华人出入境人数

单位：人

年份	出国人数	回国人数	净出国人数	进出国人数	年份	出国人数	回国人数	净出国人数	进出国人数
1869	20824	—	—	20824	1898	70716	54407	16309	125123
1870	22282	—	—	22282	1899	86016	65328	20688	151344
1871	21142	—	—	21142	1900	93460	71850	21610	165310
1872	37013	—	—	37013	1901	89538	74482	15056	164020
1873	24284	20066	4218	44350	1902	104497	70797	33700	175294
1874	23046	17533	5513	40579	1903	129539	99835	29704	229374
1875	30668	30568	100	61236	1904	103202	86454	16748	189656
1876	37635	21813	15822	59448	1905	93645	79298	14347	172943
1877	34188	23593	10595	57781	1906	102710	92704	10006	195414
1878	37963	26875	11088	64838	1907	144315	101635	42680	245950
1879	36336	28048	8288	64384	1908	112061	92292	19769	204353
1880	38005	28013	9992	66018	1909	84246	43078	41168	127324
1881	30690	25687	5003	56377	1910	104001	48131	55870	152132
1882	67652	35025	32627	102677	1911	133667	38785	94882	172452
1883	73357	40929	32428	114286	1912	124673	42318	82355	166991
1884	62551	41212	21339	103763	1913	117060	38737	78323	155797
1885	59630	44907	14723	104537	1914	86796	39403	47393	126199
1886	88330	45025	43305	133355	1915	74343	36502	37841	110845
1887	68940	49368	19572	118308	1916	82400	29259	53141	111659
1888	65421	54520	10901	119941	1917	69375	20450	48925	89825
1889	74129	53658	20471	127787	1918	57416	32065	25351	89481
1890	65427	50062	15365	115489	1919	83518	54155	29363	137673
1891	59490	54032	5458	113522	1920	109318	68525	40793	177843
1892	59247	46254	12993	105501	1921	135675	98607	37068	234282
1893	89700	51991	37709	141691	1922	136680	112362	24318	249042
1894	75068	50117	24951	125185	1923	133122	102916	30206	236038
1895	85157	47618	37539	132775	1924	152064	131322	20742	283386
1896	88047	55586	32461	143633	1925	131092	105318	25774	236410
1897	67180	57729	9451	124909	1926	83947	105969	- 22022	189916

年份	出国人数	回国人数	净出国人数	进出国人数	年份	出国人数	回国人数	净出国人数	进出国人数
1927	222033	144902	77131	366935	1935	130766	123768	6998	254534
1928	211977	141861	70116	353838	1936	91157	48739	42418	139896
1930	123724	94726	28998	218450	1937	68661	69474	−813	138135
1931	80202	81962	−1760	162164	1938	59095	22658	36437	81753
1932	36824	70864	−34040	107688	1939	21091	16729	4362	37820
1933	44858	50722	−5864	95580	1946	48228	2555	45673	50783
1934	56293	40500	15793	96793	—				

注：1869～1872 年回国人数无统计数据，1929 年无统计数据。缺日军侵占汕头期间（1940～1945 年）的数据。

资料来源：王琳乾、邓特：《汕头市志》（第四册），新华出版社，1999 年版，第 545－546 页。

民国十六年（1927 年）7 月，暹罗（泰国）政府制定入国法，对华侨入境实行限制。民国十八年至二十二年（1929～1933 年）世界发生经济危机，热带作物出口市场衰退，新加坡、马来亚首先受此影响，锡和橡胶跌价，大批工人失业，当地政府拨巨款遣送失业者回国。在经济危机的影响下，各国失业人数不断增加，中国移民到东南亚各国受到抵制。民国十九年（1930 年）8 月，新加坡、马来亚也宣布移民入口限制条例。从民国二十年（1931 年）起，经汕头出国往南洋谋生的人数逐渐减少。民国二十年至二十二年（1931～1933 年），潮汕华侨每年回国人数都超过出国人数。民国二十八年（1939 年）日本军队占领汕头，封锁海港，人民乘船出国已不太可能。日军占领东南亚各国后，又有大批华侨经陆路回到潮汕。民国三十四年（1945 年）抗日战争胜利后，大批华侨和侨眷纷纷乘船前往南洋各国。民国三十六年（1947 年）3 月开始，南洋各地限制中国移民入境。同治八年至民国三十七年（1869～1948 年），据有统计资料的 58 年推算，平均每年出国人数比回国人数大约多 3 万人。

二、下南洋动因

潮汕地区地少人多，自然灾害频繁，人民生活比较艰难，随着近代红头船贸易的兴起，潮汕有大批居民随船出国谋生。潮汕人移民东南亚多为自由移民，也有部分作为"契约华工"而被动移民。

（一）自由移民，赚钱养家

潮汕人下南洋，多以赚钱养家为目的，多数人并不作长期定居打算，侨居6～10年后回国者最多，侨居11～15年后回国者次之，侨居30年以上或3年以下者是少数（王琳乾和邓特，1999）。

陈达对汕头附近的一个华侨社区进行调查，结果显示，这905个华侨家庭大体反映了华侨离国移居南洋的原因（见表3－2）。

表3－2　南洋迁民离国的原因

离国移居南洋原因	户数	比重（%）
1. 经济压迫	633	69.95
2. 南洋的关系	176	19.45
3. 天灾	31	3.43
4. 企图事业的发展	26	2.87
5. 行为不检	17	1.88
6. 地面的不靖	7	0.77
7. 家庭不睦	7	0.77
8. 其他	8	0.88
总计	905	100

资料来源：陈达：《南洋华侨与闽粤社会》，商务印书馆，2011年版，第57－59页。

从陈达的调查结果来看，"经济压迫"是潮人移居南洋的最主要原因，占69.95%。"经济压迫"包括个人与家庭两方面。个人方面指个人因无业或失业，以致难以谋生，因此冒险出洋。在905个家庭中有353个家庭属于此类情形。家庭方面指家庭的经济困难，包括财产缺乏、收入微细、人口众多等，在905个家庭中有280个家庭属于此项。可见"经济压迫"是逼迫许多人迁移海外的一种重要的原动力。

"南洋的关系"是促成移民的第二大原因，包括家族在南洋有生意，或者有亲戚朋友在南洋，通过亲人朋友的介绍，南洋较多的谋生机会吸引了有志青年前往。在905个家庭中有176个家庭属于此类，占19.45%。

也有一部分人，或经营商业，或从事于自由职业，资金比较宽裕，接受过较好的教育，愿意前往南洋进行历练，寻找机会或发展事业。在905个家庭中有26个家庭属于此类，占2.87%。

华侨离开家乡下南洋时多处于少壮阶段。1934年太平洋国际学会在樟林港对500名男性移民离乡时的年龄进行调查发现，16～30岁占80.8%，50岁以上一个也没有，15岁及以下只占8.2%（见表3-3）。出国年龄在16～30岁的人最多，这个年龄段的人在乡间家中多有父母和妻儿，担负着赡养家庭成员的责任，赚钱养家成为华侨出洋的主要动因。他们中有的人到侨居地后，如果环境许可便定居下来，招其家庭成员出国。

表3-3　澄海县樟林港500名男性移民离家时的年龄统计

年龄组	人数	比重（%）
10岁及以下	6	1.2
11～15岁	35	7.0
16～20岁	221	44.2
21～25岁	121	24.2
26～30岁	62	12.4
31～35岁	27	5.4
36～40岁	21	4.2
41～45岁	3	0.6
46～50岁	4	0.8
总计	500	100

资料来源：陈国深、卢明：《樟林社会概况调查》，国立中山大学社会研究所丛书，1936年版，第20页；转引自陈树森、张映秋：《中国人口的国际迁移》，载中国社会科学院人口研究所《中国人口年鉴》编辑部：《中国人口年鉴》（1987年），经济管理出版社，1988年版，第120页。

（二）被动移民，做"苦力"华工

19世纪中叶以后，西方殖民者大规模开发南美洲、澳洲以及东南亚殖民地，迫切需要大量劳动力，他们开始在中国东南沿海一带掠夺华人出国充当苦力。咸丰十年（1860年），清政府在《中英北京条约》中被迫增加了"允许英国招募华工出国"等条款。汕头开埠后，西方人口贩子更是蜂拥而至，打着合法化招工的幌子，肆无忌惮地进行诱骗活动，进行"猪仔贸易"。即用诱骗、掳掠、招募等方式，把粤东沿海一带贫苦人民强制装船运到殖民地卖给种植园主做苦力，也称"苦力华工"。光绪二年至二十四年（1876～1898年），从汕头口岸出国到东南亚各地的华工共有151.2万人，其中从光绪十四年至二十四年（1888～1898年）运往苏门答腊德里种植园的华工就有5.6万人，德里的华工几乎全是从汕头埠运出去的。"苦力"华工大都从事开荒种植工作，生活凄惨，往往终身不能自由。

辛亥革命后，社会舆论群起痛诉出卖华工的流弊，迫使当局严禁贩卖"猪仔"，保护侨民。此后，契约移民逐渐移到香港地区。汕头历史上的自由移民继续盛行，主要是出洋到东南亚各地。"客头行"不再帮"卖猪仔"，只办理自由移民业务。带新客出洋的人，叫"水客"。"客头"和"水客"一直延续到中华人民共和国成立前夕（王琳乾和邓特，1999）。

第二节　潮汕华侨海外分布及职业

一、地区分布

潮汕华侨多数分布于东南亚，同治八年（1869年）出国至曼谷、西贡、新加坡的华侨有20824人，次年有22282人。自开埠至光绪二十一年（1895年）每年从汕头出国人数逐渐增加至8万～9万人，其中一半以上到新加坡和英属各殖民地，其次是到西贡、曼谷和苏门答腊。进入20世纪20年代，出国高峰每年达14万～15万人，一般年份也有10万人，回归者每年只有6万～9万人。出国到曼谷者最多，新加坡、西贡、苏门答腊的人数次之。

第二次世界大战后，先后有大批潮汕华侨、华人从东南亚国家等地移居西欧和北美。故此，潮汕华侨在世界各国的分布更加广阔。

在泰国，据1953年出版的由谢猷荣编著的《新编暹罗国志》估计，泰国华侨共计369万人，其中潮州人占60%，应有221.4万人；1959年出版的《泰国华侨志》记载，泰国华侨、华人共计 369 万人，其中潮州人占 80%，约有 295.2 万人。根据厦门大学东南亚研究所 1980 年的资料显示，泰国华侨、华人共计 450 万人，潮州人约占 75%，约有 337.5 万人，其中保留中国国籍的华侨约有 17 万人。

在马来亚，据 1921 年及 1931 年的人口清查显示，1921 年在马来亚的潮州人（潮汕人的俗称）为 130231 人，1931 年为 209004 人（陈达，2011）。据民国三十六年（1947 年）《马来亚人口统计报告》显示潮州人共计 364232 人，占总人口的 13.92%。

在新加坡，据中国香港地区《华人》月刊称，新加坡民国二十年（1931 年）有潮州人 82405 人，民国三十六年（1947 年）为 157188 人。

在印度尼西亚，据民国二十三年（1934 年）国民政府侨委会材料统计，民国十九年（1930 年）印度尼西亚潮州人有 123265 人，占该国总人口的 10%。

近代在其他地区的潮汕籍华侨，具体数量有多少，因缺乏相关的资料数据，尚不清楚。

中国人在南洋的地理分布具有两个特征：一是同乡聚居一处；二是同乡加入一业。已移民东南亚的华侨往往会支持亲戚朋友、同乡移民，并提供帮助。正如陈达（2011）所述，"迁民出国的路线，往往依照在南洋的同族或同乡的经验与协助。这些迁民前辈，对于后来者大致有血统、友谊或邻居的关系，或广义的同乡关系。以概况论，在南洋的迁民前辈，遇有适当的机会，会援引家中人，或亲戚、或朋友、或邻居，前往南洋，因此后去的迁民，大致跟着迁民前辈所住的地域及所选的职业。经时既久，这就变成一般迁民的习惯"。

同样，移民东南亚的潮汕华侨多是在同族或同乡的帮助下实现移民的，东南亚的华侨依然保留了原有在家乡的社会联系，同一乡族的人往往聚居在一起，如马来西亚西北部的北根市，当地 90% 的华人为潮安县人（林济，2008）。早期旅居印度尼西亚的潮阳人、普宁人多居住在苏岛东北部以棉兰为中心的亚沙汉、仙达、直民丁宜等地，揭阳人多居住在加里曼丹岛的坤甸地区，澄海人多数散居在爪哇岛的雅加达、泗水、三宝垄等城市。因此，潮籍同乡会、宗亲会在东南亚地区非常普遍。

二、华侨职业

咸丰十年（1860 年）汕头开埠后，大批前往暹罗的潮侨，很多从事大米的收购、加工、包装、运输等职业，或在内地充当收购稻谷的小贩。随着生意发展，已有潮侨垄断泰国的大米贸易。至 20 世纪 30 年代，泰国曼谷最大火砻主是祖籍澄海的陈黉利家族，拥有 7 家大火砻。但是更多的潮州人还是从事苦力劳动，参加修筑铁路、港口、街道、商店、住宅以及政府大厦。光绪十八年（1892 年）开始建设以曼谷为中心的铁路网，有大量的潮侨受雇做苦力，数以千计的人在修筑铁道中丧命。有部分潮人受雇到山巴种胡椒、甘蔗、烟草、蔬菜、棉花，把在家乡种植和腌制蔬菜的技术带到泰国，甚至把蔬菜种子也带到了侨居地。

马来亚的潮侨，部分居住在吉打、槟榔屿和威斯利省，种植甘蔗和硕莪；部分旅居新加坡、柔佛和苏岛，种植胡椒和甘蜜。18 世纪马来亚和新加坡森林深邃，当地政府鼓励华侨合作开垦荒地，许多潮侨开荒种植胡椒、甘蜜，著名潮籍甘蜜园主是新加坡的佘有进和柔佛的陈旭年、陈开顺、林亚相。民国元年（1912 年）以后，从事胡椒、甘蜜生产的潮汕华侨转营其他行业。另外，也有一部分人分散在马六甲、森美兰、雪兰莪、邦喀和双溪大年等地从事商业、捕鱼，种植水稻、蔬菜、硕莪、树胶，以及从事酿酒、陶瓷器生产等。

印度尼西亚在荷兰统治时期，大企业和出入口商行几乎都被殖民者垄断，华侨只能从事中介商和小商贩，有部分人经营种植业，而大部分人则从事店员或劳工。

在越南，潮侨主要集中在南部西贡、堤岸，也分散在南方各省，部分人居住在中部的顺化、岘港。在法国殖民统治时期，堤岸及附近的潮侨大多数从事工商业活动，其经营范围主要是谷、米（包括碾米厂），还有茶叶、鱼干、蛋类、食油、柴炭、蔬菜、土产、海运等，有些大米商还拥有稻田、碾米厂和货船，从谷米的生产、加工运输直到销售，独揽经营。

柬埔寨的潮侨多数居住在农村，从事稻谷等农副产品的生产或加工贩卖，也有一些人居住在金边等城市经营商业（王琳乾和邓特，1999）。

第二次世界大战后，泰国的潮侨纷纷加入泰籍。泰国的碾米业，大多数由其经营。其中祖籍澄海的黄作明最为著名，有"米业大王"之称。其他如粮食、汇兑、造船、渔业、木业、金融、五金杂货、皮货、典当、书报、塑料、金饰珠宝等行业，潮商都占有重要地位。尽管如此，泰国潮州人占大多数的还是中小商人、小商贩、职员、店员、工人，相当一部分人在乡村和山地从事农业种植。

新加坡潮侨经营范围很广，包括金融、土产、地产、糖米、京果、金饰、钟表、绸布、药材、瓷器、电器、果菜、海货等。大坡的鱼菜商，大多是潮州人。经营餐馆、小饮食业的也不少。此外，还有很多人在政府机关、企业、学校充当职员或工人。

马来亚的潮州人除了从事工商经营外，很多人还养猪、种菜、经营胶园和菠萝园，一部分人进入文化艺术界成为教授、编辑、歌唱家、医生、律师，也有职员、工人、司机等普通劳动者。

印度尼西亚独立后，一部分潮侨用其辛劳积累的资金经营起出入口贸易和开设各类工厂，不过大多数人还是以做工或种植为生（王琳乾和邓特，1999）。

1934年太平洋国际学会在樟林港对500名男性移民的职业进行调查（见表3-4），发现樟林华侨移民后，职业分布有了很大变化，从事商业的多了，从事农业的少了。华侨经商的占比为7.6%，从事小贩的也占7.6%，从事店员的人最多，占38.4%，总的来讲，樟林华侨从事商业的共占53.6%，超过一半。而在家乡时务农的有62人，到南洋后仅一人从事农业。不过，华侨的就业并不乐观，失业率达9.2%。

表3-4　1934年樟林华侨职业调查情况

职业	在乡时人数	占比（%）	在南洋时人数	占比（%）
经商	22	4.4	38	7.6
务农	62	12.4	1	0.2
店员	106	21.2	192	38.4
工人	101	20.2	150	30
小贩	69	13.8	38	7.6
教师	7	1.4	3	0.6
读书	72	14.4	0	0
行医	2	0.4	0	0
其他	0	0	32	6.4

职业	在乡时人数	占比（%）	在南洋时人数	占比（%）
失业	59	11.8	46	9.2
总计	500	100	500	100

资料来源：陈国深、卢明：《樟林社会概况调查》，国立中山大学社会研究所，1936 年版，第 20 页；转引自陈树森、张映秋：《中国人口的国际迁移》，载中国社会科学院人口研究所《中国人口年鉴》编辑部：《中国人口年鉴》（1987 年），经济管理出版社，1988 年版，第 120 页。

另据陈达 1934～1935 年在潮汕华侨社区对出洋前后侨民职业的调查（见表 3－5），如果将店员、行贩、经商者、店主、商店徒弟总称为商业，则可发现，华侨出国前从事商业者为 399 人，占了 36.81%；到南洋后，从事商业的达到 517 人，占 48.27%，比在国内多出 11.46 个百分点；农夫的比重也从在国内的 14.02% 下降到出国后的 1.21%。调查结果与太平洋国际学会的调查结果基本一致，即潮汕人移民南洋后，大多从事商业活动。

表 3－5　1934～1935 年华侨出国前后的职业分布

序号	迁民出国前的职业			序号	回国侨民的职业		
	职业	人数	占比（%）		职业	人数	占比（%）
1	店员	206	19.00	1	店员	333	，31.09
2	工人	182	16.79	2	工人	315	29.41
3	赋闲者	158	14.58	3	失业者	111	10.36
4	农夫	152	14.02	4	农夫	13	1.21
5	行贩	139	12.82	5	店主	108	10.08
6	入学者	129	11.90	6	行贩	76	7.10
7	经商者	47	4.34	7	渔业者	6	0.56
8	失业者	23	2.12	8	教育事业者	6	0.56
9	渔业者	13	1.20	9	医生	3	0.28
10	教员	8	0.74	10	公务员	2	0.19
11	商店徒弟	7	0.65	11	不详	98	9.15
12	中医生	1	0.09	总计		1071	100
13	不详	19	1.75	—			
总计		1084	100	—			

资料来源：陈达：《南洋华侨与闽粤社会》，商务印书馆，2011 年版，第 86－87 页。

潮汕地区有着久远的经商习俗，商业气氛非常浓厚。发家致富要靠做生意成为潮汕人的重要信念。"如要赚钱，如要赚大钱，就应做生意去，往南洋做买卖去。""种田赚死钱，经商赚活钱"（陈达，2011），很多潮汕家庭从小就对小孩进行商业训练，如让小孩子帮看店，在黎明时分让小孩子去叫卖油条、豆干等，希望通过这些训练，小孩从小就养成经商习惯，为长大从事商业做准备。因此，许多潮汕人移民南洋后，大多投身于商业活动，继续从事农业的比出国前大为减少。

潮汕华侨有比较强的适应能力，特别能吃苦耐劳。从潮汕移民到东南亚的华侨从事的职业比较广泛，在不同国家职业的分布也有较大不同。商业是潮汕华侨最为青睐的行业，许多华侨勤奋拼搏，如稍有积蓄，多数喜欢选择创业，从事商业活动，海外潮商群体不断发展壮大，成为影响侨居地经济发展的重要力量。

第三节　潮汕侨汇数额

一、侨汇概况

潮汕每年由南洋华侨汇入批款数额，缺乏较为完整的调查统计。"潮州每年由南洋华侨汇入批款数字，国人前未注意，缺乏调查统计（查民国二十二年曾有大略调查，后数目揭载报端，时值各地排华风炽，新加坡华侨认为足以招惹居留地政府之嫉忌，请由侨务委员会通令各地批局，以后一概不准调查）。"（饶宗颐，2005）

汕头是广东东部华侨汇款的一个集散中心，经由此处分发侨汇到邻近各地，包括潮安、揭阳、潮阳、澄海、饶平、大埔、惠来、普宁、丰顺、梅县、兴宁、海丰、陆丰、五华等。此数县的华侨，散布于英属马来亚、暹罗、安南、荷属东印度等地。其中暹罗及英属马来亚的人数最多，安南及荷属东印度次之。

据汕头批业同业公会对各批局的调查统计（见表3－6），1930年侨汇总金额达1亿元。其中，来自暹罗4000万元，英属马来亚3000万元，越南1000万元，其他 2000 万元，此后历年逐步减少。因汕头批业同业公会会员每年需将营业数额呈报公会以确定其需缴纳的会费，所以该调查数据是比较准确的。但有一点当加以说明，该会所提供的数字即未曾包括那种由海外直接经过汇兑庄或银行所直接转汇的款项，据吴承禧（1936）的调查，此项直接汇回款项占约 10%。因此，比较准确的批款数额应该在批业同业公会调查数据的基础上增加 10%。

表 3-6　南洋潮梅籍华侨汇款经汕头转入内地数额　　　单位：万元

年份	暹罗	英属马来亚	越南	由票汇来者	总计
1930	4000	3000	1000	2000	10000
1931	3500	2800	1000	1700	9000
1932	3200	2500	600	1200	7550
1933	2700	2500	600	1200	7000
1934	2000	1800	400	800	5000
1935	1505	1081	461	409	3456
1936	2043	1274	817	864	5096

资料来源：汕头侨汇消长状况，《国际贸易情报》，1937 年第 2 卷第 3 期，第 63-64 页。

从表 3-6 可以看出，进入 19 世纪 30 年代后，华侨汇款日益减少，直到 1936 年才有所恢复。由于受 1929 年世界经济危机影响，初时华侨经营种植园或商业尚未受到较大影响，两三年后，经济形势更加严峻，各商户发觉生意经营困难，多汇款回国，1930 年华侨汇款回国达 1 亿元。随着经济危机的发酵，影响日益加大，南洋工商业趋于衰落，许多华侨失业，华侨汇款日益减少，1935 年侨汇降至 5000 万元以下。

抗日战争时期，估计初期侨汇每月大约为 200 余万港元，潮汕沦陷初期每月入口侨汇额约为 100 余万港元。至 1941 年，第二次世界大战爆发，英荷属殖民地侨汇中断，只剩暹罗、安南、香港地区由他地转入口，这一时期币值纷乱，而且经营者无集中在一个地方，所以无从估计。1945 年日本投降后，由于南洋各地政府多限制华侨寄款回国，因此侨汇比以前减少。从批局的批款数字估计，每年达 6000 万~7000 万港元。由于国币不断贬值，物价飞涨，侨汇大部分流入黑市，数字更是难以估计。据 1947~1949 年邮局登记，三年来汕头共收到侨批 500

余万封,按照平均每封60港元计算,三年总计3.2亿港元,年平均为1亿港元以上(汕头市金融志编纂小组,1987)。

华侨汇款的来源分布,根据汕头批业同业公会的调查,华侨汇款的来源分布如表3-7所示,不过,该表中"由票汇来者"无法识别汇款来源地。

表 3 - 7　华侨汇款来源地分布　　　　　　　　单位:%

年份	泰国	英属马来亚	越南	由票汇来者	总计
1930	40.00	30.00	10.00	20.00	100
1931	38.89	31.11	11.11	18.89	100
1932	42.38	33.11	7.95	15.89	100
1933	38.57	35.71	8.57	17.14	100
1934	40.00	36.00	8.00	16.00	100
1935	43.55	31.28	13.34	11.83	100
1936	40.09	25.00	16.03	16.95	100

资料来源:汕头侨汇消长状况,《国际贸易情报》,1937年第2卷第3期,第63-64页。

根据吴承禧(1936)对汕头华侨汇款的调查,各地汇款数额与各地的华侨人数成比例,调查显示,以暹罗为最多,英属马来亚次之,安南第三,荷属东印度最少,至于来自他处如美国等者可谓绝少。根据1930~1934年侨汇总额按地域的平均,其大体的分布情形为暹罗占总额的50%,英属马来亚占总额的30%,安南占总额的10%,荷属东印度占总额的6%,其他各地占总额的4%。也就是说,无论是汕头批业同业公会的调查数据,还是吴承禧对华侨汇款来源地分布的估算,都说明华侨汇款来源地分布与该地华侨人数相关。

汕头是粤东侨汇的集中地,汕头的华侨汇款数目庞大,在全国华侨汇款中占有相当比重,在全国华侨汇款中的地位比厦门更为重要。吴承禧(1936)估计,1931~1935年汕头华侨汇款在全国汇款总数中所占的比重分别为1931年占22%,1932年占21.9%,1933年占20.5%,1934年占20.2%,1935年占17.4%。

就汕头华侨汇款在全国华侨汇款总额中的变动情况来看,1931~1935年有逐年衰落的趋势。在民国二十三年(1934年)以前,汕头华侨汇款总额约占全国侨汇总额的20%,民国二十四年(1935年)下降为17%左右。

二、批信局经汇情况

潮汕华侨汇款虽然绝大多数经过民间批信局进行，但有关批信局层面经汇华侨汇款的历史资料极少，目前可知的资料是来自民国十年出版的《汕头近况之一斑》和1935年出版的《潮梅现象》，目前尚未发现有采用《汕头近况之一斑》侨汇数据的研究文献。

《汕头近况之一斑》是由马育航著于民国十年，马育航于民国七年春任惠潮梅军务督办署职员，在汕头工作期间，对地方经济状况及各种利弊留心访查，民国九年任潮梅筹饷局总办时组织人员对汕头经济状况进行调查，形成《汕头近况之一斑》一书，书中记载有汕头商埠批局每年经汇总数（见表3-8）。

表3-8 汕头商埠批局每年经汇总数　　　　单位：万元

序号	批局	1917年	1918年	1919年	序号	批局	1917年	1918年	1919年
1	光益裕	341	347	360	18	和合祥	75	81	79
2	光益	250	256	254	19	万顺昌	75	76	78
3	普通	221	225	220	20	有余	75	76	77
4	常丰泰	188.5	173	173	21	泰怡昌	71.5	69	70.5
5	郑顺成	119	120	116	22	汇通	71	75	71
6	庆成发	105	110	113	23	恒记	70	68	69
7	暹兴利	98	102	79	24	陈炳春	69	71	70.5
8	利商	90	85	89	25	光荣成	66	64	67
9	合兴利	84	81	81	26	杨源成利	63	62	64
10	乃裕	84	86	86.5	27	潮顺兴	61	60	63
11	协兴盛	81	82.5	81.6	28	广合兴	61	63	65
12	生记	80	79	81	29	泰和丰	60	59	61
13	美盛	79	81	80	30	广海泉	56	57	60
14	公发	78	79	76	31	连兴	56	59.6	60
15	谦和祥兴	78	80	83	32	胜裕兴	54	51	55
16	庄协隆	77	79	78.5	33	同发利	49	50	52
17	潮利亨	76	79	77	34	协成丰	47	50	49

续表

序号	批局	1917 年	1918 年	1919 年	序号	批局	1917 年	1918 年	1919 年
35	义裕隆	46	46	45	40	振泰盛	31	29	32
36	广顺利	40	39	40.5	41	公泰	25	27	27.6
37	永和祥	36	37	39	合计		3454	3483.1	3497.7
38	新合顺	35	36	39	均值		84.24	84.95	85.31
39	陈合兴	32	33	35	标准差		61.43	62.03	62.53

资料来源：马育航：《汕头近况之一斑》，1921 年，第 18－24 页。

《潮梅现象》收录了 1933～1934 年汕头市批信局平均每月的批信封数和批银数量（见表 3－9）。根据该数据计算，当时汕头共 42 家批局，每月批信总封数为 183794 封，每月平均批款数为 265.10 万元，平均每封批信所附批款为 14.42元。平均每家批信局每月经手批信 4376 封，批款 6.31 万元。

表 3－9　1933～1934 年汕头市侨批业月营批信封数及批银数目

序号	店号	每月批信额（封）	每月平均银数（元）	序号	店号	每月批信额（封）	每月平均银数（元）
1	光益裕	23915	358725	16	马源丰	3834	57510
2	光益	15586	233790	17	万兴昌	3317	49755
3	有信	15301	229515	18	万丰发	3191	47865
4	和合祥	8355	125325	19	陈锐记	3065	45975
5	新合顺	7765	116535	20	协成兴	2956	44340
6	同发利	7727	115905	21	恒记	2765	41475
7	马合丰	7439	111585	22	振盛兴	2753	41295
8	永安	6237	93555	23	吴顺兴	2691	40365
9	成顺利	5933	88995	24	泰成昌	2452	36780
10	理元	5856	87840	25	广汇	2403	36045
11	普通	5315	79725	26	福成	2371	35565
12	洪万丰	5296	79440	27	宏信	2270	34050
13	广源和记	4489	67335	28	郑顺成利	2056	30840
14	马德发	4260	63900	29	广顺利	1832	27480
15	陈炳春	4119	61785	30	源利亨	1642	24630

续表

序号	店号	每月批信额（封）	每月平均银数（元）	序号	店号	每月批信额（封）	每月平均银数（元）
31	钟荣顺	1621	24315	37	玉合	5650	8481
32	荣丰利	1515	22725	38	胜发	526	7890
33	广泰祥	1136	19740	39	森春	388	5820
34	福利	1261	18915	40	福兴	329	4935
35	李华利	1116	16740	41	义发	2402	3603
36	得合兴	601	9015	42	振丰盛	58	870

注：书中没有明确数据采集的时间，"查年来批款，较前减少，当廿一年以前，入口批额，平均每封信所附批款，均在二十元以上，现则平均不满十五元，兹录汕市侨批业月营批信封数及批银数目如下。"据此判断，这些数据反映的是汕头侨批业1933～1934年的情况。

资料来源：谢雪影：《潮梅现象》，汕头时事通讯社，1935年版，第41－42页。

为与1917～1919年汕头批信局每年经汇批款相比较，我们将《潮梅现象》中1933～1934年汕头批信局平均每月经汇批银数量折成年度数据（见表3－10）。

据此资料，我们可从微观层面分析批信局的营业情况。1917～1919年，汕头批信局的经营情况比较稳定，平均每年经汇华侨汇款总金额在3450万～3500万元，各家批信局的业务也比较稳定，没有发现经汇金额大起大落的情况。平均每家批信局年经汇额在85万元左右。年均经汇额在100万元以上者有6家，占批信局总数的14.63%，50万～100万元者有27家，占65.85%，50万元以下者有8家，占19.51%（见表3－11）。与1917～1919年相比，1933～1934年的侨汇有所减少（见表3－10），从1917～1919年的年均侨汇额为3478万元下降为年均3181.17万元，平均每家批局的经汇数也从84.84万元下降为75.74万元。这与潮汕侨汇宏观层面是相一致的，即进入20世纪30年代，侨汇呈下降趋势。到1933～1934年，批局间的差距也在扩大，经汇最多者为光益裕，金额为430.47万元，最少者为振丰盛，为1.04万元；经汇额50万元以下者从1917～1919年的8家增加到1933～1934年的22家，占比从19.51%上升为52.38%，标准差从62万元增加到83.89万元。这说明侨批业竞争日趋激烈，批信局间的差距呈扩大态势。

表3-10　1933～1934年汕头市侨批业经汇批银数目　　　单位：万元

序号	店号	银数	序号	店号	银数
1	光益裕	430.47	23	吴顺兴	48.44
2	光益	280.55	24	泰成昌	44.14
3	有信	275.42	25	广汇	43.25
4	和合祥	150.39	26	福成	42.68
5	新合顺	139.84	27	宏信	40.86
6	同发利	139.09	28	郑顺成利	37.01
7	马合丰	133.90	29	广顺利	32.98
8	永安	112.27	30	源利亨	29.56
9	成顺利	106.79	31	钟荣顺	29.18
10	理元	105.41	32	荣丰利	27.27
11	普通	95.67	33	广泰祥	23.69
12	洪万丰	95.33	34	福利	22.70
13	广源和记	80.80	35	李华利	20.09
14	马德发	76.68	36	得合兴	10.82
15	陈炳春	74.14	37	玉合	10.18
16	马源丰	69.01	38	胜发	9.47
17	万兴昌	59.71	39	森春	6.98
18	万丰发	57.44	40	福兴	5.92
19	陈锐记	55.17	41	义发	4.32
20	协成兴	53.21	42	振丰盛	1.04
21	恒记	49.77		合计	3181.17
22	振盛兴	49.55		均值	75.74
				标准差	83.89

资料来源：谢雪影：《潮梅现象》，汕头时事通讯社，1935年版，第41-42页。

表3-11　汕头批信局经汇侨汇金额分布

年均	1917～1919年		1933～1934年	
	家数	占比（%）	家数	占比（%）
100万元以上	6	14.63	10	23.81
50万~100万元	27	65.85	10	23.81
50万元以下	8	19.51	22	52.38

资料来源：马育航：《汕头近况之一斑》，1921年，第18-24页；谢雪影：《潮梅现象》，汕头时事通讯社，1935年版，第41-42页。

从批信局经汇华侨汇款来源地进行分析（见表 3 - 12），可以发现，1917 ~ 1919 年，来自暹罗的侨汇最多，平均占 61.97%，其次为新加坡，平均占 16.23%，第三为安南，第四为印度尼西亚，来自马来亚的侨汇占比最少，平均为 4.68%。基本与汕头侨批业公会对 1930 ~ 1936 年汕头华侨汇款来源地的统计一致。

表 3 - 12 南洋各地华侨汇款数额及占比情况

汇款数额 外洋汇款商埠	1917 年（万元）	1918 年（万元）	1919 年（万元）	年均（万元）	汇款占比 外洋汇款商埠	1917 年（%）	1918 年（%）	1919 年（%）	年均（%）
新加坡	562	559	572.5	564.50	新加坡	16.27	16.05	16.37	16.23
安南	388	404	403	398.33	安南	11.23	11.60	11.52	11.45
暹罗	2148	2154.1	2164.2	2155.43	暹罗	62.19	61.84	61.87	61.97
马来亚	160	165	163.5	162.83	马来亚	4.63	4.74	4.67	4.68
印度尼西亚	196	201	194.5	197.17	印度尼西亚	5.67	5.77	5.56	5.67
合计	3454	3483.1	3497.7	3478.27	合计	100	100	100	100

资料来源：马育航：《汕头近况之一斑》，1921 年，第 18 - 24 页。

第四节 侨汇对潮汕经济社会发展的影响

侨汇对潮汕经济社会发展的影响无疑是巨大的，《潮州志》载"但潮人仰赖批款为生者，几乎占全人口十之四五，而都市大企业及公益交通各建设，多由华侨投资而成，内地乡村所有新祠夏屋，更十之八九系出侨资盖建。且潮州每年入超甚大，所以能繁荣而不衰落者，无非赖批款之挹注。故当战时侨批梗阻，即百业凋敝，饿殍载道"（饶宗颐，2005）。侨汇对潮汕经济社会发展的影响体现在以下方面：

（一）赡养了侨胞眷属

华侨出国的主要原因多数是迫于生计艰难，不得已向海外谋取生存，赚钱养家。因而其汇款的主要用途多是用于养家糊口。而作为收汇对象的侨眷来讲，大多数是无地或少地的贫民，他们的生活主要是靠侨汇来维持（林家劲和罗汝材，1999）。

据陈达（2011）在1934～1935年对潮汕地区100户非华侨家庭和华侨家庭的抽样调查显示，华侨家庭每月经济收入中来源于南洋华侨的汇款为国币①53.9元（占总收入的81.4%），至于本地的收入（农、副业的收入等），平均每家每月仅有国币12.3元（占总收入的18.6%）。华侨家庭每月生活费（房租在内）平均约64.68元，华侨汇款占了每月生活费的83.33%。可以看出华侨家庭对汇款收入的依赖程度。

与非华侨家庭相比，华侨家庭的平均收入，每家每月为国币66.2元，而非华侨家庭每家每月为国币19.25元，华侨家庭的收入是非华侨家庭的3倍以上。对于食品消费，非华侨家庭每月用国币11.04元，占生活费总数的65.13%；华侨家庭每月用国币32.67元，占生活费总数的60.09%。以消费额来讲，华侨家庭的食品消费是非华侨家庭的2.96倍。但食品费用在生活费总数中却占比较低，这表示华侨家庭对于生活费其他项目有较多的支出（如杂项，包括卫生、教育、娱乐、家具、烟酒、交通、拜神等），因此华侨家庭在当时占有较高的社会地位。赡家性侨汇用于华侨家庭的日常开支，对于维护和改善侨眷的生活、活跃当地城乡经济都起到积极作用。赡家性侨汇通过侨眷、侨属的消费活动，刺激了当地市场的繁荣（林家劲和罗汝材，1999）。

（二）促进潮汕地区的投资，推动潮汕经济发展

投资性侨汇主要投资于以下几个方面：

一是投资于房屋建造。那些从海（境）外收到较大笔汇款的较为富裕的华侨家庭，把稍有盈余用于建造房屋，购买田产也是常有的事。诚如《潮州志》所载"内地乡村所有新祠夏屋，更十之八九系出侨资盖建"。据统计，汕头市有侨房2000多座，绝大部分是在1929年至1932年间建造的。当时泰国华侨陈黉利公司就在汕头购置大批地产，并投资建设400多座新楼房，新加坡侨商荣发源

---

① 1935年，民国政府废止银本位制，实行"法币政策"，禁止银元流通，白银收归国有。政策规定以中央、中国、交通三大银行（后增加中国农民银行）所发行的纸币为法币。在采用法币后，一般对法币仍沿称国币。

（潮安人）当时也在汕头几条街拥有新楼房，其中整条荣隆街的新楼房都是荣发源投资建设，估计汕头市于20世纪二三十年代兴建的楼房，华侨的投资占了2/3（林家劲和罗汝材，1999）。

二是投资于工商业。据调查，自1889年新加坡华侨在汕头创办福成号至1949年为止，华侨投资企业共4062家，投资金额约8000万元（人民币）。这个数字约占华侨投资广东总额（3.86亿元）的20.70%，占近代华侨投资国内企业资金总额（7亿元）的11.39%。华侨在汕头主要投资于商业，包括进出口贸易、金融业（钱庄、侨批局和银行）以及服务业（旅馆、酒家、戏院）。华侨对汕头工业的投资额不多，只有330万元，占全市投资额的6.25%，主要投资于电灯、自来水、火柴厂以及制冰厂等，对重工业的投资基本没有（林金枝和庄为玑，1989）。

三是投资于道路交通。近代潮汕地区的交通事业多依赖南洋华侨。潮汕铁路、汕樟轻便铁路、汽车路、轮船公司多系华侨投资建设，近代交通事业的发展，促进了潮汕地区农产品的对外销售，也进一步促进了乡村与市镇的联系，开阔了内地民众的眼界和知识。如潮汕铁路的建成，促进了潮汕等地的土特产的流通，正如陈达调查所指出的，"韩江流域的谷米、蔬菜、林檎，都因铁路之便，销路更旺……据汕头生果铺的估计，每年出口，总计国币200余万元。上列各种产品，大致由铁道输往汕头，再转运国内他市或南洋"（陈达，2011）。华侨在家乡兴建铁路、建设公路和开辟内河航运等交通运输事业，对城乡物资流通和开启民智起到积极的作用。

（三）潮汕侨汇促进近代潮汕金融业发展

光绪二十五年（1899年）以后，各种银行机构在潮汕陆续设立。而各地的银庄不断增加，1932年汕头市就有银庄60多家，银庄是一种旧式的金融机构，起初只专营汇兑和吸收存款，其后业务不断扩大，经营定期、活期存款和往来存解款，以及买卖香港地区、上海等地汇票和发行纸币等。近代潮汕的银行和银庄，其业务在很大程度上靠侨商、侨眷、侨属的存放款支持。有不少银庄兼营侨批业，侨汇的业务直接关系到银庄的生存和发展。如汕头有信银庄，后改称为有信批局，除经营银庄业务外，一直兼营侨批业务，并在新加坡等国家和地区设有分号，负责收揽侨批等业务。近代潮汕各地较为著名的银庄，大多数与侨汇的揽注密切相关，大多在兼营侨批业中发展起来（杨群熙，1997）。

（四）促进潮汕地区教育事业和其他公益事业的发展

捐献性侨汇指的是海（境）外华侨捐资兴办文化教育、公益慈善事业、赈灾以及在各个历史时期支持革命、爱国救亡的捐款等。捐献性侨汇在培育英才、救死扶伤、救国图存等方面发挥了积极的作用。

早在清朝末年，潮安县籍的侨胞开始捐资在自己家乡办私塾。光绪六年（1880 年）旅居新加坡的华侨吴庆腾就在家乡登隆都（今龙湖镇）银湖村的"指南轩"办起私塾。从辛亥革命后至抗日战争前，海（境）外侨胞的事业兴旺，经济实力进一步增强，在家乡兴学育才的热情更高，陈慈黉的陈黉利行每年拨款约 4000 大洋作为家乡成德学校的办学经费。1916 年，泰国侨胞郑智勇在家乡办学，校舍的建设费、教学设备费、学生的食宿和书籍费全部由他负责。在这期间，海外侨胞在潮汕各地共创办和捐助了数十所中、小学校，有力地推动了当地教育事业的发展。

海（境）外潮籍侨胞不仅勤劳勇敢，而且乐善好施，故里乡亲遇到灾难，都各尽所能，纷纷通过批局或银行寄款相助。如 1922 年农历八月初二的强台风，给潮汕地区带来巨大损失，泰国侨胞纷纷慷慨解囊，在一个多月时间里就募得救灾款 25 万泰铢。新加坡、越南等地华侨纷纷捐款支援家乡灾区。

海外侨胞还慷慨捐资加固南北堤防，在家乡修桥、铺路，兴建医院、施医赠药等。在辛亥革命时期，广大侨胞积极投入革命洪流，除了热情宣传三民主义，还踊跃捐资、多方筹款，通过批局或银行寄汇等渠道，寄回国内支持孙中山领导的革命活动。日军侵略中国以后，包括潮籍侨胞在内的广大侨胞继续发扬这一优良传统，踊跃参加各种抗日救亡活动，并募集大批钱款支援抗日前线（黄挺，2008）。

本章小结

汕头开埠后，在潮汕地区兴起一股下南洋高潮。1875～1939 年，经汕头港出国侨民高达 557 万余人，归国侨民达 390 万余人，出国比归国人数多出 167 万人，其中大多数为潮汕人。潮汕华侨主要分布于泰国、新加坡、马来西亚、印度尼西亚等地。潮汕华侨勇于创业，大多数从事商业活动，也有从事开荒种植和苦力劳动等。潮汕人下南洋主要是为了赚钱养家，因此，无论从事何种职业，他们都埋头苦干，胼手胝足，撙衣节食，待积累到相当款项之后，便将批款委托批局寄回家。潮汕华侨汇款数额与华侨人数相关，来自泰国华侨的汇款最多，英属马来亚次之。潮汕华侨汇款数量庞大，在1934年前，潮汕华侨汇款约占全国华侨汇款的20%。侨汇不仅赡养了侨胞眷属，也用于投资工商业、道路桥梁等基础设施和贡献公益事业，为潮汕经济社会的发展做出了重要贡献。

第四章　批信局及其经营管理

第一节　批信局概况

一、批信局的创设

随着下南洋人数的快速增长，华侨汇款回家的数额增长迅速，侨批市场规模快速扩张。原来依赖水客递带信款已不能满足需求，遂先后出现信局、银号和商行等民间机构经营侨汇业务。批信局初期转送侨汇方法与水客递带信款方式相似，但其金融周转和信用方面更胜于水客，深受华侨欢迎，因而得以迅速发展。近代潮汕批信局产生的途径主要有三种：

（一）由水客投资创办

在批信局产生之前，侨批基本上由水客传递。由于水客在海外没有固定营业场所，华侨寄批很不便利，为满足日益增长的寄批需求，一些水客投资创办了批信局。正如《潮州志》记载，"水客外洋原无住所，则联合设置行馆以居停，名为批馆，此为批业之滥觞"（饶宗颐，2005）。如潮阳人李阿梅1870年开始做水客，往来于泰国与汕头，为潮汕华侨传递侨批，1875年与同乡合资在泰国曼谷创办"永和丰批馆"；又如普宁人吴端响，早年移居越南谋生，1889年改当水客，往来于越南与汕头，后在越南和家乡创办"吴财合批局"（王炜中、杨群熙和陈骅，2007）。

（二）由海（境）内外潮商创办

潮商在海（境）外创业，雇用的多为同乡族人，为满足同乡族人寄批需求，一些潮商在南洋和家乡创办批信局，为同乡族人传递侨批。如澄海华侨黄继英1829年在新加坡创办致成染坊，并经营出入口生意，为满足澄海同乡寄批需求，于1835年在新加坡和家乡创办致成批局。潮阳人郑则士家族在南洋一带开酒厂和酒行，为满足同乡寄批需求而创办绵发号批局，兼营侨批业务。更为普遍的是，海内外潮商，特别是从事钱庄业、银庄业、收找业、客栈业、进出口业等的商号，看到侨批市场有无限商机，纷纷扩大经营范围，兼营侨批业务，进而创办批信局。

（三）部分民信局兼营侨批，后或转型为批信局

民信局是我国古代民间信件往来的传递机构，主要传递国内信件。随着侨批业的发展，潮汕的一些民信局也兼营侨批业务，如老字号"老福兴"民信局，在国内的汕头、厦门、上海、烟台、芜湖、福州等地设有营业点，看到侨批业务有发展前途，也委托香港地区批信局吸收批款（邹金盛，2001）。

1933年交通部邮政总局按照民信局业务的性质将民信局与批信局进行区别，"（一）专营国内普通信件者，定名为民信局，不准兼收批信。（二）而专营国外侨民银信，及收寄侨民家属回批者，定名为批信局，不准收寄普通信件"。并规定，"凡民信局应即严令逐渐停止营业，至二十三年底为止，批信局姑准通融补发执照，期限准延至二十三年年终，不得再请展延，但其营业仍须从严限制，余准如拟办理"。[①] 至此，批信局不再经营国内普通信件业务，而潮汕地区一些兼营侨批的民信局也改为领取批信局执照，转型为批信局。

二、近代汕头批信局

（一）近代汕头批信局创设时间

汕头是近代潮梅地区的侨汇中心，海外侨批均需汇寄到汕头后，再由汕头批

---

① 广东省档案馆藏广东邮政厅管理局档案，全宗号29，目录号2，案卷号487，《邮政总局、广东汕头等邮局关于查缉民信等单位私带信函及取缔未经挂号之民业信局等1933－1936》，第13－14页。

信局或由汕头批信局委托潮汕地方批局将侨批派送到侨眷家中。到 1882 年，汕头的批信局数量已达 12 家。

至民国二十三年（1934 年）邮政局已全面停发国内民信局的营业执照，民信局退出历史舞台。批信局经邮政总局批准，继续保留经营侨批业务。民国二十五年（1936 年）在汕头一等邮局注册登记的批局共 82 家。在历年汕头批信局登记的详情表中，1936 年的数据是最全面的，为我们提供了当时汕头侨批局的有关情况，包括汕头侨批局的成立时间，汕头侨批局及其海内外分号营业人的年龄和籍贯等，这为我们进一步了解侨批局提供了数据资料。

在 1936 年的汕头挂号批局中，成立于前清的批局有 6 家，占汕头批局的 7.32%；成立于 1921 年后的批信局数量有所增加，特别是在 1931～1935 年，新创设挂号批局数高达 22 家，占 1936 年汕头批局数的 26.83%（见表 4－1）。可见批局创设与潮汕人民下南洋密切相关，20 世纪二三十年代是下南洋高峰阶段，随着下南洋人数的增加，侨批市场规模也不断扩大，侨批局也不断创设，侨批业得到快速发展。

表 4－1　1936 年前汕头挂号批局的成立时间

成立时间	数量（家）	占比（%）
前清	6	7.32
1912～1915 年	10	12.20
1916～1920 年	5	6.10
1921～1925 年	17	20.73
1926～1930 年	22	26.83
1931～1935 年	22	26.83
合计	82	100

（二）批信局持续经营情况

从 1936 年挂号批局成立的时间来看，持续经营超过 5 年的批局有 60 家，超过 10 年的有 38 家，可见近代批信局的经营是比较稳健的，大多能长期经营。

为进一步了解 1936 年汕头邮政登记的批信局的持续经营情况，我们将 1936 年汕头挂号批局名单与 1948 年 6 月登记的汕头市侨批业同业公会会员商号名册进行比较，发现 1936 年登记表中有 48 家批局出现在 1948 年登记的汕头市侨批业同业公会会员商号名册中（见表 4-2），占总会员数（58 家）的 83%，再与 1949 年汕头挂号批局名单比较，发现 1936 年有 65 家挂号批局也出现在 1949 年的登记表中，占 1949 年挂号批局总数（72 家）的 90%，说明这些批局一直在持续经营，或者在抗战胜利后相继复业，继续经营。在这些批局中，成立于晚清时期的有 6 家，包括广泰祥、陈富通、陈炳春、广顺利、和合祥、振盛兴，可谓是侨批业中的老字号。批局能够长期营业，在一定程度上反映了批局能诚信经营，深受侨民信任。

表 4-2　1936 年汕头挂号批信局简况

序号	批局名称	开设年份	开设地点	营业人姓名	是否是 1948 年汕头侨批业同业公会会员
1	广泰祥	1894	汕头市育善街门牌 29 号	丁星海	是
2	陈富通	1905	汕头至平路	陈济轩	是
3	陈炳春	1907	汕头潮安街 17 号	陈尹衡	是
4	广顺利	1909	汕头荣隆街	谢子和	是
5	和合祥	1909	汕头安平路 223 号	张泽民	是
6	振盛兴	1909	汕头永和街	曾国声	是
7	光益	1912	汕头永和街 85 号	钟少严	是
8	光益裕	1912	汕头永泰街	陈湘筠	是
9	普通	1912	汕头市永和街 109 号	吴彩堂	是
10	启峰栈	1912	汕头永兴街 123 号	魏启和	否
11	同发利	1912	汕头永兴街	罗舜桂	是
12	张广泉	1912	汕头棉安街	张牖民	否
13	郑成顺利振记	1912	汕头永和街	郑敦寒	是
14	广源和记	1914	汕头	陈傅仁	是
15	益昌号	1914	汕头永安街 44 号	黄子明	否
16	顺成利	1915	汕头永和街	郑舜之	是
17	陈悦记	1917	汕头升平路 71 号	陈拔奇	否
18	恒记	1917	汕头仁和街门牌 104 号	林成禧	是
19	玉合	1918	汕头杉排路 4 号	林葵	是
20	绵发号	1919	汕头永安街 88 号	郑则士	是

序号	批局名称	开设年份	开设地点	营业人姓名	是否是1948年汕头侨批业同业公会会员
21	许福成	1920	汕头永平路133号	许质彬	是
22	得合兴	1921	汕头福安四横街二号	李卓仁	否
23	广汇通	1921	汕头永兴街	刘瑞	是
24	广汇庄	1921	汕头镇邦街64号	伍富良	否
25	泉利	1921	汕头德安后街36号	刘绍仓	否
26	福利	1922	汕头至平路14号	黄文秋	是
27	理元	1922	汕头永和街	马承章	是
28	马合丰	1922	汕头永和街74门牌	马晏轩	否
29	协成兴	1922	汕头永平路	许汉平	是
30	永安	1922	汕头永和街	周良	是
31	有信	1923	汕头永和街68号	黄寿三	是
32	昌盛庄	1924	汕头	陈连合	否
33	李华利	1924	汕头新潮兴街	李润初	是
34	荣大号	1924	汕头仁和街门牌1号	蔡礼权	否
35	万丰发	1924	汕头永兴街123号	魏长荣	是
36	万兴昌	1924	汕头永安街门牌60号	许文雅	是
37	福成	1925	汕头德里街82号	黄日辉	是
38	福茂	1925	汕头至平路14号	黄南和	否
39	陈万合	1926	汕头商平路81路	陈开宗	是
40	嘉隆	1927	汕头德安街24号	郑良嘉	是
41	老亿丰	1927	汕头至平路14号	黄伟初	是
42	马德发	1927	汕头永安街30号	马星	是
43	泰成昌	1927	汕头安平路136号	刘宗翰	是
44	钟荣顺	1927	汕头通津街47号	钟鹤洲	否
45	合成	1928	汕头荣隆街45号	李步青	否
46	利昌庄	1928	汕头杉排路4号上楼	王炳南	否
47	利东庄	1928	汕头安平路门牌60号	龚松三	否
48	复安	1929	汕头至平路14号2楼	黄逸民	否
49	宏信	1929	汕头永和街68号	芮弼卿	否
50	捷成	1929	汕头德安后街36号	刘迪予	是

序号	批局名称	开设年份	开设地点	营业人姓名	是否是1948年汕头侨批业同业公会会员
51	裕益	1929	汕头永泰街	周炯昌	否
52	周生利	1929	汕头增泰街9号	周云生	否
53	潮利亨	1930	汕头三太市36号3楼	瑞记等	否
54	福兴号	1930	汕头海平路22号	刘士彦	是
55	洪万丰	1930	汕头海平路89号	棉湖洪	是
56	森春庄	1930	汕头海平路8号	魏应元	是
57	吴顺兴	1930	汕头新潮兴街	吴兴祥	否
58	信大	1930	汕头永泰路门牌128号	陈谦铭	是
59	义发	1930	汕头安平路42号	余文仁	是
60	志成庄	1930	汕头安平路	姚以南	否
61	黄潮兴	1931	汕头永和街97号	黄善壁	是
62	胜发	1931	汕头吉安街71号	钟诗和	是
63	张联发	1931	汕头仁和街89	张李香	否
64	成昌利	1932	汕头住永安街门牌83号	萧介珊	否
65	马源丰	1932	汕头永和街112号	马君声	是
66	裕大	1932	汕头永和街140号	陈喜镇	是
67	长发	1932	汕头德里街82号	陈少怀	是
68	振丰盛	1932	汕头仁和街82号	陈章武	是
69	安顺	1933	汕头海平路104号	许友石	否
70	合盛利	1933	汕头永兴街97号	刘石亭	否
71	佳兴	1933	汕头新潮兴街	吴翮秋	是
72	永丰庄	1933	汕头市安平路69号	黎达夫	否
73	致盛	1933	汕头新潮兴二横街门牌5号	郑应林	否
74	潮裕兴号	1934	汕头德里街新编门牌60号	许祥达	否
75	陈四兴	1934	汕头仁和街门牌87号	陈四合	否
76	和兴盛号	1934	汕头新潮兴街门牌26号	李德仰	是
77	金生庄	1934	汕头万安街26号	熊淑君	否
78	荣成利	1934	汕头升平路71号	许作贵	否
79	荣丰利	1934	汕头永兴直街第97号二楼	黄勤敏	是
80	祥益	1934	汕头永和街85号	陈麦洲	否

续表

序号	批局名称	开设年份	开设地点	营业人姓名	是否是1948年汕头侨批业同业公会会员
81	源合兴	1934	汕头市安平路门牌183号	蔡耀南	否
82	宏通庄	1935	汕头万安街	张公垣	是
1936年汕头挂号批信局是1948年汕头侨批业同业公会会员家数					48

资料来源：笔者整理得到。

（三）近代汕头批信局营业地点分布

为了解近代汕头侨批局在城市的地理分布，我们以"1936年汕头批信局登记详情表"和1948年汕头市侨批业同业公会会员商号名册为资料来源，对汕头批局的地理位置进行分析（见表4-3）。可以发现，汕头批局集中于"四永一升平"商业中心，即集中在永和街、永安街、永兴街、永泰街和升平路。1936年在汕头邮政局登记的82家批局中，位于"四永一升平"的批局有30家，占36.59%；在1948年汕头市侨批业同业公会58家会员商号中，有29家位于"四永一升平"，占50%。这说明到20世纪30年代，汕头侨批业已成集聚发展态势。

表4-3 1936年、1948年汕头主要批局营业地点分布

序号	地点	批信局家数（1936年）	批信局家数（1948年）	序号	地点	批信局家数（1936年）	批信局家数（1948年）
1	永和街	14	11	13	荣隆街	2	3
2	永安街	5	5	14	杉排路	2	1
3	永兴街	6	3	15	万安街	2	—
4	永泰街	3	6	16	永平路	2	—
5	升平路	2	4	17	镇邦街	1	—
6	仁和街	5	2	18	福安街	1	—
7	新潮兴街	5	1	19	吉安街	1	1
8	安平路	7	5	20	棉安街	1	1
9	至平路	5	3	21	三太市	1	—
10	潮安街	4	2	22	商平路	1	—
11	海平路	4	3	23	通津街	1	1
12	德里街	3	2	24	育善街	1	1

续表

序号	地点	批信局家数 (1936 年)	批信局家数 (1948 年)	序号	地点	批信局家数 (1936 年)	批信局家数 (1948 年)
25	增泰街	1		27	大通街	—	1
26	怡安街	—	2	28	地址不详	2	—
合计						82	58

资料来源：①1936 年的数据来源于 1936 年汕头批信局登记详情表；②1948 年的数据来源于 1948 年汕头市侨批业同业公会会员名册、广东省档案馆、民国档案，全宗号 4，目录号 2，案卷号 8。转引自马楚坚：《潮帮批信局之创生及其功能的探索》，载李志贤：《海外潮人的移民经验》，新加坡潮州八邑会馆，八方文化企业公司，2003 年版，第 82 - 83 页。

（四）批局的盈利模式

"批业之产生与发展，乃随侨运因果相成"（饶宗颐，2005），批信局承载着潮汕人民下南洋的光荣历史。"批信局供给侨胞一切需要，侨胞拥护批信局不遗余力。批信局系侨胞传统上之生命线，侨胞为批信局之唯一信任者。"（顾士龙，1948）批信局与华侨关系密切。许多批信局的出现是源于海外潮商为满足同乡同族乡亲寄款回乡的需要而兼营，具有互助的性质，并不以追求利益为主要目的，收费也比较低廉。所以，"批局业务历来利得颇微……故多由他业兼营"（饶宗颐，2005）。随着潮汕人民下南洋人数的增加，侨批市场不断扩大，侨批业也得以不断发展，并在 20 世纪三四十年代发展成为汕头重要行业。

一般来说，海外批信局的利润主要来源：一是手续费。海外批信局对寄批人收取的汇款手续费很低，在 20 世纪 30 年代，手续费大约是汇款额的 1%，也有不收手续费的。寄信的邮资，照往返所需邮费，向寄信人收取（姚曾荫，1943）。对于比较贫穷的华侨，批信局大多会给予优待。二是汇兑收益。批信局不在意汇款手续费，其看重的是汇率。汇率往往有利于批信局，而不利于汇款人，这实际上是批信局的主要收入来源。批信局的汇价比较灵活，通常也比银行便宜，通过不同货币兑换，批信局容易赚取汇水。特别在中华人民共和国成立前，由于国币快速贬值，批信局通过汇兑套利巨大，有的批信局甚至通过拖延兑付批款获利，以致声誉下降，乃至倒闭。三是利息收入和挪用获利。海外批信局将陆续收到的批款汇集，等累积到较大数额时再汇往汕头，批局可以获得这段时间的利息。此外，如果南洋批局与汕头联号批局还有其他业务往来，如都兼营银钱业或进出口贸易，则彼此可以通过划账结算而不需要现款结算，期间产生的利息也归南洋批局所有。有时候由南洋批局利用收到的批款买成南洋商品（如大米）运到汕头售卖以资获利。当然，在这些情况下，汕头联号批局虽未收到南洋总馆的现款，但亦按照"批信"中所述的数目，由批脚分送至各汇款的家庭（陈达，2011）。

对于汕头批局和潮汕地方批局，如果是海外批局的自设分号，则与海外批局为总分号关系。如果汕头批局、潮汕地方批局与南洋批局为代理关系，汕头批局对于代理南洋批局转送华侨信款的业务，以及内地批局代理汕头批局分送信款的业务，采用的是佣金制，即按照批款额收取佣金。汕头批局付给内地代理批局的佣金，也由南洋批局负担（姚曾荫，1943）。在20世纪30年代前，佣金为批款金额的1%，后增加到3%~4%（饶宗颐，2005）。

第二节　批信局的组织

一、批信局的所有权结构

批局多为家族所有或合伙经营。据1948年6月登记的汕头市侨批业同业公会会员商号名册显示，在58家批局中，独资经营的有30家，合资经营的有28家（见表4-4）。

表4-4　汕头市侨批业同业公会会员所有权结构情况（1948年6月登记）

序号	商号名称	负责人姓名	当时店址	组织体系	营业执照号数
1	普通	魏子家	永和街107号	合资	106号
2	马源丰	马君声	永和街110号	合资	86号
3	永安	周镇昌	永和街97号	合资	96号
4	成顺利振记	张昌时	永和街95号	合资	93号
5	郑顺成利	郑德星	永和街54号	合资	91号

续表

序号	商号名称	负责人姓名	当时店址	组织体系	营业执照号数
6	理元	马成通	永和街 80 号	合资	98 号
7	宏通	陈作定	永和街 41 号	合资	53 号
8	胜发	杨厥中	永和街 102 号	合资	58 号
9	捷成	杨绿同	升平路 131 号	独资	111 号
10	陈炳春	陈克翕	潮安街 15 号	独资	301 号
11	广顺利	谢子和	荣隆街 22 号	合资	300 号
12	许福成	许质彬	永和街 128 号	独资	62 号
13	玉合	林文彬	杉排路 41 号	合资	79 号
14	裕大	李茂如	荣隆二横 1 号	合资	80 号
15	振丰盛	陈朝封	潮安三横 4 号	合资	57 号
16	广源	陈光	升平路 171 号	独资	70 号
17	源和兴	章达人	升平路 212 号	独资	73 号
18	万丰发	魏基坚	升平一三横街 7 号	独资	102 号
19	和兴盛	马东洲	永安街 43	独资	85 号
20	万兴昌	许文雅	永安街 58 号	合资	105 号
21	洪万丰	洪贤良	永安街 51 号	独资	64 号
22	悦记	张祯祥	永安街 32 号	合资	70 号
23	马德发	马星五	永安街 28 号	合资	75 号
24	嘉隆	许佩炽	永泰路 1 号	合资	50 号
25	光益裕	周照秋	永泰路 34 号	合资	71 号
26	振盛兴	曾寿田	永兴街 34 号	独资	92 号
27	信和成	林应开	大通街 4 号	合资	51 号
28	佳兴	林光茂	德里街 12 号	独资	81 号
29	义发	孙振服	安平路 42 号	独资	59 号
30	福利	黄鸿清	至平路 14 号	独资	74 号
31	恒记	林硕夫	怡安街 7 号	独资	66 号
32	广泰祥	黄苍人	育善街 22 号	合资	104 号
33	陈富通	陈清轩	至平路 69 号	独资	52 号
34	广采	张文泰	棉安街 21 号	独资	11 号
35	森春	郑克强	海平路 70 号	独资	112 号
36	长发	陈朋实	德里街 95 号	合资	117 号

序号	商号名称	负责人姓名	当时店址	组织体系	营业执照号数
37	福兴	刘士彦	海平路 24 号	独资	56 号
38	李华利	李喜铭	新朝兴街 92 号	独资	68 号
39	福成	陈宏生	吉安街 37 号	独资	104 号
40	同发利	罗舜桂	永兴六横街 11 号	独资	96 号
41	和合祥	张伯文	安平路 223 号	合资	99 号
42	陈万合	陈开宗	海平路 69 号	独资	87 号
43	荣丰利	黄宗周	永兴街 130	合资	82 号
44	信大	陈欣泽	永泰路 90 号	独资	76 号
45	众利	倪宏香	永泰路 66 号	独资	116 号
46	陈协盛	陈传治	永泰路 42 号	独资	54 号
47	泰成昌	刘宗翰	安平路 136 号	独资	79 号
48	荣太	蔡礼权	安平路 116 号	独资	65 号
49	广汇通	陈友臣	仁和街 3 号	独资	65 号
50	复合	陈植芳	荣隆街 6 号	独资	107 号
51	有信	黄寿三	永和街 66 号	合资	70 号
52	光益	锤少岩	永和街 81 号	合资	69 号
53	福记	谢升平	至平路 31 号	合资	3 号
54	绵发	郑汉光	怡安街 1 号	合资	115 号
55	黄潮兴	彦亦欣	仁和街 40 号	独资	83 号
56	老忆丰	刘宗道	安平路 198 号	独资	88 号
57	协成兴	郑德芳	通律街 28 号	合资	90 号
58	生利	洪胜臣	永泰路 5 号	合资	114 号

资料来源：广东省档案馆，民国档案，全宗号 4，目录号 2，案卷号 8。转引自马楚坚：《潮帮批信局之创生及其功能的探索》，载李志贤：《海外潮人的移民经验》，新加坡潮州八邑会馆、八方文化企业公司，2003 年版，第 82 - 83 页。

独资批局由潮商单独创办，也可以说是家族所有。如澄海人黄继英早年到新加坡谋生，后创办"致成"乌布厂，并从家乡招聘工人。为了解决同乡员工与家人联系的困难，黄继英创办致成批局，自派水客，乘船带信款回家乡投送批信（邹金盛，2001）。绵发号批局的创办也类似，潮阳郑则士家族 1908 年在新加坡创立郑绵发酒庄，继而又先后在吉隆坡、马六甲等地创立酒行和酒厂，侨批的生意是在酒厂生意的基础上，为满足乡人的需要而兼营的，从而形成家族侨批网络（陈丽园，2007）。再如揭阳魏启峰批局是于 1879 年由魏福罗在夏布业务的基础上兼营侨批而创设的，后于汕头和新加坡设立分号。

合资批局，合伙人多为族人或同乡，彼此非常熟悉。如泰国振盛兴批局就是由澄海人曾仰梅（澄海上华镇图濠村人）和同乡蔡永盛（澄海上华南界蔡厝村人）于 1899 年合伙创办（邹金盛，2001）；新加坡有信批局由刘葵如和黄芹生等于 1921 年共同创办，并于汕头设有信银庄分号，以经营汇兑业（陈春声，2000；潘醒农，1950）。新加坡再和成伟记汇兑信局由新加坡侨领李伟南兄弟和其好友合资创办（杨群熙，2004）。

二、批信局的组织

（一）批信局的内部组织

批局的内部组织虽然会因地域、业务和规模而有所差别，但一般而言，批局的内部组织整体比较简单，机构设置也比较灵活，职位设置和人数一般根据批局的规模和业务进行伸缩（西尊，1947；何启拔，1947）。一般规模较大的批局设置的职位较多，大多包括司理、司库、司账、收账和批脚，其中，司账可有 2 ~ 3 人，批脚人数更多一些。一些规模较大的批局还设有顾问职位，聘有经验且富判断力的退休戚友担任，指导业务。而规模中等者则一般设有司理、司账、批脚等。规模最小的批局一般只有一个司理人，也称为"家长"，总理店中一切事务，另有几个临时性雇员。

一般来讲，批局内部组织设立的职位有：①司理，即经理，负责店中一切事务；②司库，专司店内现款保管；③司账，分理店中一切账务；④收账，分掌出纳；⑤批伴或批脚，人数不定，负责分赴各地代送信款（姚曾荫，1943）。

（二）批信局的外部组织

批信局是专门为华侨提供信款传递服务的机构，其服务对象包括华侨和侨眷。侨批为跨国递送，涉及书信的邮递和侨汇的汇兑，南洋批信局除了要与汕头批信局、潮汕地方批信局合作完成侨批的递送工作外，还需与南洋各地邮政局和中国邮政局进行合作以完成批信的邮寄，有的还需与香港地区和汕头的银行、银庄进行合作，以完成批款的汇兑。为维护侨批的安全，协调海内外批局合作和规范行业行为，成立了侨批业同业公会组织。

因此，批信局的外部组织涉及顾客、联号批信局、邮政局、银行和银庄、侨批公会等。因批信局与银行和邮政局的关系不是本书的主要研究内容，[①] 本节仅从侨批业务的角度介绍邮政局、银行和侨批公会的主要作用。

1. 顾客

南洋的批局与中下层华侨关系最为密切，并为华侨提供个性化服务，包括免费代写书信、汇兑款项、信用放款（赊汇）、邮递信件等，并提供上门收批送批服务，有时还为不识字华侨代念书信等。而国内侨眷多居住在乡村等比较偏僻的地方，潮汕批局也都提供登门送批服务等。批局的营业范围具有地方性，潮汕帮批局一般只服务潮汕华侨和侨眷，并以其本县本乡者为主。

2. 联号批信局

批局间的合作采用的是"联号制"，侨批是跨国递送，只有少数批局在南洋和潮汕地区自设批局，形成自收自送的侨批网络。大多数南洋批局通过委托潮汕批局代理送批业务。合作批局负责人间一般是同乡或同族关系，依托乡族关系，海内外批局构建起跨国侨批网络（见图 4-1）。批信局间的合作关系在第五章会做深入探讨。

3. 邮政局和银行

1896 年清代邮政局成立，1897 年汕头大清邮政总局成立，并将侨批业纳入其管辖范围。侨批局需到邮政机构登记注册。官方邮政局成立后，批信是其发展业务的对象之一。侨批局开始把收寄的"信"通过邮政用总包寄递，"银"另通过钱庄及银行转汇，此后，"银"和"信"开始分道转递。如泰国批信局把批信装总包交泰国邮政寄到汕头邮政局，再转投给设于汕头的侨批局中转站投出。批信通过国家邮政系统跨国递送，降低了批信递送的费用，也提高了批信递送的效率，在一定程度上促进了侨批业的发展。

民国政府为加强对侨汇的控制，对批信局的管制日益严格，并逐步建立起经

---

① 为垄断邮政和加强对侨汇的控制，取缔民信局和批信局等传统组织成为晚清以来政府的必然选择和既定政策，批信局与国家政策的博弈体现在批信局与银行和邮政局的关系之中。

图 4 - 1　澄海隆都前溪乡姑母寄新加坡林思曾回批

注：封背盖有"实助成兴公司，汕头启峰栈代理"和"店市潘合利分发"的批局印章，写批日期：民国三十五年（1946 年）八月二日。说明该回批由新加坡、汕头和店市（澄海）三家批局合作完成寄递、分发业务。

资料来源：张美生：《侨批档案图鉴》，中山大学出版社，2020 年版，第 105 页。

营侨汇的金融体系。到 1936 年，华侨银行、闽粤两省银行、交通银行、农民银行、邮政储金汇业局也先后成为经营侨汇的指定机构，并在国内外广设分支机构。尽管如此，这些银行机构的分布只限于县城和海外的主要城市，其侨汇的吸收力和分发范围还非常有限，而与其业务相关的邮政网络也仍不完善。截至 1940 年，潮汕地区不通邮村镇仍高达 91.6%（陈丽园，2003），可见官方侨汇经营体系服务能力非常有限，而由海（境）内外的潮汕批信局所构成的侨批网络则几乎覆盖了南洋每位潮汕华侨及其家乡侨眷，侨批网络覆盖范围的广阔性使它与海（境）内外华人社会构成水乳交融的关系，能够为华侨和侨眷提供高效的侨批传递服务。

4. 侨批公会

到清光绪中期，汕头侨批业已达一定规模，为规范行业行为，行业组织应运而生。汕头南侨批业公会成为侨批业中的重要行动者。汕头南侨批业公会是所知的海内外成立最早的侨批业公会（陈礼颂，1993）。公会以联络同业感情、保障公会侨胞银信及增进同业之公共利益、矫正营业之弊为宗旨，在侨批业规范发展中起到重要的作用。①

汕头南侨批业公会的成立首先是维护侨批业务的安全，促进其经营网络内部的和谐统一。② 各地侨批局之间的协调和分工也是侨批公会的重要任务，由于海内与海（境）外侨批局之间常常是通过代理关系来合作的，因此各地侨批公会需在代理问题上达成统一（如代理费用、批款遭到盗劫等）。汕头南侨批业公会通过海（境）外侨批公会和同业组织、各地潮州会馆、汕头总商会等组织的联系，一方面维护了侨批业内部的有效运转，另一方面也使侨批网络在更广泛的社会网络中保障了其地位和利益（陈丽园，2003）。侨批公会作为侨批业的一种联盟形式，促进了侨批业中参与者之间的互动，增进了侨批业者之间的了解，并促进他们达成共识，表现出潮帮批局对内部团结合作的重视。

三、批信局的规模

从人员规模来看，小的侨批局只有一个负责人，外加几个临时雇员，而大的侨批局的管理和业务人员一般也就 3~5 人，外加批伙（也称批脚）若干人。批伙负责分赴各地代送信款，其人数规模也反映了批局的规模和业务量。根据民国三十七年（1946 年）二月初二登记的《汕头市侨批业同业公会会员批伙领取证明书名册》，我们以领证汕头批局总号（包括汕头批局和地方分号）为对象，对批局拥有批脚情况进行分析，领证批局平均每家拥有批脚 15 人，汕头批局领证批局平均每家拥有批脚 5.13 人，地方分号领证批局平均每家拥有批脚 5.51 人。

从批局的资本额来看，因国内外批局的分工不同，职能不同，所需要的资本额也大有差异。对于南洋批局来讲，南洋"批局既以经营汇兑银钱业，其本身支出固大，而侨汇之融通，尤需资金雄厚运作，故信誉辄以资本大小界定，合理资本于当时以 20 万至 30 万元为限"（马楚坚，2008）。"惟资本厚薄界定，各国、地区各异，若泰国之吴泰安、和合泰、成顺利、振成兴、炳春诸信局，于民国三十九年（1940 年）以资本皆于 15 万元强而为大，一般信局则有资本凡 5 万元而

---

① 公会章程中对保护银信有详细的规定，包括批款在分批过程中遭遇盗贼或匪徒的枪杀，路人拔刀相助而致伤亡等种种情况有具体的奖赏和赔偿，而对于乡民在抢劫案中的漠视和纵容也有一定的惩罚。
② 到 1926 年该公所改称为汕头华侨批业公会，1931 年又改称为汕头市侨批业同业公会。

已。"（马楚坚，2008）

至于国内批局，情况各有不同。批局营业全凭个人信用，只要有较好的人际关系和信用便可筹办信局（陈文涛，1929）。因侨批业"非一种买卖之营业性质，纯系一种传递之性质，全属于有限之劳力代价，亦无资本之必要"，"金融业是以资本计，银信局是以挑夫计。"（焦建华，2017b）因此国内批信局资本额大小差异较大。资本雄厚者多为总号，具备三套资本，"一套在海外，招收寄批时供侨胞赊账；一套在汇款途中；一套在家乡兑现解付侨属"（曾益奋，2006）。如果仅作为海（境）外批局在汕头的代理局，可能就不需要雄厚的资本。据《潮州志》载，1933年汕头55家侨批局的资本总额为110万元，平均每家侨批局的资本额为2万元（饶宗颐，2005）。而在潮汕各地负责分发侨批的代理局，资本额可能就更少了。可以说，国内不同批信局的资本额大小不同，"甚至八百或千余元者有之"（马楚坚，2008）。

四、多元化经营

批信局的出现，与先辈移民南洋有相当深远的关系。随着下南洋人数的增加，"运送货物，来去信件，托带款项等事，更属繁多，于是所谓'批信局'者，应运而生"。批信局大都兼营他业。正如近代顾士龙所述，"今日之批信局，除规模较前稍大外，其业务不限于'批信'二字上着想，大都兼营他业，或以批信业务为附属品者。南洋各地，以星洲为侨胞中心之区，批信局多至百余家，但大都兼营其他商业，或兼营其他商品。虽有若干家专做批务，但遇顾客托办货物，在其可能范围内，亦必承办，盖利之所在，自不却也"（顾士龙，1948）。

批信局兼营的行业包括汇兑业、旅业、银业、茶业、杂粮业、出口业、运输业等。这在《潮州志》中已有记载，"汕头批局因利益微薄，若设一号而专业，殊难支应必需消费。故多由他业兼营。在二十年间，汕头专营侨批之商号，全业中几十不得一。大都为汇兑业与收找业兼营者，此外如运销业、客栈业、茶业、酒业、糖业、出口业等亦各有兼营侨批者"（饶宗颐，2005）。

南洋各地普遍设有侨批局，侨批局是南洋的主要金融机构之一。侨批局"营业或为专业或由一般商号兼营"（姚曾荫，1943）。南洋潮帮侨批局兼营他业非常常见，以新加坡为例，1947年的51家潮帮批局中，专营侨汇业务的有22家，占总批局数的 43.14% ；兼营侨汇业务的有 29 家，占总批局数的 56.86% （见表 4 - 5）（黄挺，2008）。

表 4 - 5　1947 年新加坡潮帮批信局经营状况

序号	批局名称	经营状况	
		主营	兼营
1	信通汇兑庄	侨汇	—
2	南昌信局	侨汇	—
3	永吉祥盛记汇兑信局	侨汇	—
4	万合丰信局	侨汇	—
5	有信庄汇兑信局	侨汇	—
6	公和发瑞记信局	侨汇	—
7	祥泰隆汇兑信局	侨汇	—
8	永德盛汇兑信局	侨汇	—
9	裕泰汇兑信局	侨汇	—
10	万和成信局	侨汇	—
11	元发利汇兑信局	侨汇	—
12	汇通汇兑信局	侨汇	—
13	万顺成汇兑信局	侨汇	—
14	大信汇兑信局	侨汇	—
15	公发祥公司汇兑信局	侨汇	—
16	孔明斋	侨汇	—
17	新泉和汇兑信局	侨汇	—
18	裕成利汇兑信局	侨汇	—
19	裕生汇兑信局	侨汇	—
20	添盛信局	侨汇	—
21	万丰隆公司汇兑信局	侨汇	—
22	许顺记汇兑信局	侨汇	—
23	荣美汇兑信局	侨汇	树胶、出入口
24	黄瑞隆汇兑信局	侨汇	中西各式美酒
25	光德栈成记批局绸庄	侨汇	各式布匹杂货

续表

序号	批局名称	经营状况	
		主营	兼营
26	许联成汇兑信局	侨汇	中外杂货出入口
27	吴成兴汇兑信局	侨汇	诏安咸金枣
28	志大公司	侨汇	广告业
29	均源汇兑庄	侨汇	杂货
30	贵顺信局	侨汇	布匹、中西药品
31	和源汇兑信局	侨汇	回国船票、中西药品
32	新发公司	侨汇	出入口土产、杂货
33	信通汇兑信局	侨汇	中西美酒
34	郭丰成汇兑信局	侨汇	酒业
35	全亨裕汇兑信局	侨汇	出入口土产
36	春泰茶庄汇兑	祖国名茶、中西布匹等	侨汇
37	泉丰公司	布匹	侨汇
38	永吉昌	布匹、化妆品、酒	侨汇
39	金龙泰茶行汇兑信局	茶业	侨汇
40	大陆公司	出入口、脚踏车、汽车	侨汇
41	四海公司汇兑信局	各种杂货出入口	侨汇
42	怡盛有限公司	黄金、矿务、出入口	侨汇
43	聚华公司	脚车、风车	侨汇
44	南顺公司汇兑信局	京果杂货糖油米豆等	侨汇
45	陈昌合信局酒庄	酒	侨汇
46	潮昌兴记	米糖油豆等杂货	侨汇
47	万山栈	南北药材	侨汇
48	中和商行	欧美脚车及机件	侨汇
49	全亨裕汇兑信局	食杂、果蔬	侨汇
50	协丰汇兑信局	树胶、干果杂货	侨汇
51	四宝文印务有限公司	印刷业	船务、汇兑（侨汇）、文具

资料来源：按照1947年南洋中华汇业总会年刊刊登的侨批局广告整理得到。转引自黄挺：《潮商文化》，华文出版社，2008年版，第462－464页。

　　1914年即已对广东、福建两省侨汇流通问题进行专门研究的台湾银行调查课的研究者，也注意到侨汇业者"多种经营"情形的普遍存在，"信局十之八、九为公会组织并兼营他业。即除了信局业务外，有贩卖农产物者，有经营绵布类者，有批发舶来化妆品杂货店者"（杨建成，1984）。

对于侨批局的兼营方式，陈春声（2000）认为正是因为侨批业者这样的多种经营的方式，提高了其在海（境）外华侨中的商业信誉，减少了经营成本。陈丽园（2004）则进一步补充认为，无论是在东南亚还是潮汕内地，大部分侨批业者都是以经营商业起家，再受顾客委托而兼营侨批，因此商号可利用原来的顾客网络，不仅有助于侨批业顾客网络的建立和扩展，又可增加服务的多样性以提高其商业信誉。

已有商号通过兼营侨批业，不仅能够为侨批业务提供担保，提高其在华侨中的商业信誉，也能通过兼营减少经营成本，增进收益，并能利用原来的顾客网络，拓展侨批业务。许多潮商在兼营侨批业过程中不断发展壮大。如澄海陈慈黉家族，除了创办火砻业、进出口行、船运业，还设立汇兑庄、侨批局等，其家族所有的陈黉利银行就是从侨批局发展起来的。汕头汇兑公所各银庄，从事接收外汇、代兑批款、办理钱币的存找等业务，并与南洋各地银庄联网，转驳批款，在经营侨批业务中兴旺发达起来。如陈炳春银庄，于1893年在汕头、暹罗曼谷开设，为暹罗其他批局转驳批款，并自己兼营侨批，形成批信的收、汇、投网络，后发展成为一家颇具规模的近现代银行（邹金盛，2001）。

我们认为，批信局兼营的特点让批信局有内在动力保持诚信经营，因为一旦欺骗华侨，比如侵吞批款或者拖延侨批递送时间等，华侨将不再相信批信局，这时，批信局失去的不仅是侨批业务，还有兼营业务，因为华侨很可能也是批信局兼营业务的顾客。

第三节　批信局营业人

一、批信局营业人年龄

我们以1933年、1936年批信局登记详情表为资料来源，对1933年和1936

年汕头批局、潮汕分号和海外分号的营业人年龄进行分析。

汕头批信局营业人年龄分布如表4－6所示，可以发现，1936年汕头批局营业人的平均年龄为44.27岁，比1933年批局营业人平均年龄小1岁多，不过从营业人年龄段分布来看，差别不大，41～50岁是人数最多的年龄段，均占28%以上，批局营业人队伍年龄结构比较合理，呈现两头小、中间大的橄榄形分布。

表4－6　1933年和1936年汕头批局营业人年龄分布情况

1933 年			1936 年		
年龄	营业人数量	占比（%）	年龄	营业人数量	占比（%）
30 岁及以下	11	12.64	30 岁及以下	13	15.85
31～40 岁	20	22.99	31～40 岁	20	24.39
41～50 岁	25	28.74	41～50 岁	23	28.05
51～60 岁	22	25.29	51～60 岁	18	21.95
60 岁以上	9	10.34	60 岁以上	8	9.76
合计	87	100	合计	82	100
最小	23 岁		最小	23 岁	
最大	68 岁		最大	71 岁	
平均年龄	45.33 岁		平均年龄	44.27 岁	
标准差	11.33		标准差	11.88	

与汕头批局营业人年龄分布有些差别，潮汕分号营业人的平均年龄（见表4－7）要比汕头批局营业人的平均年龄稍微低一点。1933年潮汕分号营业人平均年龄为42.55岁，比同期汕头批局营业人平均年龄低2.78岁，1936年潮汕分号营业人平均年龄为43.45岁，比同期汕头批局营业人平均年龄低0.82岁。从年龄段分布来看，虽然也呈现橄榄形结构，但潮汕分号营业人年龄在31～40岁者人数最多，1933年是59人，占33.52%，1936年是66人，占35.29%，年龄结构明显比汕头批局要年轻。潮汕地方分号负责派送侨批，年轻力壮者更有优势。而汕头批局作为总号（头盘局），负责收取南洋批局信款和分发，业务相对比较复杂和重要，对批局营业人的要求会更高，如更加看重工作经验等，因此年纪稍长者可能更能胜任。

表4-7　1933年和1936年潮汕分号营业人年龄分布情况

1933年			1936年		
年龄	营业人数量	占比（%）	年龄	营业人数量	占比（%）
30岁及以下	21	11.93	30岁及以下	17	9.09
31～40岁	59	33.52	31～40岁	66	35.29
41～50岁	56	31.82	41～50岁	60	32.09
51～60岁	27	15.34	51～60岁	34	18.18
60岁以上	13	7.39	60岁以上	9	4.81
合计	176	100	不详	1	0.53
			合计	187	100
最小	18岁		最小	21岁	
最大	71岁		最大	69岁	
平均年龄	42.55岁		平均年龄	43.45岁	
标准差	10.73		标准差	10.28	

　　海（境）外分号批局营业人年龄分布如表4-8所示，1936年海（境）外批局营业人的平均年龄要比1933年小4.21岁，明显年轻许多。不过，从年龄分布来看，也主要集中于41～50岁，这与汕头批局营业人年龄分布基本是一致的。海（境）内外批信局营业人的年龄平均都在40岁左右，批局营业全凭信用，一个人的社会资本需要积累，并要能经受时间的检验，40岁出头的人，一般有了一定的社会资本积累，更能得到人们的信任。

表4-8　1933年和1936年海（境）外分号批局营业人年龄分布情况

1933年			1936年		
年龄	营业人数量	占比（%）	年龄	营业人数量	占比（%）
30岁及以下	2	5.56	30岁及以下	24	15.58
31～40岁	11	30.56	31～40岁	53	34.42
41～50岁	11	30.56	41～50岁	55	35.71
51～60岁	9	25.00	51～60岁	18	11.69
60岁以上	3	8.33	60岁以上	4	2.60
合计	36	100	合计	154	100

续表

1933 年			1936 年		
年龄	营业人数量	占比（%）	年龄	营业人数量	占比（%）
最小	22 岁		最小	23 岁	
最大	63 岁		最大	65 岁	
平均年龄	45.25 岁		平均年龄	41.04 岁	
标准差	9.73		标准差	9.55	

二、批信局营业人籍贯

从汕头批局营业人的籍贯分布来看（见表 4 - 9），可以发现，无论是 1933 年还是 1936 年的数据，潮阳籍人士最多，占了 32% 以上，澄海籍次之，1933 年占 25.29%，1936 年下降为 15.85%。

表 4 - 9　汕头批局营业人籍贯分布

1933 年			1936 年		
籍贯	人数	占比（%）	籍贯	人数	占比（%）
潮阳	28	32.18	潮阳	27	32.93
澄海	22	25.29	澄海	13	15.85
梅县	9	10.34	潮安	8	9.76
揭阳	6	6.90	揭阳	8	9.76
普宁	6	6.90	梅县	8	9.76
大埔	5	5.75	普宁	7	8.54
潮安	4	4.60	饶平	5	6.10
饶平	4	4.60	大埔	2	2.44
丰顺	2	2.30	丰顺	2	2.44
不详	1	1.15	陆丰	1	1.22
合计	87	100	不详	1	1.22
			合计	82	100

在潮汕分号营业人籍贯分布中（见表4-10），1933年，饶平籍人数最多，达32人，占18.18%，截至1936年，饶平籍人数退居第2位，为26人，占13.90%。梅县籍人数也从1933年的第2位下降到1936年的第5位。而潮阳籍人数则从1933年的22人上升到1936年的34人，占比从12.50%上升到18.18%，潮安也从1933年的第8位上升到1936年的第3位。在潮汕分号中，营业人多为当地人，1933年潮汕分号营业人籍贯与开设地点一致者占了76.14%，1936年更高达82.89%（见表4-11）。即便营业人籍贯与分号开设地点不一致，但也多在籍贯地附近，如饶平籍贯者主要在潮安、澄海、诏安的批局任营业人。

表4-10　潮汕分号营业人籍贯分布

1933年			1936年		
籍贯	人数	占比（%）	籍贯	人数	占比（%）
饶平	32	18.18	潮阳	34	18.18
梅县	29	16.48	饶平	26	13.90
潮阳	22	12.50	潮安	21	11.23
澄海	19	10.80	澄海	19	10.16
大埔	17	9.66	梅县	17	9.09
揭阳	14	7.95	揭阳	15	8.02
普宁	12	6.82	大埔	14	7.49
潮安	10	5.68	普宁	14	7.49
丰顺	10	5.68	丰顺	12	6.42
惠来	2	2.27	惠来	5	2.67
汕尾	2	1.14	汕尾	5	2.67
陆丰	1	1.14	潮阳	1	0.53
汕头	1	0.57	诏安	2	1.07
诏安	1	0.57	不详	2	1.07
不详	4	0.57	合计	187	100
合计	176	100			

表 4 - 11　潮汕分号营业人籍贯与开设地点一致情况

籍贯与开设地点一致	1933 年		1936 年	
	人数	占比（%）	人数	占比（%）
	134	76.14	155	82.89

　　1933 年登记的海外分号数量少，只有 36 家，未能较好地反映海外分号情况，从这 36 家批局营业人籍贯来看（见表 4 - 12），梅县籍有 13 人，占 36.11%，随后依次为大埔籍、潮阳籍等。1936 年的 154 家海（境）外批局营业人中，潮阳籍有 51 人，占 33.12%，其次是梅县籍 27 人，占 17.53%。从海（境）外分号营业人籍贯分布来看，几乎都为潮梅地区人士，1933 年有 1 位福州籍和晋江籍人士，1936 年有 1 位泉州籍人士，不过，这几个地方都邻近潮汕地区。

表 4 - 12　海外批局营业人籍贯分布

1933 年			1936 年		
籍贯	人数	占比（%）	籍贯	人数	占比（%）
梅县	13	36.11	潮阳	51	33.12
大埔	8	22.22	梅县	27	17.53
潮阳	6	16.67	揭阳	24	15.58
揭阳	4	11.11	普宁	19	12.34
潮安	1	2.78	潮安	15	9.74
丰顺	1	2.78	饶平	8	5.19
福州	1	2.78	澄海	4	2.60
惠来	1	2.78	丰顺	2	1.30
晋江	1	2.78	惠来	2	1.30
合计	36	100	泉州	1	0.65
			汕尾	1	0.65
			合计	154	100

　　1933 年汕头批信局登记的外埠分号营业人平均年龄为 47.81 岁（见表 4 - 13），与汕头批局、潮汕分号和海外分号一样，集中年龄段为 41~50 岁。不同的是，在外埠分号营业人的籍贯分布中，多为非潮汕籍贯人士。这些外埠分号基本

上都是民信局，主要业务是传递国内普通书信，服务对象主要是行走于各商埠的
经商人员。民信局营业人多为当地人士，汕头民信局通过联号与这些外埠民信局
进行合作。①

表4－13　1933年外埠分号营业人年龄、籍贯分析

年龄	人数	占比（%）	籍贯	人数	占比（%）
30 岁及以下	2	6.45	郑县	8	25.81
31~40 岁	5	16.13	福建	7	22.58
41~50 岁	12	38.71	湖南	4	12.90
51~60 岁	10	32.26	浙江	3	9.68
60 岁以上	2	6.45	安徽	2	6.45
合计	31	100	山东	2	6.45
			湖北	1	3.23
最小	26 岁		潮安	1	3.23
最大	67 岁		潮阳	1	3.23
平均年龄	47.81 岁		大埔	1	3.23
标准差	10.05		不详	1	3.23
			合计	31	100

第四节　批脚与批局

一、批局雇用的批脚数量

根据民国三十七年（1946年）二月初二登记的《汕头市侨批业同业公会会

---

① 1933年民国政府尚未对民信局和批信局进行区分，批信局以民信局的身份进行登记，所以仍有较
多的外埠分号。1934年底才取缔民信局，国内民间邮递业务由国家邮政专营，保留批信局，批信局专营海
外侨批业务。

员批伙领取证明书名册》显示，共有 603 名批伙，其中第 291 号为空白，实际为 602 名批伙。我们利用《汕头段三十五年份已挂号批信局详情表》（汕头局〔训令第七九二号、通函第二十四号〕附件），通过匹配，补充了登记批局汕头总号营业人的姓名，在领证的 40 家汕头批局中共匹配了 35 家批局的营业人姓名，有 5 家缺乏营业人姓名资料。在登记的批局中，领证汕头批局共 40 家，另有 5 家领证批局设立地点不在汕头，而在潮汕各地，我们将其视为地方分号，领证批局分布在潮汕各地分号共 72 家。

我们以领证汕头批局总号（包括汕头批局和地方分号）为对象，对批局拥有批脚情况进行分析，领证批局平均每家拥有批脚 15 人。领证批局拥有批脚数量分布情况如表 4 – 14 所示。

表 4 – 14　领证批局拥有批脚数量分布

数量（人）	领证批局家数	占比（％）
2 ~ 5	9	22.50
6 ~ 10	9	22.50
11 ~ 15	9	22.50
16 ~ 20	6	15.00
20 以上	7	17.50
合计	40	100

汕头批局和潮汕分号拥有批脚数量分布如表 4 – 15 所示，在汕头批局中，拥有 4 个批脚的批局最多，有 8 家，占 20.00％；只有 1 个批脚的有 5 家，占 12.50％；拥有 10 个以上批脚的只有 5 家，占 12.50％。在潮汕分号中，只有 1 个批脚的批局有 16 家，占潮汕分号总数的 22.22％，拥有 10 个以上批脚的有 11 家，占 15.28％。

表 4 – 15　汕头批局和潮汕分号拥有批脚数量分布

批脚数量（人）	汕头批局家数	占比（％）	批脚数量（人）	潮汕分号家数	占比（％）
1	5	12.50	1	16	22.22
2	7	17.50	2	14	19.44

批脚数量（人）	汕头批局家数	占比（%）	批脚数量（人）	潮汕分号家数	占比（%）
3	3	7.50	3	5	6.94
4	8	20.00	4	8	11.11
5	3	7.50	5	7	9.72
6	4	10.00	6	3	4.17
7	0	0	7	3	4.17
8	4	10.00	8	4	5.56
9	1	2.50	9	1	1.39
≥10	5	12.50	≥10	11	15.28
合计	40	100	合计	72	100

二、批脚与乡族关系

《汕头市侨批业同业公会会员批伙领取证明书名册》登记了各家批局的批脚姓名，下面我们对各批局所雇用批脚的姓氏进行分析，以了解批局雇用批脚情况。

汕头批局批脚为一姓者有 8 家，占汕头批局总数的 20.00%，地方批局批脚为一姓者有 30 家，占地方批局总数的 41.67%，与汕头批局相比，地方批局更多地从族人中雇用批脚（见表 4-16）。

表 4-16　汕头批局和地方批局批脚姓氏数量分布情况

汕头批局			地方批局		
姓氏数量	家数	占比（%）	姓氏数量	家数	占比（%）
1	8	20.00	1	30	41.67
2	9	22.50	2	15	20.83
3	4	10.00	3	10	13.89
4	7	17.50	4	9	12.50
5	5	12.50	5	3	4.17
6	2	5.00	6	0	0.00
7	3	7.50	7	2	2.78
≥8	2	5.00	≥8	3	4.17
合计	40	100	合计	72	100

从汕头批局与地方批局相比较来看，可以发现，汕头批局平均每家拥有 5.13
个批脚，地方批局平均批脚为 5.51 个，汕头批局平均每家批脚的姓氏为 3.50
个，高于地方批局的 2.54 个，每家汕头批局每一姓氏批脚数量为 1.46 人，低于
地方批局的 2.17 人（见表 4−17）。

表 4−17　汕头批局和潮汕分号中批脚姓氏情况比较

批局	家数	批脚总数	每一批局批脚平均数量	每一批局批脚姓氏平均数量	每一批局每一姓氏批脚数量	优势姓氏批脚平均数量
汕头批局	40	205	5.13	3.50	1.46	2.76
地方批局	72	397	5.51	2.54	2.17	5.29
合计	112	602	—	—	—	—

注：优势姓氏指在某一批局中批脚人数最多的姓氏。

在有多个批脚的汕头批局中，批脚都为同一姓氏的只有 3 家，占汕头批局总
数的 7.5%。其他批局的批脚分属多个姓氏，如洪万丰汕头批局拥有 17 个批脚，
分属 8 个姓氏，其中陈姓人数最多，有 5 个批脚（见表 4−18）。

在有多个批脚的潮汕分号中，批脚都为同一姓氏的有 14 家，占地方批局总
数的 19.44%。批脚姓氏最多的领证批局是陈万合（住址为揭阳魏启峰），批脚
数量为 43 个，姓氏 11 个，魏姓批脚人数达 31 人，占总批脚数的 72.09%。

表 4−18　批局汕头总号批脚情况

序号	领证批局名称	营业人姓名	批脚总数	地址	批脚数量	批脚姓氏数	每一姓氏批脚数	优势姓氏	优势姓氏批脚数量	优势姓氏批脚数占比（%）
1	信大	陈谦铭	12	汕头永泰路 128 号	4	1	4	陈	4	100.00
2	泉利	刘绍仓	8	汕头永泰路 104 号	2	1	2	黄	2	100.00
3	陈长发	—	7	汕头德里街 99 号	2	1	2	陈	2	100.00
4	福成	黄日辉	6	汕头永平路 133 号	5	2	2.5	陈	4	80.00
5	万兴昌	许元一	41	汕头永安街 60 号	8	3	2.7	许	6	75.00
6	陈万合	陈开宗	5	汕头永和街 85 号	3	2	1.5	陈	2	66.67

序号	领证批局名称	营业人姓名	批脚总数	地址	批脚数量	批脚姓氏数	每一姓氏批脚数	优势姓氏	优势姓氏批脚数量	优势姓氏批脚数占比（%）
7	荣大	蔡礼权	3	汕头永兴街四横街17号	3	2	1.5	蔡	2	66.67
8	同发利	罗舜桂	13	汕头永兴六横街1号	3	2	1.5	罗	2	66.67
9	福茂	黄南和	11	汕头	6	4	1.5	潘	3	50.00
10	理元	马承章	4	汕头永和街83号	4	3	1.3	李	2	50.00
11	义发	余文仁	5	汕头安平路42号	4	3	1.3	孙	2	50.00
12	佳兴	吴翙秋	4	汕头德里街14号	4	3	1.3	郭	2	50.00
13	黄湖兴	—	27	汕头	5	4	1.3	黄	2	40.00
14	光益	钟少严	15	汕头永和街85号	13	8	1.6	陈	5	38.46
15	捷成	刘迪予	11	汕头升平路132号	11	4	2.8	陈/董	4	36.36
16	光益裕	林左三	22	汕头永泰街34号	9	5	1.8	杨/陈	3	33.33
17	许福成	许质彬	18	汕头吉安街48号	6	5	1.2	潘	2	33.33
18	顺成利	—	6	汕头	6	5	1.2	潘	2	33.33
19	胜发	钟诗和	22	汕头升平路96号	6	5	1.2	陈	2	33.33
20	洪万丰	洪贤良	36	汕头永安街53号	17	8	2.1	陈	5	29.41
21	陈炳春	陈克翁	12	汕头潮安街17号	12	7	1.7	陈	3	25.00
22	普通	吴彩堂	34	汕头永和街109号	8	6	1.3	唐/李	2	25.00
23	悦记	—	15	汕头永安街34号	8	7	1.1	沈	2	25.00
24	荣成利	许衍衡	17	汕头升平路176号	8	7	1.1	黄	2	25.00
25	有信	黄寿三	18	汕头水和街68号	12	6	2	张/董/黄	2	16.67
26	广顺利	谢子和	9	汕头荣隆街22号	5	5	1	—	—	—
27	复安	黄逸民	19	汕头荣隆街6号	4	4	1	—	—	—
28	永安	周礼旋	8	汕头永和街99号	4	4	1	—	—	—
29	和兴盛	李德仰	12	汕头永安街75号	4	4	1	—	—	—
30	潮利享	瑞记等	9	汕头杉排路54号	4	4	1	—	—	—
31	成顺利	郑敦翰	20	汕头永和街97号	2	2	1	—	—	—
32	振盛兴	曾慎一	13	汕头永兴街42号	2	2	1	—	—	—
33	陈协盛	陈传治	3	汕头永泰路81号	2	2	1	—	—	—
34	致盛	郑应林	2	汕头德兴路49号	2	2	1	—	—	—

续表

序号	领证批局名称	营业人姓名	批脚总数	地址	批脚数量	批脚姓氏数	每一姓氏批脚数	优势姓氏	优势姓氏批脚数量	优势姓氏批脚数占比（%）
35	合丰	—	4	汕头永兴街62号	2	2	1	—	—	—
36	万丰发	魏长荣	69	汕头升平路十三横街7号	1	1	1	—	—	—
37	李华利	李润初	2	汕头新潮兴街94号	1	1	1	—	—	—
38	荣丰利	黄勤敏	8	汕头水兴街130号	1	1	1	—	—	—
39	老亿丰	刘宗道	6	汕头安平路198号	1	1	1	—	—	—
40	和合祥	张伯文	20	汕头安平路223号	1	1	1	—	—	—
				平均	5.13	3.50	1.46	—	2.76	49.97

为进一步分析汕头批局和潮汕分号中批脚的姓氏情况，我们将在某一批局中批脚人数最多的姓氏称为优势姓氏。在地方分号中，优势姓氏批脚平均数量为5.29人，优势姓氏批脚数量占比平均高达70.44%，远高于汕头批局的2.76人和49.97%（见表4－19）。

表4－19　潮汕分号批局批脚情况

序号	领证批局名称	地址	批脚数量	批脚姓氏数	每一姓氏批脚数量	优势姓氏	优势姓氏批脚数量	优势姓氏批脚数量占比（%）
1	陈万合	揭阳棉潮政记	2	1	2.0	杨	2	100.00
2	成顺利	饶平隆都永发	5	1	5.0	陈	5	100.00
3	福利	潮阳长陇	3	1	3.0	陈	3	100.00
4	福利	澄海蓬洲南生	2	1	2.0	唐	2	100.00
5	光益	浮洋茂生	2	1	2.0	洪	2	100.00
6	光益裕	店市合利	2	1	2.0	潘	2	100.00
7	光益裕	莲阳裕章	3	1	3.0	陈	3	100.00
8	合丰	成田协成丰	2	1	2.0	陈	2	100.00
9	和合祥	普宁	5	1	5.0	张	5	100.00
10	胜发	澄海莲阳伟华	4	1	4.0	王	4	100.00
11	胜发	潮安鲲江梓成	2	1	2.0	郑	2	100.00
12	同发利	揭阳同发利	6	1	6.0	魏	6	100.00

续表

序号	领证批局名称	地址	批脚数量	批脚姓氏数量	每一姓氏批脚数量	优势姓氏	优势姓氏批脚数量	优势姓氏批脚数量占比（％）
13	万兴昌	隆都店市合利	2	1	2.0	潘	2	100
14	许福成	饶平隆都	8	1	8.0	许	8	100.00
15	万丰发	普宁贡山光利	23	2	11.5	王	22	95.65
16	万兴昌	饶平隆都	28	3	9.3	许	26	92.86
17	振盛兴	澄海图濠村	11	2	5.5	曾	10	90.91
18	信大	普宁埠塘合成	8	2	4.0	陈	7	87.50
19	恒记	潮阳西胪勤利	7	2	3.5	陈	6	85.71
20	普通	莲阳增顺荣昌	12	3	4.0	陈	10	83.33
21	潮利享	普宁裕兴	5	2	2.5	陈	4	80.00
22	复安	潮安益大	4	2	2.0	苏	3	75.00
23	陈万合	揭阳魏启峰	43	11	3.9	魏	31	72.09
24	和合祥	普宁和合祥	13	3	4.3	张	9	69.23
25	光益裕	炮台德良	3	2	1.5	陈	2	66.67
26	马德发	潮阳成田德顺盛	3	2	1.5	马	2	66.67
27	泉利	揭阳两兴	6	3	2.0	林	4	66.67
28	成顺利	澄海莲阳集侨	11	3	3.7	陈	7	63.64
29	悦记	金石福丰	7	4	1.8	张	4	57.14
30	黄湖兴	店市广顺内	11	5	2.2	潘	6	54.55
31	广顺利	澄海外砂	4	3	1.3	谢	2	50.00
32	和兴盛	潮阳成田泰盛	8	4	2.0	马	4	50.00
33	同发利	汤坑同发利	4	3	1.3	蔡	2	50.00
34	永安	揭阳光德成	4	3	1.3	张	2	50.00
35	荣丰利	揭阳	7	4	1.8	林	3	42.86
36	福茂	潮安振华兴	5	4	1.3	邱	2	40.00
37	老亿丰	潮阳刘喜合	5	4	1.3	陈	2	40.00
38	普通	浮洋李协成	5	4	1.3	李	2	40.00
39	有信	浮洋李协成	5	3	1.7	李/蔡	2	40.00
40	复安	东里荣昌隆	8	5	1.6	杜	3	37.50
41	荣成利	潮安万安	6	5	1.2	许	2	33.33
42	洪万丰	棉湖章记	19	7	2.7	萧	5	26.32

续表

序号	领证批局名称	地址	批脚数量	批脚姓氏数量	每一姓氏批脚数量	优势姓氏	优势姓氏批脚数量	优势姓氏批脚数量占比（%）
43	普通	潮安如陶	9	8	1.1	卢	2	22.22
44	黄湖兴	东里	10	9	1.1	陈	2	20.00
45	胜发	潮安浮洋协成	10	7	1.4	唐/李/陈	2	20.00
46	陈万合	潮阳	2	2	1	—	—	—
47	陈协盛	汤坑同发利	1	1	1	—	—	—
48	陈长发	澄海裕大	2	2	1	—	—	—
49	陈长发	潮阳源泰隆	3	3	1	—	—	—
50	成顺利	店市合利	2	2	1	—	—	—
51	福成	南山金瓯	1	1	1	—	—	—
52	福利	下蓬浮陇	1	1	1	—	—	—
53	福利	潮安	1	1	1	—	—	—
54	福利	庵埠	1	1	1	—	—	—
55	福利	澄海	2	2	1	—	—	—
56	复安	潘合利	1	1	1	—	—	—
57	复安	澄海兴华	2	2	1	—	—	—
58	光益裕	浮洋永茂	1	1	1	—	—	—
59	光益裕	潮安有记	4	4	1	—	—	—
60	和合祥	饶平店仔头合利	1	1	1	—	—	—
61	黄湖兴	澄海联顺	1	1	1	—	—	—
62	李华利	潮阳	1	1	1	—	—	—
63	荣成利	揭阳增蒌	1	1	1	—	—	—
64	荣成利	店市合利	2	2	1	—	—	—
65	万兴昌	图训巷邱发利	1	1	1	—	—	—
66	万兴昌	潘合利	1	1	1	—	—	—
67	万兴昌	渡海樟林成丰	1	1	1	—	—	—
68	协成兴	东里协成兴	2	2	1	—	—	—
69	许福成	澄海东里正成	4	4	1	—	—	—
70	义发	揭阳	1	1	1	—	—	—
71	有信	澄海姚森合	1	1	1	—	—	—
72	钟荣顺	普宁	4	4	1	—	—	—
平均			5.51	2.54	2.17	—	5.29	70.44

从以上分析可以看出，地方批局负责派送侨批，直接与侨户联系，批脚均须为熟悉当地的本地人。汕头是总号，负责分批后由地方批局派送侨批，由汕头批局直接派送的侨批业务比较少，因此，汕头批局对乡族关系依赖程度会低一些，而地方批局则不同，雇用的批脚多为族人或同乡，更加依赖乡族关系，因此地方批局中同姓批脚的现象更为常见。

第五节　批信局经营管理制度

一、人员招聘和激励

（一）人员招聘

侨批局的管理人员和员工，多为家族成员和同乡。正如顾士龙（1948）所述"独批信局之同仁，非属亲信之戚友，即为合资之股东"。即便是合伙股东，"合伙人即非亲则戚，总在血缘上找到合适的份子"（西尊，1947）。如绵发号批局在汕头、新加坡、吉隆坡等地的批局，其负责人均为家族成员。泰国振盛兴批局的创办人是曾仰梅，曾仰梅委托族人曾壮吾负责家乡批局的经营，雇用的批脚几乎均为曾姓族人。

批局对于管理人员的聘用一般是要经过日常考察的，管理人员可能是家族成员，也可能是生意伙伴或者是从批局员工中提拔的。因为日常多有接触，老板可观察其为人处事，如果发现该人可靠，有经济头脑，即可聘用。对于经理，老板更是信任，只要定期向老板汇报工作情况就好了。

对于员工雇用，是不需要担保的。员工也是经过日常考察筛选出来的，都是老板信得过的人，不一定是家族成员。"考察筛选的过程一般是平时让他们记数、练字、打算盘等，让他们买菜、做饭等，先让他做小的事（比如买菜等花钱少的事情），再让他做大点的事（需要花费较大额的钱），通过这些日常考察看看是否可靠，不可靠就给点钱后辞退，可靠的就留用。"①

批局对员工的要求也没有明文规定，不过，从事商业活动的人都知道有关商业守则，比如"特别是手脚要干净"，"批局的会计如果发现差一分钱，会重新算一遍，搞清楚是什么原因造成的"。②

对于批脚，人品非常重要。批脚要诚实可靠，熟悉当地情形。批局聘用批脚虽无须担保，但实际上，选择批脚非常慎重，一般由批局主人自己选择或请信得过的老员工等介绍。如澄海潘合利批局批脚潘得勤回忆说，"潘家祖孙三代诚信老实，深得批局信任才接受他们作为批脚的"。因此，批信局雇用的批脚均为族人或同乡，一方面是他们熟悉当地情形，另一方面是大家彼此都知根知底，对其为人也很了解，"都是信得过的人"。③

（二）激励制度

1. 批局薪酬制度

批局的经理、员工多为族人或同乡，大家都是"自家人"，都会努力工作。"一整个业务之盛衰，为个人切身之利害。盖此辈员工非属'员工'性质，实属'主人翁'地位。"（顾士龙，1948）虽然如此，薪酬奖励还是必须的。批局多数采用薪水和奖金方式激励经理和员工努力工作。经理一般由股东兼任或者聘请而来，皆以优厚工资和奖金待之，是股东的话还可分红。对批脚也给予较高薪水和奖金，还有交通补贴等，"故绝少有侵吞、盗用其所经解批银者"（芮诒埙，1987）。

汕头批局对于代理南洋批局转送华侨信款的业务，以及内地批局代理汕头批局分送信款的业务，如果有总支号关系者，则采用薪金和奖金方式激励员工；如果是代理关系，采用的是佣金制，汕头批局付给内地代理批局的佣金也由南洋批局负担（姚曾荫，1943）。

批信局的薪酬制度，随其业务量大小、时期和地区的不同有所差异。据焦建华（2017）的研究，20 世纪 30 年代前，厦门大批信局的经理每月工资为 50～60元，一等办事员为 30～40 元，二等办事员为 20～30 元，三等办事员为 15～20

元，批脚为 10 ~ 15 元，学徒为 2 ~ 5 元；内地分号经理每月为 30 ~ 40 元，一等办事员为 20 ~ 30 元，二等办事员为 15 ~ 20 元，批脚为 15 ~ 20 元。理发、洗澡和吸烟等膳宿杂用由东家供给，年终经理可获得盈余的 10% 作为奖金，其他人按工资比例获得奖金。

到 20 世纪 30 年代，批信局工资水平有所提高。据 1937 年厦门邮局巡员郑炳恒报告，闽南批信局员工工资大体如下（焦建华，2017b）：

厦门批信局：经理 1 名，每月工资 100 元（银元，下同）；会计 1 名，每月工资 30 元；走街 1 名，每月工资 30 元；信差 5 名，每人每月工资 20 元；工友 1 名，每月工资 15 元；厨夫 1 名，每月工资 15 元。

内地批局：经理 1 名，每月工资 50 元；会计 1 名，每月工资 20 元；信差每人每月工资 10 ~ 20 元；工友 1 名，每月工资 15 元；厨夫 1 名，每月工资 15 元。当然，内地员工薪水不尽相同，如永春批信局经理每月薪水 30 元，会计 24 元，信差年长者 24 元，短工者每日 1 元（郑林宽，1940）。

除额定工资外，如果年底结算有盈余，一般是按 20% 的比例奖励给经理，10% ~ 20% 的比例奖励给其他人（焦建华，2017b）。

从现有史料来看，在 20 世纪 30 年代，在潮汕各地，批脚的报酬是按月计薪，每月由批局付给 10 元上下的工资（姚曾荫，1943；何启拔，1947），年底根据营业情况分配奖金。潮汕地区批信局的薪酬制度与厦门地区批信局大致是相同的。

当然，不同批局的薪酬会有不同，一些大型批局的薪酬会比较优厚，如汕头有信批局。据汕头有信批局经理芮诒埙（1987）回忆：

有信批局 " '批脚' 共有十人，大多年龄在四五十岁左右，诚实可靠而又能吃苦耐劳者。每人月薪除银圆 20 元外，还就其所经解批额多少，按每千元发给补贴一元，另钱加付舟车、点心以及夫役等费（按银圆马轩七钱二分，每千圆重达四十五斤，如果数在三、二千圆，便达百斤以上，兼之长途穿乡过里，非雇夫役，自难胜任）。此项补贴，例概从优。此外年终另发奖金，每名分批工人月收入多数在银圆卅元以上，加之银元市面又有贴水，综计约可折合干谷四至五担，故绝少有侵吞、盗用其所经解批银者"（芮诒埙，1987）。

到中华人民共和国成立初期，潮汕地区批信局经理的工资在 "60 ~ 70 元，不会超过 100 元。职员为 40～50 元，学徒为 10 多元。乡下批脚是用米作为报酬的，一般是派批一天 2 斤，也有 1 斤的"。[1] 潘合利批局批脚潘得勤先生和万兴昌批脚许允生先生分别告诉我们"一天赚 2 斤米，2 角钱，2 角钱用于过渡（乘船）等费用"。[2]"批脚工资是发米，我一个月赚一斗米，一斗米 20 斤"。[3]

2. 关于批脚的小费

何启拔（1947）谈道，"他们报酬的普通有二方面：一为批局给的，一为受批人赏的。批局支付批脚的报酬，因地而异。琼崖各地依照送批款计算，每千元批款约取三五元的佣金。潮汕各地即按月计工资，每月十元左右。受批人的赏金普通各地都有俗规，但不可一概而论。有时候除给赏金外，尚供饭一餐。此外他们还可替受款人（往往系文盲家属）写回批，另外尚有额外手续费，所以他们的收入亦相当的可观"。

关于批脚送批时收批人给赏金的说法，顾士龙（1948）谈到批信局的不足之处时，讲道，"日投送批款时，向收款人所取酒资，系批局向来之惯例，此最能使侨眷生不良之印象"。

关于批脚向收批人收取赏金（酒资）一说，这种做法在 20 世纪 30 年代前在福建地区就较普遍（焦建华，2017b），此后并不普遍。如果批脚收取收批人的赏金的话，由于并没有规范的收取标准，在信息不对称下，批脚极有可能索取较多的赏金，从而造成侨眷的不满。这有损于批信局的声誉，因此一些管理比较规范的批信局是不许批脚收取赏金的，如福建天一批信局在开办时就严禁信差向侨眷索取"小费或夹付小银"（焦建华，2017b）。在潮汕地区，我们在访问万兴昌批局和潘合利批局的批脚时，他们都表示批脚不准再向收款人收取小费。但如果碰到吃饭时间，附近也没小饭馆，路途又比较遥远，在侨眷邀请下批脚是可以在侨眷家吃饭的。有批局为诚信经营，预防批脚向侨属收取小费，故在侨批封背加盖"本局批银免送酒资"的印记，提醒收批人，不用再另付酬劳（见图 4-2）。

---

① 2019 年 1 月 11 日，于汕头市中信春泽园对振盛兴侨批局后代曾益奋先生（81 岁）进行访谈。

② 2019 年 1 月 10 日，于汕头市澄海区隆都镇埔头堤兜村对潘合利批局批脚潘得勤先生（94 岁）进行访谈。

③ 2019 年 1 月 10 日，于汕头市澄海区隆都镇后沟村对万兴昌批局营业人许允生先生（96 岁）进行访谈。

图 4-2 澄海黄母寄泰国黄锡恩回批

注：封背盖有"汕头普通庄发送"和"暹罗合兴利回批住汕头永兴街添兴利"的批局章，另盖醒目的"本局批银免送酒资"的椭圆形印记。写批日期是"甲完月（农历十二月）十四日"，推断为民国二十三年甲戌十二月十四日（1935 年 1 月 18 日）。

资料来源：张美生：《侨批档案图鉴》，中山大学出版社，2020 年版，第 83 页。

二、业务约束制度

（一）收批列字与编号制度

早期的批信局把侨民寄托的批信，都按受理的次序编每次的"字头"，一次寄批用一个"字头"。每次寄批中，又按接收批信的件数编"连续号"。"字头"好似现代邮局收寄挂号信加盖收寄日期的邮戳一样，作为区别于不同次寄批；"连续号"与邮政局接收挂号信的编号相似。

南洋各地的批信局均按上述列字头和编号码的方法，但编"字头"的方法略有不同。如泰国批局都统一用《千字文》中的字逐个做发批的"字头"；新加坡各批局，除个别批局用《千字文》做字头外，基本统一用自己的批局名作为发批频次的字头。香港地区的批局有的用《千字文》，有的用本身批局名，还有一种用固定字做字头，然后在字头后加阿拉伯数字，以示不同批次。如陈四兴批局用一个"添"字做字头，在字头后面加上阿拉伯数字，以示不同批次。也有一些不用中文，直接用阿拉伯数字表明不同批次的（邹金盛，2001）。

批信到家乡投完后，收款人在空白回批上写上简单附言，交回批脚或指定地点；批脚按清单收齐当次回批后，托回南洋联号批信局，再按存册销号，之后回批送还寄款人，以示投妥。通过采用收批列字和编号制度，能便利查询，确保侨批安全递送。各批信局共同采用的这套安全可靠的通信方法，深得侨民信赖（见图4-3）（邹金盛，2001）。

图4-3 新加坡华兴银信分局"方"字第775号侨批

注：叻（新加坡）蔡寿育寄潮安大和都洪应惜侨批。

资料来源：张美生：《侨批档案图鉴》，中山大学出版社，2020年版，第80页。

（二）回批、票根制度

每次寄批，批信局都配有三件信物，第一件是寄批的票根（即收据存根），第二件是空白回批（即回信），第三件是寄批者自己与家乡亲人的书信（即批信）。

批信局在交寄的批款上，配有这次批款的批信、票根、回批，并把这三件信物都编上同一字头和编号，以便查询。

票根，批信局发给寄批者的收据存根。民国初期，一些大型批局印制票根，作为收据，发给寄批者作凭证（见图4-4）。

图4-4　暹罗郑成顺利振记票根

注：该票根是泰国华侨林财福寄澄海南砂慈亲的寄批凭证，写批日期：1934年7月5日。

资料来源：张美生：《侨批档案图鉴》，中山大学出版社，2020年版，第82页。

回批，就是收款人的回信。这是批信局取信于民的一种关键措施。批信局"首重批款，更重回批，批业广告每以'汇价从廉'与'手续简便'为标榜，而以'回文快捷'最重要，这是批业精髓所在，亦批信局作业务竞争最有力的号召"（西尊，1947）。批信局自始至终都采用这种批信配带同一种编号的回批一起投给侨眷，并规定收到批款后一周内一定要把回批投放到投递局指定的回批信箱或收回批处，再由国内的批信局或代理点在回批上加盖印记，寄回南洋批信局，以备送回原汇款人，作为收款人妥收的凭据（见图4－5）。

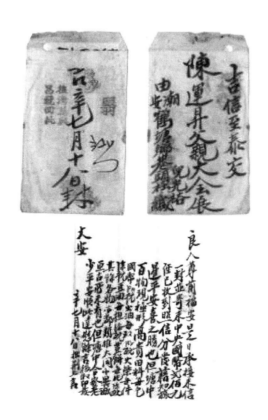

图4－5　潮安鹤塘乡光裕寄泰国陈运升回批

注：封背有"后沟万兴昌号"回批的批局章，写批日期："辛七月十八日"，推断为民国三十年辛巳七月十八日（1941年9月9日）。

资料来源：张美生：《侨批档案图鉴》，中山大学出版社，2020年版，第89页。

票根由寄批人收藏，回批与批信一起寄给家乡亲属。收批者接到批款，并在回批上写上简单附言后，交当地批局退返南洋原发批局；南洋批局接到回批后，在当次寄批清单上注销后，返投寄批人，侨批的投递才算完成。

自停发票根以后（1944年），暹罗各大型批信局开始改用发放正副回批的方法，正副回批由收款人填写后，汕头批信局留下副回批，正回批退返南洋原批局，再由南洋批局退还寄款人。正回批如遇邮误，再通知汕头寄发副回批，发还寄批人。

（三）查验制度

1. 批信目录副本备查

每当侨批在曼谷发出"批包"时，都会同时发出批信目录的副本，以便在批包丢失或迟到时校查。再后来，有的南洋批局甚至备有三份"寄批目录"：一份用于存档，一份与侨批一起通过邮政海运寄往汕头，一份则经航空寄至汕头联号或分号批局。航空寄批目录一般要比侨批提前4~5天到达（张美生，2020）。

2. 批脚送批查验

汕头批局或地方批局接到侨批后，根据侨批数量、派送范围，分发给批脚去派送侨批，领批送批都需要登记留底，以备核对。批局一般备有登记簿，登记簿对批脚领取侨批进行编码记录，记录包括批脚领取金额、回批收取情况等。分发侨批时要检查批信寄款金额与派送金额是否相符，送批回来要检查是否已收回回批，派送金额是否与领取金额一致等，批信局内部有专人负责查验。"另由店内专人负责验销，经解批工不得干预。"（芮诒埙，1987）

我们对批脚的访谈印证了批脚领批、送批环节工作的规范性，正如批脚许允生接受访谈时说，"领批去送，回批回来，都有登记。有本簿，某批给某乡某人多少钱，晚上回批回来后，进行核对。存底要有的。我发给你多少钱，晚上就要检查你发了多少"。[1] 也正如批脚潘得勤说，"要把回批收回来，批局再审核校对无误后，回批送汕头，再由汕头送暹罗"。[2]

（四）垫款制

1. 赊汇

南洋侨批局服务的多为乡亲，侨批局的经理、员工与寄送侨批的华侨都比较熟悉，侨批局员工不仅知道寄批华侨的职业、住址、收入情况和发薪日期，也了解华侨故乡的家庭状况以及每月侨批额等。当华侨手头缺钱而又急需汇款回家

---

① 2019年1月10日，于汕头市澄海区隆都镇后沟村对万兴昌批局营业人许允生先生（96岁）进行访谈。

② 2019年1月10日，于汕头市澄海区隆都镇后埔堤兜村对潘合利批局批脚潘得勤先生（94岁）进行访谈。

时，侨批局可为华侨提供赊汇服务。

（1）个人赊汇。因华侨与侨批局经常往来，如果有华侨一时缺钱又需要汇款时，侨批局可先为其垫汇。垫款的种类有：①"期存"三天，先汇付，三天后收钱。②"正期"十五天，先汇付，半月后收钱，不另收利息。汕头与东南亚之间的书信往返，需两星期左右，因此，华侨可以等收到回信后再付款。③赊汇最多有一个月的，先汇付，一个月后由汇款人归还，并给批信局应得的利息。④汇款人有稳定工作，是领薪水的，侨批局可先代为垫款，汇款人须于发薪之日还款。

侨批局为华侨提供垫汇服务，并没有正式的文字契约，而是以口讲为凭，是一种完全没有抵押的短期小额信用贷款，银行和其他金融机构是无法提供如此服务的。这为侨胞提供了极大便利，侨胞也因此无限信任侨批局（西尊，1948）。

（2）集体赊汇。批信局印有一种"汇款登录簿"，分送给同乡同宗以及熟悉的华侨商号、矿场、工厂、农园的主人，请其帮忙收揽侨汇。华侨如果要汇款，首先写一封家信，信封上写清楚收款人的姓名、地址，并在信封左上角写上汇款金额，即附上一句"外附国币若干元"；然后把这封信交给老板，老板考量汇款人的偿还能力与信用，如果认为该华侨诚实可靠，就代其在"汇款登录簿"上进行登记，并加盖印章，表示由其担保负责偿还，汇款人的家书，相当于银行所用的汇款申请书，则作为附件。这种"汇款登录簿"随时送出，每逢返国船期前一日收回来，另换新簿。批局把登录簿收回来后，就按照登记的汇款先汇出，日后再向汇款华侨收款。

收款的时间，一种在发薪日，由老板代扣，将汇款人所赊汇之款扣除以偿还批局，不加收利息；另一种在"回批"回来时，才去收款。南洋各地与汕头的信件往返需两周以上，所以放款期限亦在两星期以上。此种放款分免息和计息两种，即使收利息亦多很微薄。

集体赊汇的实行离不开各业主人的支持，集体赊汇时并没有签订正式契约，也没有给老板回佣。侨批局与各业主人多有乡族关系，平时只有感情联络，仅在时节奉赠一些小礼物（西尊，1947；顾士龙，1948）。

赊汇业务的开展说明潮汕华侨寄批已成为习俗，即便手头没钱，也得按传统时节甚至按月汇款回家，汇款多者能得到大家的称赞，没有汇款回家或汇款少的会让人看不起。因老板和员工多为同乡或同族，老板会督促员工汇款回家，或为其做担保赊汇回家，再从其薪水中扣留。正如陈昭天（1937）所述，"潮人遂视按月汇款回家为一种天经地义，以多汇为荣，反之且引起同帮之鄙视，谓其丧失人格，虽欲求一噉饭地位亦不可得，更奇者潮籍店号对血气未定之潮籍青年店员，负有督促或涉其汇款回家习惯，店东如视为理由充足可将该伙友薪金扣留一部分，代其汇寄回家，性质近于半强制"。

2. 垫款付汇

每笔侨批之中，包括银和信。交寄时，家信和安家费一起交给批信局，批信局把款通过南洋银庄划入汕头联号的银庄，而家信却通过轮船信局寄至汕头联网的批局，汕头批局接到批信后，用随批信发来的清单，到联网银庄兑款后，再把信和款合在一起投给侨眷。汕头大清邮政总局成立后，规定批信需经其收转。批信局开始把收寄的"信"，通过邮政用总包寄递，"银"则另通过银庄及银行转汇，此后，"银"和"信"开始分道转递。

汕头批信局收到批信后，有时未必待现金到达，可以先代为预支，将批信和批款送达侨眷家中。"有批信批款同寄的，有分寄的。但批业有一个特色，批信已到，批款还未来，亦照派不误，不像银行没有头寸而退票或搁延。"（西尊，1947）

还有一种情况，如在新加坡和汕头之间，联号批信局同时兼营银钱业或进出口货业，存在合作关系，彼此可以划账，因此有时候联号批信局之间并无现款汇归，或者有时候有新加坡批馆利用收入的批款买成南洋商品（如大米）运到汕头售卖以资获利。汕头分馆虽未接南洋总馆的现款，但亦按照"批信"中所述的数目，由批脚分送给各汇款家庭（陈达，2011）。

抗日战争胜利后，由于国币贬值，快速将汇款送达侨眷手中，尽量减少由于货币贬值给华侨家庭带来的损失成了批局竞争的关键。一些侨批局（如振盛兴批局）在将批信邮寄后，同时将批信目录副本经航空寄出，批信是经轮船运送，而目录副本是经飞机运送，所以目录比批信提前 4 ~ 5 天到达汕头（张美生，2020）。汕头批局接到批信目录后，在批信和批款尚未到达的情况下，马上按照批信目录安排派送批款，而批信则等到达后再安排派送，出现了"一批二送"现象（见图 4 - 6）（曾益奋，2004）。

这个阶段的一些批信，信封上印有"批银已付，补送原批""照目录先发""批银抄录先还，原批补送""银已抄录发妥，原批补还"等相似印章，说明确实存在批局先垫款的做法，这反映了侨批局先分银后分批、保护侨户利益的良苦用心。不过，"不是所有的批局都有这么做的，只有少数批局才这么做的"。①

（a）张高芝寄揭邑西门外张宅母亲侨批　　　（b）永兴盛汇兑银信局通知书

图 4－6　"一批二送"例子

注：（a）为侨批，封面盖有"批银已还"的文字，封背列字编号为"来字 101 号"。（b）为侨批通知书，通知书附言盖有"批银先发，有错取回"的批局印记，本通知书的编号与侨批同列"来字 101 号"。侨批通知书是汕头联号批局通过寄批目录抄写分发的。原批到达汕头后，再派员补送，俗称"一批二送"。

资料来源：张美生：《侨批档案图鉴》，中山大学出版社，2020 年版，第 68 页。

三、批信局的业务经营

（一）接揽业务

海外批信局的服务对象多为中下层华侨，提供的服务包括代写家书、办理批款汇兑、邮递信件以及信用放款等。批信局的服务范围多带有地方性，在南洋各地，主要有潮州帮、梅属帮、琼州帮以及福建帮。各帮批局的业务皆以其本县本乡者为主（姚曾荫，1943）。

因南洋各地潮汕帮批局数量众多，各批局为应对竞争，采取多种方式招揽

---

① 2019 年 1 月 11 日，于汕头市中信春泽园对振盛兴侨批局后代曾益奋先生（81 岁）进行访谈。

侨汇：

首先，打感情牌，主要依靠乡族关系，联络感情，拓展业务。正如西尊（1947）所述，"批信局接揽侨汇，不靠应酬或广告，主要靠乡情与宗情。平常对同乡同宗，时时以感情联络。有时派出批伴，作旅行式的活动，到'山巴'访问。有时候一批伴结队携带中国式食品与用具到穷僻的地方，便利那些经年不到大都市一行的华侨。批伴回来，就顺带被访者的侨汇回来"。

对于同乡同宗以及相熟的华侨商号、矿场、工厂、农园等各业主人，侨批局也常以感情联络，如遇时节奉赠一些礼物等，请求各业主人为员工担保，为其员工办理集体赊汇业务等。

为吸引新侨民，常将其招徕到侨批局，将其本人及家属之姓名、住址及职业，详细登记、编列号码，备具副本送潮汕与之联号的侨批局存查，华侨如有信款要寄，批局仅书写号码及其家属姓名，即能寄达。

其次，批信局还为华侨提供个性化服务，如登门收批、代写批信、代读家书、垫汇等。有信批局经理芮诒垱（1987）提到，"新加坡各个较大批局，职司招揽寄批员工，例皆自备一本小册子，详细纪录其所经手大户，每年分寄家乡亲友批款的人名、地址、金额，甚或有详细纪录其姻亲、朋友关系称呼者，每届年梢，便登门招揽；寄户或有遗漏，则当面补上，或在征得寄批人同意时，代为开列名单，一般豪商巨贾，事冗心繁，大多莞尔一笑，交易立成，旬日之后，回批送还，才向收账，咸称妥便。""新加坡批局收汇侨批，除店前外，还须简派专人，深入各个橡胶园、锡场、工厂揽收，按期送回唐山亲人回批。不少送批员还代寄批人写批和宣读回批，务使寄批人心满意惬。有的在听到乡音家讯时，感至流泪，而问长问短，抱头痛哭，误认收批员亦和旧时水客一样，从唐山来！"

最后，为扩大业务，批局委托水客分赴四乡兜揽生意，或在山芭（内地）地方设立分局或代理，也有侨批局刊登广告，强调汇价低廉、手续简便、回文快捷等，吸引华侨到该侨批局寄侨批。

（二）信款递汇

在大清邮政设立之前，海（境）外潮帮批信局向潮侨揽收的书信和批款，会帮忙运至汕头，如运送货品一样，甚为自由。自大清邮政设立之后，规定批信需经其收转。批信局开始把收寄的"信",通过邮政用总包寄递,"银"则通过银庄及银行转汇,此后,"银"和"信"开始分道转递。南洋的批局收到批款后,对批信和批款是按不同程序分开处理的。

1. 批信的寄发

批信的寄发分两种方法:一种是按重计算,将若干封信装成一包,按整包的重量,贴若干邮票,这是马来亚、北婆罗、暹罗通行的做法;另一种是按件计算,一包内有若干封信,包面照贴若干封信应贴的邮票金额,这是荷印、菲律宾、安南通行的做法。因总包办法与国际邮政公约有抵触,[①]自 1927 年后荷印、菲律宾、安南已将按件计算方法取消,马来亚、北婆罗、暹罗的按重计算,亦改变方式。自 1930 年 4 月 1 日起,吉隆坡邮局将批信局寄往中国的批信,规定每封贴邮票叻币六分(当时的邮费,每封十二分),即给予半价优惠,后南洋各地,也都给予半价优惠。中国邮政局自 1930 年 5 月 1 日起,亦采用半价优惠办法。因每年由南洋寄往中国的批信有二十万封左右,由中国寄往南洋的约三十万封(西尊,1947;陈达,2011),这无疑是南洋和中国邮政的重要业务,半价优惠的措施也是为了发展批信业务。

2. 批款的寄发

关于批款转拨,从南洋至汕头大约有两种途径:第一种即最主要的一种,为先汇至香港地区,然后转汇汕头;第二种为经由国内银行汇至汕头。也有的海(境)外潮帮批信局在汕头设有兼营银庄或进出口业的分号,海(境)外批局与汕头分号可以采用划账方式进行结算,所以,海(境)外批局收揽批款后,并无现款汇回,汕头分号虽未接南洋批信局的现款但亦按照"批信"中所述的数目,将批款派送收批人。

(三)派送侨批

当配运侨批的轮船到达汕头时,汕头的侨批局就忙碌起来,特别在传统重要节日之前,运至汕头的侨批大量增加,侨批局当然就更忙了。侨批业有一个特色,即批信已到,批款还未来,亦照派不误,批信与批款,要一起送达收批人。

---

① 伦敦国际公约第 33 条第 4 节规定:"信函内不得装有书信交收信人以外任何人,或与收信人同居任何人之信函字样,或他项实具个人书信性质之文件"。

近代侨批业竞争激烈，批信局的竞争力体现在一个"快"字上，就是看谁能快速将回批送回南洋寄批人手中。因此，"每次来批不论多少，例于当晚办理清楚，虽通宵达旦，务必悉力以赴，盖明天一早，必须赶赴各处舟车第一帮"（芮诒埙，1987）。

装有批信的轮船抵达汕头后，批信局派人到邮局等候，将侨批包裹领出，再赶回批信局进行分拣登记，按原编号码、收信人姓名和地址、汇款数额等项逐封登录于一特备之批信簿后，分别送往各地方代理点，或直接派送（王炜中，2004）。批信和批款的派送，一般分为两种情况：

一种是主营区域信款的派送。汕头批局的主要营业区域多为本县本乡，如汕头振盛兴批局的主要营业区域是澄海图濠乡及周边区域、汕头万兴昌批局的主要营业区域是澄海隆都镇及附近区域，主营区域都是批局创办人的家乡及家乡附近。送往主营区域的侨批数量较多，一般由自家分号派送，如振盛兴和万兴昌批局均在家乡设有分号，负责派送侨批。

另一种是非主营区域信款的派送。汕头批信局一般是委托潮汕各地的侨批局或代理店负责派送。如汕头有信批局，"除潮阳、揭阳、普宁、饶平、惠来及南澳等地委托代理店分发外，其余潮安、澄海、汕头三县市（是其主营区域），除偏僻地区，都由自己派'批脚'下乡解付（俗称'分批'）"（芮诒埙，1987）。

派批的工作都由批脚负责，分区域划定几条路线，以步行为主，必要时才搭车或坐船，将信款送上门，由侨眷亲收。每次分批，一般是一天内投送完毕，但也有因投递范围广阔，或因年底侨批数量多，需分投两三天才能全部投送完毕。

各侨批局所雇用的批脚均为当地同乡或族人，批脚都是诚实可靠且能吃苦耐劳的人员，他们对侨户的情况十分熟悉，因而在派送批信和批款时，都能做到上门投送。即便一些侨眷居住在比较偏僻的地方，他们也能一一前往投送。批脚与侨户大都有往来，一年会送几次侨批，彼此面熟，不至误交误收。如有不熟悉者，则要求收批人提供之前的批信，以核对领款。有的批局在批信上印有"切带旧批，核对领款""收银须带旧批勿误"等提示（见图4-7）。

批脚送达侨批后，取回回批。批局核验无误后将回批寄往南洋或派人送至汕头批局转寄南洋批局，再由南洋批局分交汇款人（西尊，1947）。

图 4 – 7　新加坡郑万道寄潮安五区双亲侨批

注：封背盖有"实叻祥泰隆信局带"的批局章，封面另盖"领银须带旧批"的印章。

资料来源：张美生：《侨批档案图鉴》，中山大学出版社，2020 年版，第 94 页。

本章小结

侨批局服务的是同乡同族华侨和侨眷，因此，批信局依托乡族关系开拓侨批业务，以乡情、宗情联络华侨，并为有需要的华侨提供免息或低息的赊汇服务，没有书面契约，全凭乡情和宗情保障的个人信用。为服务好华侨，批局从同乡同族中选拔经理和员工，与同乡同宗批局建立合作关系，形成跨国侨批网络。批局采用薪水、奖金激励经理和员工，为合作批局提供佣金，并用行规、业务规范等约束员工和合作伙伴。批信局的经营管理体现了依托乡族关系进行经营管理的特征：

一是依托乡族关系开展业务。南洋侨批局服务的顾客均为本乡本土的乡亲，依靠乡族关系揽收业务。在侨批派送过程中，也依靠族人或同乡担任派送员将侨批送到侨眷家中。

二是依托乡族关系管理批信局。从侨批局内部治理来看，侨批局采用家族所有制或合伙制，雇用宗族子弟和同乡，负责递送侨批的批脚必须是熟悉当地情形且诚实可靠的宗族子弟或同乡。

三是采用比较正式的行规制约员工和代理人。批信局服务的多为同乡，契约精神更为重要。且批信局提供的服务是钱物的跨国递送，面临较大的不确定性，侨批快速安全的递送至为重要。因此，需要一套正式的制度加以保障，防止员工和代理人的机会主义行为。更为重要的是，乡族关系为传统信用机制的有效实施提供了保障，维持着侨批业的诚信经营。

四是采用比较优厚的待遇激励员工。乡族关系对于惩罚违规者是比较有效的，但激励员工的作用较小。为激励同乡、同宗伙计，对于聘请的经理人，批局皆以优厚的工资、年终分红进行激励。对于其他人员，批局采用较高薪水、年终奖金等方式进行激励。总的来讲，批信局员工的薪酬待遇总体是很不错的，这为员工的诚实守信和努力工作提供了重要保障。因为员工一旦有不诚实行为，不仅会丢掉工作，还会在乡族关系下损害其个人声誉，在集体惩罚下可能面临无人雇用的境地。

第五章　侨批网络社会网分析

第一节　数据来源和研究方法

一、数据来源及数据处理

（一）数据来源

在广东省档案馆"汕头邮局档案"中，保留有中华民国汕头侨批局登记详情表。在广东省档案馆的支持下，我们获得了 1933 年、1936 年、1940 年、1942 年、1943 年、1944 年、1946 年、1947 年、1948 年、1949 年共 10 年的侨批局登记详情表（见图 5 - 1、图 5 - 2）。

通过对侨批局登记详情表的整理，发现 1944 年的登记详情表并不完整，[①] 因此予以剔除。我们采用的侨批局登记详情表概况如表 5 - 1 所示。

详情表为年底侨批局向汕头邮政局申请执照的申报材料，执照的有效期为一年，即从当年的 1 月 1 日至 12 月 31 日。在这 9 年的详情表中，1933 年和 1936 年的详情表的登记信息最为丰富，包括汕头批信局的名称、执照号、设立时间、

---

①　1944 年的批信局详情表与其他年份有很大不同，该年份将批信局分为三部分：第一，登记了 26 家批信局及其分号情况；第二，批信局详情与 1943 年的相同者仅列出执照号；第三，部分详情有变更者列出修正后详情登记情况。总体上，1944 年的批信局详情表比较杂乱，不像其他年份一样比较清楚明了。

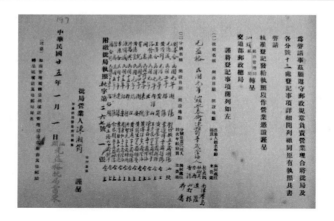

图 5 – 1　1936 年批信局登记详情表

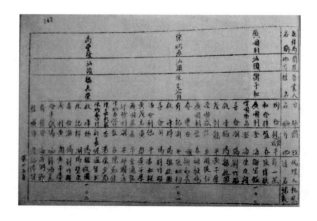

图 5 – 2　1948 年批信局登记详情表

表 5 – 1　汕头批信局登记详情表来源

年份	档案号
1933	汕头一等邮局秘书处,《中华民国二十二年各民局声请书副份》,广东省档案馆藏,全宗号:86;目录号一,案卷号 345
1936	汕头一等邮局秘书处,《中华民国二十五年各批信局声请书副份》,广东省档案馆藏,全宗号:86;目录号一,案卷号 344
1940	《汕头段二十九年份已挂号批信局详情表》,汕头局(训令第六二八号、通函第十二号)附件

续表

年份	档案号
1942	《汕头段三十一年份已挂号批信局详情表》，汕头局（训令第七二六/三二号、通函第十七号）附件
1943	《汕头段三十二年份已挂号批信局详情表》，汕头一等邮局（训令第七五六号）附件
1946	《汕头段三十五年份已挂号批信局详情表》，汕头局（训令第七九二号、通函第二十四号）附件
1947	《汕头段三十六年份已挂号批信局详情表》，汕头局（训令第八零七号、通函第五十五号）附件
1948	《汕头段三十七年份已挂号批信局详情表》，汕头局（训令第八一七号、通函第一零二号）附件
1949	《汕头段三十八年份已挂号批信局详情表》，汕头局（训令第八三一号、通函第一六六号）附件

设立地点、营业人姓名、年龄、籍贯，与何处营业往来；登记的分号信息包括分号名称、设立时间、地点、营业人姓名、年龄、籍贯、分号与何处营业往来等。其他年份批信局详情表的登记信息只包括批信局名称、开设地点、营业人姓名、分号名称、开设地方、代理人姓名、执照号数。

　　侨批局登记档案中见到的"分号"主要是指在侨批业务中有委托代理关系的商号，而不是"总号"的下属机构，申请执照的汕头批信局往往有多家分号，这些分号分布于南洋及潮汕地区，汕头批信局通过与这些分号合作，构成了覆盖南洋华侨及潮汕侨眷的侨批经营网络。

　　按照侨批局登记详情表，历年汕头段挂号侨批局及分号概况如表5-2所示。

表5-2　历年汕头段挂号侨批局及分号数量

年份		1933	1936	1940	1942	1943	1946	1947	1948	1949
挂号汕头批局数量		87	82	69	70	68	65	70	71	72
登记分号（含共同分号）	潮汕	361	518	464	477	458	462	461	504	499
	海（境）外	47	159	293	326	329	293	431	420	402
	外埠	39	0	0	1	1	5	4	3	4
	其他（以汕头批局为分号）	0	0	1	1	1	0	7	0	8
分号家数合计		447	677	758	805	789	760	903	927	913

　　注：登记分号指汕头批信局详情表中登记的分号，不同的汕头批信局可能会与同一家分号合作，这家分号即为共同分号。

　　资料来源：根据历年侨批局登记详情表整理。

· 121 ·

对于海（境）外分号的登记需要作些说明。1933 年和 1936 年登记的海（境）外分号数量比较少，1933 年登记的海（境）外分号仅为 47 家，1936 年为 159 家，远低于其他年份登记的海（境）外分号数量。在 1933 年和 1936 年的详情表中，有一项"与何处业务往来"，在该项中，大多批信局注明与南洋各地有往来，但却没有登记海（境）外分号情况。可见，1933 年和 1936 年的详情表中，登记的海（境）外分号只是一部分，如果以后面年份登记情况进行推断，可以判断 1933 年和 1936 年实际的海（境）外分号数量要比我们整理统计得到的数目大很多。在其他年份的详情表中，并没有"与何处业务往来"一项，我们是从分号的开设地点进行判断分号是否为海（境）外分号。从整理统计情况来看，在 1940～1949 年，海（境）外分号数量每年在 290～430 家之间波动。

（二）数据处理

我们对详情表进行如实录入，进而对数据进行清洗、整理，形成批信局登记详情数据库。主要工作包括：

（1）在汕头批信局登记的分号信息中，有部分分号在不同汕头批信局中登记的名称并不一致，如潮阳"刘喜合"批信局，在 1933 年的登记档案中，"光益裕"批信局将其登记为"刘喜合"，"马合丰"批信局将其登记为"喜合"。对于同一分号出现名字不一致的情况，我们按照分号的营业人信息、经营地点等进行比较分析，进行确认后统一名称，如"刘喜合""喜合"统一为"刘喜合"。

（2）对于分号的开设地点，不同汕头批信局的登记信息也存在不一致现象，对于潮汕地区分号的开设地点，有的登记的是县名，如"澄海"；有的是镇名，如"隆都"；有的是乡村的名称，如"图濠乡""店子头"等。我们通过地方政府网站、百度百科等进行检索、进行对比确认，按照潮汕县域进行划分，确定分号设立地点所属的县域。如果对于不能确定的情况，我们通过地方志及熟悉当地的人员进行确认。如"店子头""店市"等地名，通过查阅《隆都镇华侨志》得到确认，并向熟悉隆都镇情况的专家进行了确认。

（3）对于海外分号登记的地址，有的登记的是国名，更多的是登记地名，如"坤甸""棉兰""芙蓉"等，我们通过百度进行检索，确定该地域的所在国，并向汕头侨批资深研究人员进行确认。对于不能确定者，也向侨批资深研究人员进行求证，力争准确确认海外批信局开设地点的国别，确实无法确认者，则剔除。①

经过数据的清洗、整理等工作，我们建立了汕头批信局登记数据库，具体数据见后文。

二、社会网分析方法

以汕头批信局登记信息数据库为基础，通过批信局间的合作关系，我们构建了批信局合作网络矩阵，呈现了侨批网络面貌，进而分析侨批网络特征，探究网络内部结构，分析网络派系构成，验证侨批网络的有关观点。根据侨批网络自身的特点，本书重点从网络的关系构成、网络密度、中心性、结构洞和派系等方面进行分析。

（一）网络关系构成分析

利用批信局登记信息中营业人的姓名、籍贯、批信局的开设地点等信息，分析汕头批信局与海（境）内外分号之间的关系构成，考察侨批网络中的关系结构。

（二）网络密度分析

网络密度是衡量网络成员间相互联系程度的概念，整体网络密度越大，表明网络成员之间的联系越紧密，对其中行动者的态度、行为等产生的影响就越大。网络密度的值由该网络中实际存在的连接数除以网络中可能存在的最大连接数得到。网络密度的计算公式如下：

$$\Delta = \frac{2L}{g\,(g-1)} \tag{5-1}$$

其中，L = 网络中连线的数目，g = 网络中节点的数目。

（三）中心性分析

中心性是社会网络分析的研究重点之一。中心性能够分析个人或者组织在其社会网络中的权力或地位。通过中心性分析能够识别侨批网络中的重要批信局。

---

① 在确定批信局的开设地点时，得到了汕头侨批文物馆馆长林庆熙、潮汕历史文化研究中心副理事长吴二持的帮助，特此致谢。

中心性测量的是个体在整个网络中的权力，从而识别侨批网络中的中心节点。我们从程度中心性和中介中心性两方面进行测度。程度中心性用来衡量谁是团体中的中心人物。如果某点具有最高的中心度，则称该点居于网络的中心，拥有权力。程度中心性可用于测量信任，能帮助识别侨批网络中信誉高的批信局。"批局营业全凭信用"，哪个批局的程度中心性高，说明该批局拥有较多的合作批局，有着较高的信誉。中介中心性是一种控制能力指数，如果一个行动者处于许多交往网络的路径上，则可认为该行动者处于重要地位，并具有控制其他行动者之间交往的能力。中介度介于 0 ~ 1，如果批信局的中介度接近于 1，则它处于网络的核心，对网络成员拥有近乎 100% 的权力。

程度中心性的计算公式如下：

绝对数值公式：$C_D(n_i) = d(n_i) = \sum_j X_{ij} = \sum_i X_{ji}$ (5 - 2)

标准化数值公式：$C'_D(n_i) = \dfrac{d(n_i)}{g - 1}$ (5 - 3)

其中，X_{ij} 是 0 或 1 的数值，代表行动者 j 是否与行动者 i 有关系，g 是此一网络中的人数。

中介中心性的计算公式如下：

$C_B(n_i) = \sum_{j<k} g_{jk}(n_i) / g_{jk}$ (5 - 4)

标准化数值公式（无方向性图形）：$C'_B(n_i) = \dfrac{2 \sum_{j<k} g_{jk}(n_i) / g_{jk}}{(g-1)(g-2)}$ (5 - 5)

其中，g_{jk} 是行动者 j 达到行动者 k 的捷径数，$g_{jk}(n_i)$ 是行动者 j 达到行动者 k 的快捷方式上有行动者 i 的快捷方式数，g 是此一网络中的人数。[1]

（四）结构洞分析

格兰诺维特（Granovetter，1973）提出了"弱关系的强度"假设。他认为，弱关系在群体、组织之间建立了纽带关系，传递着信息，而强关系维系着组织内部的关系。把一个网络中的不同群体结合在一起的关系主要是弱关系，不管该关

① 式（5 - 1）~ 式（5 - 5）引自：罗家德：《社会网分析讲义》，社会科学文献出版社，2010 年版，第 188、193、228 页。

系是局部桥还是桥。弱关系的重要性体现在它可以使得一个更大的网络达到结构上的凝聚性。人们保持的弱关系常常比强关系多。布劳（1991）也指出了这个观点的重要性："亲密的关系容易局限在亲近的社会圈子里，因此，它们会使社会发生分崩离析。各个群体在社会中的整合并不取决于人们之间的强有力的联系，而只取决于他们之间松散的联系，因为松散的社会联系会大大地超越亲密的社会圈子，从而使各群体建立起社会关系。"

在社会网分析中，伯特（Burt，1992）用结构洞来表示非冗余的联系，认为"非冗余的联系人被结构洞所连接，一个结构洞是两个行动者之间的非冗余的联系"。一谈到结构洞，至少涉及三个人。对于三个行动者 A、B、C 来说，如果 A 和 B 有关联，B 和 C 有关联，而 A 和 C 无关系的话，我们就说这种结构是一种结构洞，或者说在 A 和 C 之间存在一个结构洞。结构洞的存在使 B 处于中间人地位，B 因而可以控制资源的传递等（见图 5 - 3）。在管理者的社会资本中，弱关系和结构洞占据重要地位，它与企业在市场上的表现、市场的网络等都具有重要的关联。

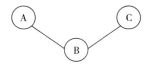

图 5 - 3 结构洞示例

格兰诺维特所说的"弱关系"指的是两个行动者之间关系的"强弱"这种具体性质，不管如何界定关系的强弱。"桥"或者"局部桥"都是一种特殊的关系，尽管大多数情况下它们都是弱关系。而伯特所说的结构洞则代表由至少三个行动者之间关系构成的一种特殊结构，这种结构可能为中间人带来利益。因此，这种结构就会成为社会资本，其中间者扮演中介人（broker）的角色。结构洞的社会资本依赖于信任来提供由经纪机会带来的价值。

结构洞的存在使处于中间位置的行动者居于重要的联络地位，因而在很大程度上控制资源的流动。侨批网络具有结构洞的特征，如果有批信局处于侨批网络中结构洞的位置，这说明该批信局在侨批网络中处于中间人地位，具有较大的权力。

结构洞的计算比较复杂，总的来讲有两类计算指标：①伯特本人给出的结构洞指数；②中间中心度指数。我们采用伯特的结构洞指数进行测量。

伯特的结构洞指数包括四方面因素：①有效规模（effective size），有效规模指的是个体网的规模减去网络的冗余度，即有效规模等于网络中的非冗余因素。②效率（efficiency），一个点的效率等于该点的有效规模除以该点所在个体网络的实际规模。③限制度（constraint），一个人的"限制度"指的是此人在自己的网络中在多大程度上拥有运用结构洞的能力或者协商的能力。限制度越低，在网络中越不受限制。④等级度（hierarchy），等级度指的就是限制性在多大程度上围绕着一个行动者展开，或者说集中在一个行动者身上。一般来讲，等级度越高，说明该点越居于网络的核心，其控制力也就越大，反之亦反。计算公式请参见刘军（2014）。

（五）派系分析

在网络结构研究中，把行动者分到各个派系（或者子群）之中，这是一种重要的研究方向。与此同时，应该理解作为一个整体的社会网络是如何行事的，这一点非常重要。例如，假设有两个网络，一个网络中的行动者分为两个相互不重叠的派系，另外一个网络中的行动者分为两个相互重叠的派系（即某些网络成员同时归属于两个派系之中）。我们可以期望，在有重叠派系的网络中，网络成员之间的冲突和矛盾可能较少一些，而在不存在重叠的网络之中，矛盾则相对多一些。如果网络成员之间有重叠，成员的流动和扩散可能比较迅速；如果网络成员之间没有重叠，成员的流动和扩散可能仅限于一个群体的内部。

另外，从个体行动者的角度讲，了解一个行动者是如何嵌入一个网络之中的，这对于理解他（她）的行为具有重要意义。例如，有的行动者在各个群体之间起到桥梁的作用；有的行动者与一个派系中的所有行动者都有关系；有的却是一个相对孤立者。不同的行动者嵌入网络中的不同程度会对其行为和看待问题的方式产生重要影响。理解社会结构以及个体的嵌入性的一个重要工具就是关于子结构（或者子群、派系等）的思想。派系的一般性定义是一个行动者的子集合，子集合中的行动者之间的联系相对比较紧密。

不可否认，很多重要的社会过程都是通过中介者达成的。也就是说，在现实生活中，行动者之间的关系未必是直接相关的，间接的关系也不可忽视。因此，有理由相信，相互之间联系不是非常紧密的一个小群体也可以叫作"凝聚子群"。这样的子群成员之间不必然邻接。当然，它们之间的距离一般也不会太大。n－派系（n－cliques）就是建立在可达性基础上的凝聚子群。

一般认为，n－派系的概念比较接近人们日常对派系的理解。这里的 n 是派系成员之间距离的最大值。一个 2－派系则是这样的一个派系，即其成员或者直接（距离为 1）相连，或者通过一个共同邻点（距离为 2）间接相连。n＝2 也常常是一个较好的临界值。当然，在实际分析中，n 的大小要由研究者自己决定。n 越大，对派系成员限制的标准就越松散。例如，一个 3－派系就是一个比 2－派系松散的群体。n 的最大值要比图中点的总数少 1。

本书将在"量化研究"的基础上刻画侨批网络结构，对侨批网络进行派系分析，识别侨批网络的派系构成，分析派系间的关系和派系内部成员的关系等，从量化的角度呈现近代侨批网络结构，并进而探究侨批网络结构特点对于侨批网络运作的影响，期望为侨批网络服务特征寻找实证支持。

网络密度、中心性、结构洞、派系分析均使用 Ucinet 社会网分析软件进行分析。

第二节 侨批网络的关系纽带

侨批网络的关键环节主要包括海（境）外分号、汕头批信局和潮汕分号，汕头批信局处于海（境）内外分号的中介位置，是连接海（境）内外分号的重要桥梁。那么，汕头批信局是通过什么方式与海（境）内外分号建立合作的呢？随着侨批业的发展，又有什么变化呢？

批信局服务的是同乡同族乡亲，批信局间通过同乡同宗同族建立合作关系是最优选择。我们对汕头批信局负责人与海（境）内外分号负责人的关系进行分析，如果分号负责人与汕头批信局负责人同姓则认为他们存在同宗关系，他们通过宗族关系建立合作。① 宗族的作用在于其扩大了亲属的范围，也同时增加了可信任人的总数。如果分号负责人与汕头批信局负责人的籍贯（县份）均为潮汕地区，则视为同乡关系。显然，在这里同乡关系包含了同宗关系。在汕头批信局的分号负责人中，有与汕头批信局负责人既同姓又同乡的分号负责人，那他们不仅是同乡，而且还是宗亲。

在汕头批信局登记的潮汕分号中，从宗族关系来看，分号负责人与汕头批信局负责人同姓批信局数量占潮汕分号总数的比重 1933 年为 19.67%，1949 年下降为 14.08%。在海（境）外分号中，从宗族关系来看，分号负责人与汕头批信局负责人同姓批信局数量占海（境）外分号总数的比重 1933 年为 40.43%，1949 年下降为 23.63%（见表 5 - 3）。

表 5 - 3 汕头批信局与海（境）内外分号各类关系占比 单位:%

年份	1933	1936	1940	1942	1943	1946	1947	1948	1949
潮汕分号负责人与汕头批信局负责人同姓	19.67	15.83	16.81	17.40	16.38	14.29	14.53	13.69	14.08
潮汕分号与汕头批信局同名号	6.65	2.90	2.80	4.40	4.59	3.90	3.90	3.57	3.62
潮汕分号地点与汕头批信局负责人籍贯相同者	36.01	27.80	—	—	—	—	—	—	—
海（境）外分号负责人与汕头批信局负责人同姓	40.43	43.40	27.65	27.30	25.23	22.53	22.51	23.33	23.63
海（境）外分号与汕头批信局同名号	10.64	9.43	7.51	7.36	6.99	8.19	6.03	5.71	6.22

在以宗族关系建立合作的情况中，包括了批信局自设分号的情况，批信局自设分号绝大多数由族人担任负责人。自设分号名称大多与汕头批信局同名号。在潮汕分号中，从同名号情况看，潮汕分号与汕头批信局同名号占潮汕分号总数的

---

① 同宗关系可能包括两种情况：一种情况是同姓营业人具有血缘关系，为同一宗族人氏；另一种情况是同姓者通过联宗（同姓但没有血缘关系）构建宗族关系。

比重 1933 年为 6. 65%，1949 年下降为 3. 62%。在海（境）外分号中，从同名号情况看，海（境）外分号与汕头批信局同名号占海（境）外分号总数的比重 1933 年为 10. 64%，1949 年下降为 6. 22%（见表 5 - 3）。

因只有 1933 年和 1936 年的汕头批信局登记详情表有登记汕头批信局及分号负责人的籍贯信息，通过对这些信息的分析，发现海（境）内外批信局的负责人除个别外，均为潮汕人。在 1933 年的 329 家海（境）内外批信局中，只有 2 家海（境）外批信局的负责人不是潮汕人，籍贯分别为晋江和福州，在 1936 年的 421 家海（境）内外批信局中，只有 1 家海（境）外批信局负责人不是潮汕人，籍贯为泉州（见表 4 - 12）。可以看出，海（境）内外潮汕籍批信局通过同乡关系建立合作，形成潮汕帮批信局。

我们对 1933 ~ 1949 年汕头批信局与海（境）内外分号情况进行分析（见表 5 - 4），发现平均每家汕头批信局的海（境）内外分号数量呈增长趋势。潮汕分号数 1933 年是 4. 15 家，到 1946 年增加至 7. 11 家，1949 年稍下降为 6. 93 家；海（境）外分号的数量也从 1940 年的 4. 25 家增加至 1947 年的 6. 16 家，1949 年稍下降为 5. 58 家。

表 5 - 4　平均每家汕头批信局的海（境）内外分号情况　　单位：家

年份	1933	1936	1940	1942	1943	1946	1947	1948	1949
潮汕分号	4. 15	6. 32	6. 72	6. 81	6. 74	7. 11	6. 59	7. 10	6. 93
海（境）外分号	0. 54	1. 94	4. 25	4. 66	4. 84	4. 51	6. 16	5. 92	5. 58
海（境）内外分号合计	4. 69	8. 26	10. 97	11. 47	11. 57	11. 62	12. 74	13. 01	12. 51

上述变化的原因在于，一方面汕头批信局合作的海（境）内外批信局数量增加了，另一方面汕头批信局依靠宗族关系建立合作关系的占比下降了，换句话说，汕头批信局更多地依靠潮汕同乡关系建立合作。我们对 1933 年和 1936 年潮汕分号的营业地点（县份）与汕头批信局负责人的籍贯（县份）进行分析，发现 1933 年潮汕分号营业地点与汕头批信局负责人籍贯相同者占了 36. 01%，1936 年则下降为 27. 80%，即汕头批信局服务家乡的分号数量占比下降了。这进一步

说明，汕头批信局与更多的外县批信局建立了代理关系，其服务范围扩大了。

从资料分析来看，通过自设分号的批信局比较少，大多数汕头批信局需要与海（境）内外分号建立代理关系进行合作，而依托宗族关系、同乡关系建立合作是批信局间合作的重要方式。随着潮汕人民下南洋人数的增长，侨批业也得以快速发展，为服务更多潮汕华侨，汕头批信局要与更多的海（境）内外潮汕籍批信局进行合作，依托宗族关系建立合作的比重趋于下降。宗族关系占比下降说明汕头批信局的服务范围已不限于本乡本县。虽然潮汕籍批信局自成一大帮派，但在潮汕帮批信局内部，并没有形成以县划分的小帮派。

与潮汕地区分号相比，可以发现，海（境）外批局无论是与汕头批局的同号比例、营业人同姓比例、同籍贯比例都要远高于潮汕地区分号。这说明与国内环节相比，在跨国环节，乡族关系在汕头批局与海（境）外批局的合作中发挥了更大的作用。海（境）外批局承担着收批重任，是侨批递送的发端，侨批跨国递送涉及汇兑和海上运输，面临的风险与不确定性较高，海（境）外批局与汕头批局的合作是整个侨批网络中的关键环节，海（境）外批局与汕头批局的营业人往往存在血缘关系、地缘关系，或者通过自设分号，以此来保障侨批的递送，减少不确定性与风险。

批局不仅从族人和同乡中选拔经理和伙计，而且与同宗、同族、同乡批局建立代理关系，形成跨国合作网络。侨批网络的有效运作有赖于信用，乡族关系为侨批网络的有效运作提供了信用基础。潮商善于利用乡族认同的文化传统，来加强自己的力量谋取发展。宗亲乡亲之间互相提携的文化行为，促使同乡同族商业网络的自发形成（黄挺，2008）。在缺乏商业安全保障的环境下，潮商往往利用家族关系保障其资本的安全与经营的顺利发展，并以家族、乡土关系形成强大的信用体系和团体力量参与商业竞争（林济，2001）。如分散于泰国、新加坡等地的潮州商人，分别以同宗、同族、同乡商人为商业贸易伙伴，彼此之间形成发达的信用关系。海（境）内外潮汕帮批局正是通过乡族关系构建起合作网络，依赖传统信用机制保障侨批跨国安全递送。

第三节　潮汕侨批网络描述分析

一、潮汕侨批网络概貌

在南洋，批局从华侨手中收到侨批，再通过国内的批局分发给侨眷，而后从侨眷手里收集回批（即回信或收款凭证），通过南洋的批局发回原寄批人，整个侨批的流通过程即完成。汕头批局通过与海（境）内外批局的合作，构成了一个连接海（境）内外华侨侨眷的侨批经营网络。众多的汕头批局、潮汕批局和海（境）外批局，共同构成了覆盖海（境）内外潮汕华侨和侨眷的侨批服务网络，为华侨侨眷提供高效的侨批服务。在晚清和民国时期，潮汕侨汇和侨信的流通大部分是通过侨批经营网络进行的。平均每年有数千万元乃至上亿元的侨汇经批局汇入潮汕地区，维系和改善了数百万侨眷的生活，对潮汕地区的经济发展做出了巨大贡献（饶宗颐，2005）。

按照汕头批信局的登记信息，我们以汕头批信局为侨批网络中的总号，以海（境）外批信局和潮汕批信局为分号。整理得到批信局分布情况（见表5－5），呈现了1933~1949年批信局分布的变化。

表5－5　1933~1949年汕头批信局及海（境）内外分号分布情况　单位：家

地区 ＼ 年份		1933	1936	1940	1942	1943	1946	1947	1948	1949
汕头		87	82	69	70	68	65	70	71	72
潮汕	潮安	17	26	24	24	24	28	23	25	23
	潮阳	20	25	23	25	25	23	25	28	27
	澄海	24	22	20	20	21	28	26	34	31
	饶平	26	18	15	15	20	17	19	18	20
	揭阳	15	15	17	16	16	15	21	25	24

续表

年份\地区		1933	1936	1940	1942	1943	1946	1947	1948	1949
潮汕	普宁	10	8	7	8	8	8	9	14	13
	惠来	4	13	6	6	6	5	7	6	6
	丰顺	9	12	10	10	10	10	6	8	8
	大埔	15	11	18	20	17	15	11	14	12
	梅县	27	17	11	21	21	12	16	14	17
	汕尾	5	10	4	4	5	4	4	6	6
	诏安	3	5	4	4	4	4	4	4	5
潮汕小计		175	182	159	173	177	169	171	196	192
海（境）外	泰国	3	34	49	54	58	74	89	86	82
	印度尼西亚	5	27	56	61	63	45	68	70	56
	马来西亚	9	31	74	70	67	38	66	63	66
	新加坡	7	27	36	37	39	44	63	62	60
	越南	1	22	27	26	28	31	33	31	28
	香港地区	10	13	17	23	25	20	30	29	29
	缅甸	1	1	2	2	2	0	5	5	5
	柬埔寨	0	0	1	1	1	1	0	0	1
海（境）外小计		36	155	262	274	283	253	354	346	327
外埠	上海	10	0	0	0	0	2	1	1	1
	厦门	5	0	0	0	0	0	0	0	0
	闽侯	4	0	0	0	0	0	0	0	0
	芜湖	4	0	0	0	0	0	0	0	0
	汉口	3	0	0	0	0	0	0	0	0
	温州	2	0	0	0	0	0	0	0	0
	烟台	2	0	0	0	0	0	0	0	0
	福州	1	0	0	0	0	0	0	0	0
	昆明	0	0	0	1	1	1	1	1	1
	广州	0	0	0	0	0	1	1	1	2
	广西	0	0	0	0	0	1	1	0	0
外埠小计		31	0	0	1	1	5	4	3	4
地址不详		0	2	4	5	5	0	14	6	13
总计		329	421	494	523	534	492	613	622	608

首先，从整体网络规模来看，抗日战争胜利后，网络规模有明显的扩大，从1946年的492家增加到1948年的622家，1949年略有减少，为608家。

战后，华侨为了解家乡亲属情况，纷纷寄侨批回乡，侨批业得到迅速恢复和发展，南洋新成立的批信局快速增加。1947年海（境）外分号达354家，比上一年增长约40%。泰国批信局数量从战前不足50家增加到1947年的89家。进入20世纪30～40年代，民国政府加强了对邮政及侨汇的管控，对汕头批信局的经营及创设进行严格限制，因此，汕头批信局数量在20世纪30～40年代并没有明显变化。不过，随着汕头批信局服务范围的扩大和业务的增加，潮汕分号数量在战后增加不少，从1940年的159家增加到1948年的196家。

其次，从外埠分号情况来看，1933年外埠分号达到31家，而1936年、1940年均不见外埠分号，1942年、1943年仅有1家，1946年有5家，1947～1949年维持在3～4家。

外埠分号数量的变化与国民政府的民信局政策变化有关。为加快推进邮政的国家垄断，1928年，全国交通会议决定，"邮政为国家专营事业，久为东西各国之通例……按诸邮会各国通例，民间经营递信事业，应在绝对禁止之列"。[①] 根据会议决议，将批信局与民信局一律取消。在国内民信局、海（境）内外批信局及华侨团体的交涉下，国民政府最终将"民信局"与"批信局"进行区分，并命令国内民信局应于1934年底停业，允许批信局继续经营，但须向邮政局领取挂号执照。

与国民政府邮政政策相一致，1933年的民信局尚未区分"民局"与"批信局"，在《中华民国二十二年各民局声请书副份》中，外埠的分号有39家，应该都是民信局。民信局于1934年底被取缔，1936年、1940年的登记材料中已没有外埠分号。随着抗日期间侨汇路径的变化，一些侨批通过云南、广西进入潮汕，又有了外埠分号，但数量极少。

最后，在潮汕分号分布中，在多个年份里，潮阳、澄海、潮安的批信局数量较多，这在一定程度上也反映了潮汕华侨籍贯的分布，即潮阳籍、澄海籍和潮安籍的华侨数量较多。而在海（境）外分号分布中，泰国、印度尼西亚、马来西

---

① 广东省档案馆藏，广东省邮政管理局档案，档号29-2-485。

亚和新加坡数量较多，这在一定程度上反映了潮汕华侨在南洋的分布，即主要集中于泰国、印度尼西亚、马来西亚和新加坡（李宏新，2016）。

二、侨批网络的规模

潮汕侨批网络主要由海（境）外批局、汕头批局和潮汕批局三部分构成，我们分别分析了它们的网络规模，进而识别海（境）外批局、汕头批局和潮汕批局在网络中的作用与地位。

在分析中，由于外埠分号数量极少且不是我们重点关注的对象，因此，我们剔除了外埠分号和地址不详的批信局。所形成的侨批网络包括了汕头批信局、潮汕分号和海（境）外分号（见表5-6）。

表 5-6　1933~1949 年侨批网络规模　　　　　　　　单位：家

批局 ＼ 年份	1933	1936	1940	1942	1943	1946	1947	1948	1949
汕头批信局	87	82	69	70	68	65	70	71	72
潮汕分号	175	182	159	173	177	169	171	196	192
海（境）外分号	36	155	262	274	283	253	354	346	327
合计	298	419	490	517	528	487	595	613	591
侨批网络矩阵	298×298	419×419	490×490	517×517	528×528	487×487	595×595	613×613	591×591

（一）以汕头批信局为中心的网络规模

每一家汕头批信局通过与海（境）外分号和潮汕分号合作，构成了一个相对独立的经营网络。我们以汕头批信局为中心，统计每家汕头批信局合作的分号数量（见表5-7、表5-8）。可以发现，1940~1949 年，汕头批信局联号的海（境）内外分号数量呈现增长趋势，从 1940 年的 10.97 家增加到 1948 年的 13.01 家，1949 年回落为 12.51 家。拥有 11 家以上海（境）内外分号的汕头批信局到 1948 年达到 38 家，占当年汕头批信局总数的 53.52%。

表5-7 1933～1949年汕头批信局与海（境）内外分号联号情况 单位：家

年 份 地 区		1933	1936	1940	1942	1943	1946	1947	1948	1949
平均每家汕头批信局拥有分号数	潮汕分号	4.15	6.32	6.72	6.81	6.74	7.11	6.59	7.10	6.93
	海（境）外分号	0.54	1.94	4.25	4.66	4.84	4.51	6.16	5.92	5.58
	海（境）内外分号合计	4.69	8.26	10.97	11.47	11.57	11.62	12.74	13.01	12.51
平均每家潮汕分号联号的汕头批信局数		2.05	2.83	2.92	2.76	2.59	2.73	2.70	2.57	2.60
平均每家海（境）外分号联号的汕头批信局数		1.31	1.03	1.11	1.19	1.16	1.16	1.22	1.21	1.23

表5-8 1933～1949年汕头批信局海（境）内外分号数量分布 单位：家

年 份 海（境）内外分号数	1933	1936	1940	1942	1943	1946	1947	1948	1949
0	5	1	0	0	0	0	0	0	0
1～5	43	12	7	7	6	5	5	6	6
6～10	35	50	35	30	29	27	30	27	31
11～15	4	18	18	23	24	23	17	16	16
16家及以上	0	1	9	10	9	10	18	22	19
汕头批信局家数合计	87	82	69	70	68	65	70	71	72

我们将侨批网络分为潮汕部分和海（境）外部分分别进行分析，潮汕部分包括汕头批信局及其潮汕地区分号，海（境）外部分包括汕头批信局及其海（境）外分号。

在潮汕地区，1933年平均每家汕头批信局拥有的潮汕分号为4.15家，到1946年增加到7.11家，此后维持在7家左右。可见在20世纪30～40年代，汕头批信局不断增加合作伙伴，不断扩大在潮汕地区的服务网络。在1933年，尚有23家汕头批信局没有潮汕分号，这些批信局主要服务汕头周边区域，自己递送，如绵发号批信局。到1936年没有潮汕分号的汕头批信局数量减为8家，此后维持在4～5家。而拥有11家及以上潮汕分号的汕头批信局数量则从1933年的3家增加到1949年的18家（见表5-9）。

表5-9　1933~1949年汕头批信局与潮汕分号联号数量分布　　单位：家

年份 潮汕分号数	1933	1936	1940	1942	1943	1946	1947	1948	1949
0	23	8	5	5	5	4	4	4	5
1~5	29	24	19	22	19	18	24	23	21
6~10	32	40	32	32	31	31	29	27	28
11家及以上	3	10	13	11	13	12	13	17	18
汕头批信局数量合计	87	82	69	70	68	65	70	71	72

在海（境）外部分，汕头批信局联号的海（境）外分号数量也呈增长态势，平均联号的数量从1940年的4.25家增加到1947年的6.16家。①

1940年，拥有5~9家海（境）外分号的汕头批信局有19家，此后增加到26家；拥有10家及以上海（境）外分号的汕头批信局有3家，到1948年增加到10家（见表5-10）。1947年，宏通批信局拥有的海（境）外分号最多，达34家，其次是万丰发批信局，有海（境）外分号32家。海（境）外批信局设立的地点是华侨密集的地方，主要分布于泰国、新加坡、马来西亚、印度尼西亚和越南的主要城市，如马来西亚的槟榔屿、泰国的曼谷、越南的安南、印度尼西亚的坤甸等。

表5-10　1933~1949年汕头批信局与海（境）外分号联号数量分布　单位：家

年份 海（境）外分号数	1933	1936	1940	1942	1943	1946	1947	1948	1949
0	61	32	0	0	0	0	0	0	0
1~2	19	16	27	27	23	23	20	17	21
3~4	6	25	20	15	16	14	16	18	19
5~9	1	9	19	25	26	26	25	26	23
10家及以上	0	0	3	3	3	2	9	10	9
汕头批信局数量合计	87	82	69	70	68	65	70	71	72

---

①　1933年有61家汕头批信局没有登记海（境）外分号信息，1936年有32家汕头批信局没有登记海（境）外分号信息。在其他7个年份的批信局登记详情表中，每家汕头批信局都有登记海（境）外分号信息。可以看出，1933年和1936年汕头批信局登记的海（境）外批信局数量并不完整，因此在对海（境）外分号数量进行比较时从1940年算起。

可以发现，从网络规模来看，潮汕地区的网络规模要大于海（境）外规模。一家汕头批信局在潮汕地区的分号数要高于海（境）外分号数。这很可能与海（境）内外分号的分工不同有关。随着潮汕地区出洋人数的增加，南洋地区批信局的服务范围不再局限于自己的家乡，也为来自邻近家乡的华侨提供服务。而将侨批送至侨眷手里需要当地人才能胜任，因此，汕头批信局为服务当地市场，自然要增加潮汕地区的合作分号，因此分号数也较多。如振盛兴批信局，其成立之初只接收澄海上华镇各村的华侨批信，后来逐步将业务扩展到潮安、潮阳、丰顺、揭阳、饶平等地，并与当地批信局建立代理关系。

（二）以潮汕分号为中心的侨批网络规模

我们以潮汕分号为中心，分析潮汕分号与汕头批信局的合作情况。在潮汕分号中，平均每家潮汕分号合作的汕头批信局数量在 2 ~ 3 家，与 1 家汕头批信局合作的占了大多数（见表 5 – 11）。1936 年，有 115 家潮汕分号只与 1 家汕头批信局合作，占潮汕分号总数的 63.19%。与 2 ~ 3 家汕头批信局合作的有 35 家，占 19.23%，与 10 家及以上汕头批信局合作的只有 8 家，占 4.10%。拥有最多汕头合作批信局的是潮阳刘喜合批信局，与 54 家汕头批信局有合作，其次是揭阳魏启峰批信局，与 43 家汕头批信局有合作。

表 5 – 11　1933 ~ 1949 年潮汕分号联号汕头批信局数量分布　　单位：家

年份 联号的汕头批信局数量	1933	1936	1940	1942	1943	1946	1947	1948	1949
1	127	115	95	105	113	107	112	136	131
2 ~ 3	34	35	28	38	32	30	32	30	31
4 ~ 5	5	10	19	12	15	16	9	11	11
6 ~ 7	1	8	4	6	8	5	9	5	6
8 ~ 9	5	6	5	4	2	4	2	7	4
10 家及以上	3	8	8	8	7	7	7	7	9
潮汕分号数量合计	175	182	159	173	177	169	171	196	192

以潮汕分号为中心的侨批网络规模均很小，作为汕头批信局的服务末端，这

些批信局多设立在属地的镇上或乡村，服务当地市场，如黄德良批信局设于揭阳炮台镇，振盛兴批信局设于澄海隆都镇图濠乡。

（三）以海（境）外分号为中心的侨批网络规模

以海（境）外分号为中心的侨批网络规模比较小，在海（境）外分号中，与一家汕头批信局合作的占了85%以上，与3家以上汕头批信局合作的海（境）外分号寥寥可数。每家海（境）外批信局联号的汕头批信局平均数量为1940年的1.11家，到1949年增长为1.23家（见表5-7）。虽然多数海（境）外分号只与1家汕头批信局合作，不过，抗日战争胜利后，与2家及以上汕头批信局合作的海（境）外批信局数量有所增加，从1946年的30家增加到1948年的48家（见表5-12）。

表5-12 1933～1949年海（境）外分号联号汕头批信局数量分布 单位：家

联号的汕头批信局数量＼年份	1933	1936	1940	1942	1943	1946	1947	1948	1949
1	32	151	244	247	252	223	307	298	286
2	0	4	15	23	25	26	42	40	33
3家及以上	4	0	3	4	6	4	5	8	8
海（境）外分号数量合计	36	155	262	274	283	253	354	346	327

三、侨批网络密度

从侨批网络的形态来看，侨批网络具有典型星形结构的特征，即以汕头批信局为中心，以海（境）内外分号为合作节点，海（境）内外分号之间不存在直接合作关系的网络结构。而海（境）内外分号通过与多家汕头批信局合作，形成了一个广泛的侨批网络，是一种结构较为松散的商业网络（焦建华，2017b）。我们对相关年份侨批整体网络密度进行计算（见表5-13）。1933年侨批网络密度为0.009，1949年为0.005，历年侨批网络密度均较低。可见从整体上看，批信局间的联系并不紧密，这为侨批网络是一种结构较为松散的商业网络提供了实证支持。

表 5 – 13 1933 ~ 1949 年汕头侨批网络密度

年份	网络密度	联系数	网络规模
1933	0.009	794	298
1936	0.008	1344	419
1940	0.006	1504	490
1942	0.006	1554	517
1943	0.006	1564	528
1946	0.006	1496	487
1947	0.005	1720	595
1948	0.005	1806	613
1949	0.005	1754	591

　　现有研究多认为侨批网络的服务具有地域性，服务地域范围多为本县本乡（焦建华，2010；何启拔，1947）。因此，我们从两个层次进行划分，探索不同籍贯的侨批网络密度情况。即以批局营业人籍贯为划分标准，将侨批网络分为潮汕籍侨批网络和客属侨批网络，为进一步探索潮属和客属侨批网络内部派系情况，我们将潮汕籍网络按照潮汕八邑进行划分，将客属侨批网络按照梅县、大埔进行划分。如营业地点在潮阳的批局、营业人籍贯为潮阳的汕头批局和海（境）外批局共同构成潮阳籍侨批网络，其余依次类推。

　　在相关年份汕头批信局登记详情表中，只有 1933 年和 1936 年的登记资料提供了汕头批信局及其海（境）内外分号营业人的籍贯信息，因此，我们仅能对1933 年和 1936 年的侨批网络密度进行分籍贯（县份）分析。

　　通过对 1933 年和 1936 年侨批网络密度进行分析发现，一是与整体侨批网络相比，潮汕籍和客家籍侨批网络密度都有所提升；二是通过对各县子网的分析发现，除惠来县外，各县子网络的密度比潮汕整体侨批网络密度要高一些（见表5 – 14），其中，普宁籍侨批网络密度最高，达 0.067。在汕头批局中，没有惠来籍的批局，惠来籍的批局分号均通过潮阳籍、揭阳籍、普宁籍、澄海籍、潮安籍汕头批局进行合作，因此，惠来籍侨批网络密度为 0。

表 5 – 14　1933 年和 1936 年侨批网络密度

籍贯	1933 年			1936 年		
	网络密度	联系数	网络规模	网络密度	联系数	网络规模
整体网络	0.009	794	298	0.008	1344	419
潮汕	0.014	620	210	0.010	1134	335
潮阳	0.023	66	54	0.016	162	102
潮安	0.019	8	21	0.016	38	49
澄海	0.026	62	48	0.038	56	39
揭阳	0.050	30	25	0.038	86	48
普宁	0.067	16	16	0.041	46	34
饶平	0.025	20	29	0.028	26	31
丰顺	0.045	6	12	0.042	10	16
惠来	0	0	5	0	0	15
客家	0.022	130	77	0.028	122	66
梅县	0.029	66	48	0.030	84	53
大埔	0.057	46	29	0.128	20	13

　　无论从整体网络还是分籍贯子网络的分析来看，网络密度都比较低，难以支持侨批网络存在不同地域帮派的观点。

　　从社会网的观点来看，亲密的关系容易局限在亲近的社会圈子里，它们会使社会分崩离析。而松散的社会联系会大大地超越亲密的社会圈子，有利于在不同社会群体中建立社会关系（彼得·布劳，1991）。潮汕侨批网络服务的对象主要是潮汕各地的华侨和侨眷，并延伸至邻近地区。也许正是侨批网络松散的结构特征，才使其能够更好地整合潮汕各地族群及邻近族群，促进侨批网络稳定、高效地运转。

四、侨批网络中心性

　　对侨批网络进行中心性分析，能够识别侨批网络中的中心节点，进而识别出信誉度高的批信局。我们对侨批网络进行程度中心性和中介中心性分析发现：

　　从程度中心性分析来看，在侨批网络中，程度中心度的均值在 2.664 ~ 3.208，说明多数批信局合作的批信局数量平均在 2 ~ 3 家。1936 年的群体中心性最高，达 12.21%，此后侨批网络群体程度中心性呈现下降趋势，于 1943 年下降为 2.34% 后又有所回升，1949 年侨批网络群体程度中心性为 7.32%。可见整体侨批网络群体程度中心度没有表现出较强的集中趋势，不存在权力过分集中的现象，这印证了批信局的经营具有较强的竞争性观点（顾士龙，1948；西尊，1947）。

表 5-15　1933~1949 年侨批网络程度中心性分析

年份	平均数	标准差	总数	最小值	最大值	观察值	群体程度中心性（%）
1933	2.664	3.511	794	0	36	298	11.30
1936	3.208	4.75	1344	0	54	419	12.21
1940	3.069	4.958	1504	1	46	490	8.82
1942	3.006	4.972	1554	1	46	517	8.36
1943	2.962	5.018	1564	1	52	528	2.34
1946	3.072	5.02	1496	1	46	487	8.87
1947	2.891	5.059	1720	1	46	595	7.28
1948	2.946	5.066	1806	1	46	613	7.06
1949	2.968	5.07	1754	1	46	591	7.32

从中介中心性分析来看，标准化中介中心度的均值在 0.27~0.711，历年群体中介性呈上升趋势，于 1947 年达到 38.24%，1949 年回调为 32.13%（见表 5-16）。侨批网络的群体中介中心度较高，表明网络具有较强的中介性。

表 5-16　1933~1949 年侨批网络标准化中介中心性分析

年份	平均数	标准差	总数	最小值	最大值	观察值	群体中介性（%）
1933	0.27	1.19	80.537	0	17.252	298	17.04
1936	0.374	1.579	156.713	0	26.639	419	26.33
1940	0.711	2.813	348.343	0	34.965	490	34.32
1942	0.631	2.498	326.138	0	35.034	517	34.47
1943	0.57	2.25	300.793	0	35.118	528	34.61
1946	0.72	2.587	350.401	0	34.836	487	34.19
1947	0.694	2.848	412.951	0	38.87	595	38.24

续表

年份	平均数	标准差	总数	最小值	最大值	观察值	群体中介性（%）
1948	0.569	2.207	348.644	0	32.736	613	32.22
1949	0.561	2.209	331.321	0	32.636	591	32.13

为进一步了解不同地域批信局在网络中的地位与作用，我们以1936年和1946年为例，分别对汕头批信局、海（境）外分号、潮汕分号的中心性进行分析发现，在侨批网络中，汕头批信局具有较高的中心性和中介性，在网络中起到"桥"的作用，联系着海（境）内外分号，构建起侨批经营网络（见表5-17、表5-18）。

表5-17　1936年分区域批信局中心性分析

批信局	程度中心性		标准化程度中心性		中介中心性		标准化中介中心性	
	均值	标准差	均值	标准差	均值	标准差	均值	标准差
汕头批信局	8.20	3.65	1.96	0.87	1011.38	852.86	1.16	0.98
潮汕分号	2.82	5.54	0.67	1.33	292.58	1938.20	0.34	2.22
海（境）外分号	1.03	0.16	0.25	0.04	2.56	30.16	0.00	0.03

表5-18　1946年分区域批信局中心性分析

批信局	程度中心性		标准化程度中心性		中介中心性		标准化中介中心性	
	均值	标准差	均值	标准差	均值	标准差	均值	标准差
汕头批信局	11.51	6.24	2.37	1.28	3806.83	3181.80	3.23	2.70
潮汕分号	2.72	4.97	0.56	1.02	883.39	4287.68	0.75	3.64
海（境）外分号	1.14	0.44	0.24	0.09	64.14	511.07	0.05	0.43

在潮汕分号中，程度中心度为1者占60%，这些分号多位于乡镇上，服务半径比较小，处于网络的边缘，它们承担着将侨批送达侨眷手里及收集回批的工作。不过，在潮汕地方分号中，也出现了一些程度中心度比较高的批信局，它们在侨批网络中具有较高的中介作用，联系起众多的汕头批信局，承担着众多汕头

批信局的侨批递送业务。如潮阳刘喜合、陈四合批信局、揭阳魏启峰、洪万兴批信局、澄海信成、有信批信局等。

为识别历年侨批网络中的主要批局，我们列出了程度中心度较高的前 10 家批局（见表 5-19）、程度中心度最高的前 10 家汕头批局和潮汕分号（如果程度中心度相同，则按照批局名称排序，取前 10 位）（见表 5-20、表 5-21）、程度中心度大于 3 的海（境）外分号（1936 年没有海（境）外分号程度中心度大于 3 的，故列出程度中心度为 2 的海（境）外分号）（见表 5-22）。这些批信局是侨批网络中的主要批信局，在网络中具有较高的权力，也是网络中声誉卓著的批信局。特别是作为汕头批信局的分号，刘喜合和魏启峰成为众多汕头批信局的合作者。这表明汕头批信局在拓展市场的过程中，倾向于与声誉卓著的批信局合作。

五、结构洞分析

在侨批网络中，汕头批信局作为中介，连接着海（境）外分号与潮汕分号，具有典型的结构洞特征。我们对 1933~1949 年侨批网络进行结构洞分析发现，在结构洞分析的四个指标中，有效规模和限制度比较重要。汕头批信局的有效规模要比潮汕分号和海（境）外分号大得多，限制度也低得多，说明汕头批信局在侨批网络中起到结构洞的作用。这与侨批网络的中心性分析相一致，即汕头批信局在侨批网络中处于中介位置，起到"桥"的作用。

与海（境）外分号相比，潮汕分号的有效规模要大一些，限制度也低一些，说明有些潮汕分号通过与多家汕头批信局合作，起到了结构洞的作用。如潮阳刘喜合批信局、揭阳魏启峰批信局等。

汕头批信局的平均有效规模呈增长态势，限制度呈下降态势，而潮汕分号和海（境）外分号的有效规模、限制度变化不大，这说明在 20 世纪三四十年代，汕头批信局在侨批网络中的地位和作用日渐加强（见表 5-23）。这与实际情况也相一致，在民国二十年（1931 年）以前，海（境）外批局付给汕头批局递送侨批的佣金大约是批款的 1%，在汕头侨批公会的倡议下，20 世纪 30 年代佣金增至批款的 2%，40 年代增加到 3%~4%（饶宗颐，2005）。佣金的提高说明汕头批局在侨批网络中具备较高的地位，具有较强讨价还价的能力。

表5-19 1933~1949年侨批网络中程度中心度较高的10大批信局

序号	1933 名称	1933 程度中心度	1936 名称	1936 程度中心度	1940 名称	1940 程度中心度	1942 名称	1942 程度中心度	1943 名称	1943 程度中心度	1946 名称	1946 程度中心度	1947 名称	1947 程度中心度	1948 名称	1948 程度中心度	1949 名称	1949 程度中心度
1	潮阳：刘喜合	36	潮阳：刘喜合	54	潮阳：刘喜合	46	潮阳：刘喜合	46	汕头：宏通	52	汕头：万丰发	46	汕头：万丰发	46	汕头：万丰发	46	汕头：万丰发	46
2	揭阳：魏启峰	27	揭阳：魏启峰	43	汕头：宏通	43	汕头：宏通	45	潮阳：刘喜合	45	潮阳：刘喜合	45	潮阳：刘喜合	46	潮阳：刘喜合	42	潮阳：刘喜合	43
3	汕头：光益裕	13	汕头：有信	22	揭阳：魏启峰	36	揭阳：魏启峰	36	汕头：万丰发	37	揭阳：魏启峰	39	汕头：宏通	39	揭阳：魏启峰	41	揭阳：魏启峰	42
4	汕头：裕合	13	揭阳：洪万兴	16	揭阳：魏启峰	30	汕头：万丰发	37	揭阳：魏启峰	36	汕头：光益	22	揭阳：魏启峰	39	汕头：宏通	30	汕头：捷成	26
5	汕头：利东庄	12	汕头：吴顺兴	15	汕头：普通	23	汕头：普通	22	汕头：普通	21	汕头：祥益	22	汕头：陈富通	25	汕头：陈富通	26	汕头：宏通	26
6	汕头：普通	11	汕头：祥益	15	汕头：光益	21	汕头：光益裕	20	汕头：洪万丰	20	汕头：洪万丰	21	汕头：光益裕	25	汕头：光益裕	26	汕头：光益裕	24
7	汕头：协成昌	10	澄海：信成	15	汕头：洪万丰	21	汕头：洪万丰	18	汕头：光益裕	19	汕头：普通	21	汕头：光益	23	汕头：捷成	23	汕头：光益	23
8	汕头：有信	10	汕头：陈悦记	14	汕头：恒记	18	汕头：恒记	18	汕头：恒记	18	汕头：钟荣顺	19	汕头：黄潮兴	23	汕头：陈富通	23	汕头：陈富通	23
9	澄海：信成	10	汕头：洪万丰	14	汕头：万丰发	18	汕头：光益	17	汕头：光益	16	汕头：恒记	18	汕头：洪万丰	20	汕头：黄潮兴	22	汕头：洪万丰	22
10	揭阳：洪万兴	9	汕头：永安	14	汕头：源合兴	16	汕头：永安	17	汕头：源合兴	16	汕头：光益裕	18	汕头：胜发	19	汕头：洪万丰	21	汕头：黄潮兴	21

表5-20　1933～1949年汕头程度中心度较高的10大批信局

序号	1933 名称	1933 程度中心度	1936 名称	1936 程度中心度	1940 名称	1940 程度中心度	1942 名称	1942 程度中心度	1943 名称	1943 程度中心度	1946 名称	1946 程度中心度	1947 名称	1947 程度中心度	1948 名称	1948 程度中心度	1949 名称	1949 程度中心度
1	光益裕	13	有信	22	宏通	43	宏通	45	宏通	52	万丰发	46	万丰发	46	万丰发	46	万丰发	46
2	裕益	13	吴顺兴	15	光益裕	30	万丰发	37	万丰发	37	光益	22	宏通	39	宏通	30	捷成	26
3	利东庄	12	祥益	15	普通	23	普通	22	普通	21	祥益	22	陈富通	25	光益裕	26	宏通	26
4	普通	11	陈悦记	14	光益	21	光益裕	20	洪万丰	20	洪万丰	21	光益裕	25	捷成	26	光益裕	24
5	协成昌	10	洪万丰	14	洪万丰	21	洪万丰	18	光益裕	19	普通	21	光益	23	陈富通	23	光益	23
6	有信	10	永安	14	佰记	18	佰记	18	佰记	18	钟荣顺	19	黄潮兴	23	光益	23	陈富通	23
7	马合丰	9	源合兴	13	万丰发	18	光益	17	光益	16	佰记	18	洪万丰	20	黄潮兴	22	洪万丰	22
8	智发	9	裕益	13	源合兴	16	永安	17	源合兴	16	光益裕	18	胜发	19	洪万丰	21	黄潮兴	21
9	永安	8	万丰发	13	马德发	16	源合兴	16	马德发	16	泰成昌	17	荣成利	19	森春庄	19	泉利	19
10	光德	8	光益裕	13	有信	15	马德发	16	许福成	15	源合兴	16	泉利	19	泉利	19	森春庄	19

表5-21　1933～1949年程度中心度较高的10大潮汕分号

序号	1933 名称	程度中心度	1936 名称	程度中心度	1940 名称	程度中心度	1942 名称	程度中心度	1943 名称	程度中心度	1946 名称	程度中心度	1947 名称	程度中心度	1948 名称	程度中心度	1949 名称	程度中心度
1	潮阳：刘喜合	36	潮阳：刘喜合	54	潮阳：刘喜合	46	潮阳：刘喜合	46	潮阳：刘喜合	45	潮阳：刘喜合	45	潮阳：刘喜合	46	潮阳：刘喜合	42	潮阳：刘喜合	43
2	揭阳：魏岂峰	27	揭阳：魏岂峰	43	揭阳：魏岂峰	36	揭阳：魏岂峰	36	揭阳：魏岂峰	36	揭阳：魏岂峰	39	揭阳：魏岂峰	39	揭阳：魏岂峰	41	揭阳：魏岂峰	42
3	澄海：信成	10	揭阳：洪万兴	16	揭阳：洪万兴	14	揭阳：光德成	14	揭阳：洪万兴	13	潮安：吴有记	13	潮安：吴有记	13	揭阳：光德成	14	揭阳：光德成	14
4	揭阳：洪万兴	9	澄海：信成	15	揭阳：光德成	14	潮安：有记	12	揭阳：光德成	13	揭阳：洪万兴	13	揭阳：光德成	13	饶平：黄茂利	13	澄海：潘合利	13
5	揭阳：光德成	9	揭阳：光德成	13	潮阳：陈四合	11	揭阳：洪万兴	12	潮安：有记	12	揭阳：光德成	13	饶平：黄茂利	13	潮安：吴有记	12	饶平：黄茂利	13
6	揭阳：黄德良	9	潮阳：陈四合	12	澄海：信成	11	潮阳：陈四合	11	潮阳：陈四合	10	饶平：黄茂利	12	潮阳：陈四合	10	揭阳：洪万兴	11	潮安：吴有记	12
7	饶平：广义发	9	揭阳：杨政记	11	饶平：黄茂利	11	饶平：黄茂利	11	揭阳：杨政记	10	潮阳：陈四合	10	揭阳：洪万兴	10	潮阳：陈四合	10	揭阳：洪万兴	11
8	潮安：陶发	8	饶平：黄茂利	11	揭阳：杨政记	10	揭阳：杨政记	10	澄海：有信2	9	澄海：有信2	9	澄海：有信1	9	潮安：邱发利	9	潮阳：陈四合	10
9	潮安：聚丰	7	澄海：有信	9	潮安：有记	9	澄海：有信2	9	丰顺：魏桂兴	8	揭阳：杨政记	9	揭阳：杨政记	8	澄海：有信	9	澄海：有信3	10
10	丰顺：魏桂兴	5	潮安：聚丰	8	澄海：有信2	9	丰顺：魏桂兴	9	澄海：潘合利	7	潮安：李源合	8	潮安：邱发利	7	澄海：潘合利	9	潮安：邱发利	8

表 5－22　1933～1949 年程度中心度较高的海（境）外分号

年份／序号	1933 名称	1933 程度中心度	1936 名称	1936 程度中心度	1940 名称	1940 程度中心度	1942 名称	1942 程度中心度	1943 名称	1943 程度中心度	1946 名称	1946 程度中心度	1947 名称	1947 程度中心度	1948 名称	1948 程度中心度	1949 名称	1949 程度中心度
1	香港地区：新瑞隆	5	马来西亚：荣泰昌	2	印度尼西亚：李同春	4	泰国：协成丰	4	香港地区：致成	5	香港地区：致成	5	香港地区：致成	4	香港地区：致成	5	马来西亚：广安隆	3
2	香港地区：全泰福	3	泰国：荣盛利	2	泰国：协成丰2	3	香港：致成	3	马来西亚：中国银行	4	泰国：永兴盛5	3	泰国：义瑞兴	3	印度尼西亚：吴长记	4	泰国：荣盛利	3
3	香港地区：怡兴	3	香港地区：福利	2	印度尼西亚：永南兴	3	印度尼西亚：永南兴	3	泰国：协成丰	4	印度尼西亚：永南兴	3	印度尼西亚：永南兴	3	印度尼西亚：李同春	4	泰国：义瑞兴	3
4	香港地区：谢福记	3	新加坡：黄德茂	2		—	印度尼西亚：李同春	3	泰国：永兴盛	3	印度尼西亚：李同春	3	印度尼西亚：吴长记	3	泰国：义瑞兴	3	香港地区：致成	3
5	—	—	—	—	—	—	—	—	新加坡：中国银行	3	—	—	印度尼西亚：李同春	—	新加坡：耀华成	3	新加坡：广复兴	3

表5-23 1933～1949年侨批网络结构洞分析

年份	指标	汕头批信局				潮汕分号				海（境）外分号			
		有效规模	效率	限制度	等级度	有效规模	效率	限制度	等级度	有效规模	效率	限制度	等级度
1933	均值	4.58	0.918	0.345	0.2126	1.99	1.000	0.826	0.7257	1.28	1.000	0.922	0.8889
	标准差	3.26	0.273	0.344	0.4116	3.60	0.000	0.295	0.4474	0.85	0.000	0.224	0.3187
	n	87				175				36			
1936	均值	8.20	0.988	0.160	0.0247	2.81	1.000	0.746	0.6339	1.03	1.000	0.987	0.9740
	标准差	3.65	0.110	0.152	0.1561	5.53	0.000	0.350	0.4831	0.16	0.000	0.080	0.1596
	n	82				182				155			
1940	均值	10.91	1.000	0.123	(0.0000)	2.94	1.000	0.712	0.5975	1.08	1.000	0.963	0.9313
	标准差	6.28	0.000	0.086	0.0000	5.07	0.000	0.364	0.4920	0.34	0.000	0.136	0.2534
	n	69				159				262			
1942	均值	11.11	1.000	0.123	(0.0000)	2.72	1.000	0.733	0.6069	1.12	1.000	0.948	0.9015
	标准差	6.70	0.000	0.091	0.0000	4.85	0.000	0.348	0.4898	0.38	0.000	0.159	0.2986
	n	70				173				274			
1943	均值	11.37	1.000	0.117	0.0035	2.58	1.000	0.753	0.6384	1.12	1.000	0.949	0.9046
	标准差	6.55	0.000	0.082	0.0205	4.69	0.000	0.343	0.4818	0.43	0.000	0.159	0.2943
	n	68				177				283			

续表

年份	指标	汕头批信局				潮汕分号				海（境）外分号			
		有效规模	效率	限制度	等级度	有效规模	效率	限制度	等级度	有效规模	效率	限制度	等级度
1946	均值	11.51	1.000	0.112	(0.0000)	2.72	1.000	0.744	0.6331	1.14	1.000	0.938	0.8814
	标准差	6.24	0.000	0.074	0.0000	4.97	0.000	0.350	0.4834	0.44	0.000	0.172	0.3239
	n	65				169				253			
1947	均值	12.32	0.999	0.109	0.0000	2.63	1.000	0.759	0.6550	1.15	1.000	0.931	0.8672
	标准差	7.28	0.003	0.072	0.0001	4.96	0.000	0.345	0.4768	0.41	0.000	0.178	0.3398
	n	70				171				354			
1948	均值	12.74	0.997	0.108	0.0015	2.50	0.997	0.785	0.6939	1.17	1.000	0.926	0.8613
	标准差	7.03	0.016	0.082	0.0089	4.64	0.036	0.337	0.4620	0.49	0.000	0.187	0.3462
	n	71				196				346			
1949	均值	12.21	0.998	0.114	0.0012	2.58	0.997	0.776	0.6823	1.15	1.000	0.933	0.8746
	标准差	6.94	0.013	0.085	0.0072	4.80	0.037	0.341	0.4668	0.42	0.000	0.178	0.3317
	n	72				192				327			

第四节　侨批网络帮派分析

一、侨批网络帮派分析

从前文网络密度分析结果来看，我们发现历年潮汕侨批网络内部的联系是比较松散的，即便对各县域的侨批网络密度进行分析也发现，1933 年网络密度最高的普宁籍侨批网络密度为 0.067，1936 年网络密度最高的大埔籍侨批网络密度为 0.128（见表 5 - 14），可见各县内部批局联系也较为松散。为进一步检验潮汕侨批网络是否存在小帮派，我们对侨批网络进行派系分析。

第一，我们对侨批网络进行成分分析。从 1940 ~ 1949 年的网络成分分析来看（见表 5 - 24），① 网络中成分数量呈减少趋势，成分数量从 1940 年的 5 个减少到 1947 年的 2 个，并维持至 1949 年。1946 年与 1943 年相比，第一大成分包含的批信局数量占比明显提升 5.65 个百分点，第一大成分的规模继续扩大，到 1948 年达到 607 家批信局，占整体网络规模的 99.02%，1949 年略有下降，占 98.14%。可以说，抗日战争胜利后，随着侨批业进入兴盛阶段，批信局之间的合作也加强了，潮汕全体批信局几乎连接成一个广阔的网络，覆盖了南洋和潮汕地区。

表 5 - 24　历年侨批网络成分分析结果

年份\成分	1940		1942		1943		1946		1947		1948		1949	
	规模	占比 (%)	规模	占比 (%)	规模	占比 (%)	规模	占比 (%)	规模	占比 (%)	规模	占比 (%)	规模	占比 (%)
1	460	93.88	483	93.42	483	91.48	473	97.13	589	98.99	607	99.02	580	98.14

---

① 因 1933 年和 1936 年汕头批信局登记的海（境）外批信局数量并不完整，本部分仅以 1940 ~ 1949 年的侨批网络为样本进行派系分析。

续表

年份 成分	1940		1942		1943		1946		1947		1948		1949	
	规模	占比（%）	规模	占比（%）	规模	占比（%）	规模	占比（%）	规模	占比（%）	规模	占比（%）	规模	占比（%）
2	8	1.63	21	4.06	21	3.98	8	1.64	6	1.01	6	0.98	11	1.86
3	8	1.63	7	1.35	14	2.65	6	1.23	—	—	—	—	—	—
4	8	1.63	6	1.16	6	1.14	—	—	—	—	—	—	—	—
5	6	1.22	—	—	4	0.76	—	—	—	—	—	—	—	—
合计	490	100.00	517	100.00	528	100.00	487	100.00	595	100.00	613	100.00	591	100.00
成分总数	5		4		5		3		2		2		2	
网络规模	490		517		528		487		595		613		591	

除了第一大成分外，尚有少数批局以汕头批局为中心自成网络，如 1940 年还有 4 个成分，各成分自成网络，而到 1947 年后，只有另外一个成分自成网络（见表 5 - 25）。

表 5 - 25　1940 ~ 1949 年自成网络的成分

年份	序号	成分成员	营业人籍贯
1940	1	汕头：福茂（潮阳）、香港地区：福记（潮阳）、泰国：中兴、新加坡：德泰（梅县）、印度尼西亚：德泰（梅县）、越南：集兴（惠来）	潮梅
	2	汕头：陈富通（梅县）、梅县：陈富源（梅县）、香港地区：陈富源（梅县）、缅甸：慎昌、缅甸：应兴公司、泰国：陈华兴（梅县）、印度尼西亚：陈富通（梅县）	客属
	3	汕头：荣大（潮阳）、汕头：福利（潮阳）、香港地区：福利（潮阳）、马来西亚：宝裕隆（澄海）、泰国：茂利、新加坡：福成、新加坡：光裕兴（澄海）、越南：乃裕（潮安）	潮属
	4	汕头：老亿丰（潮阳）、潮安：福裕兴、潮阳：顺裕发、澄海：顺裕祥、香港地区：老亿丰、泰国：合昌、新加坡：顺合隆、越南：顺合祥	潮属
1942	1	汕头：福茂（潮阳）、泰国：中兴、香港地区：福记、新加坡：德泰、印度尼西亚：德泰、越南：集兴	潮属

年份	序号	成分成员	营业人籍贯
1942	2	汕头：陈富通（梅县）、梅县：陈富源、缅甸：应兴公司、缅甸：慎昌、泰国：陈华兴、香港地区：陈富源、印度尼西亚：陈富通	客属
	3	汕头：捷成（大埔）、汕头：泉利（大埔）、大埔：公和发记、大埔：集成、大埔：吴达兴、大埔：耀记、大埔：益成昌、大埔：增发、大埔：广利、大埔：隆昌仁、大埔：泉利、梅县：南生、梅县：广丰庄、梅县：广恒丰、梅县：泉利、梅县：兴利、泰国：平平、香港地区：南生、香港地区：志成庄、新加坡：南兴、新加坡：万泰和兴记	客属
1943	1	汕头：福茂（潮阳）、泰国：中兴、香港地区：福记、新加坡：德泰、印度尼西亚：德泰、越南：集兴	潮梅
	2	汕头：福利（潮阳）、泰国：茂利、香港地区：福记利、新加坡：福成	潮属
	3	汕头：广泰祥（梅县）、潮安：广泰祥、大埔：余同裕、大埔：黄万美、大埔：罗昆记、大埔：黄同益、大埔：仁安堂、大埔：饶源茂、大埔：杨万成、大埔：吴合兴、泰国：广潮盛、泰国：亚东、新加坡：南昌、新加坡：葆和堂	客属
	4	汕头：捷成（大埔）、汕头：泉利（大埔）、大埔：益成昌、大埔：集成、大埔：吴达兴、大埔：隆昌仁、大埔：公和发记、大埔：耀记、大埔：广利、大埔：增发、大埔：发记、梅县：广丰庄、梅县：南生、梅县：广恒丰、梅县：泉利、梅县：兴利、泰国：平平、香港地区：南生、香港地区：志成庄、新加坡：万泰和兴记、新加坡：南兴	客属
1946	1	汕头：福茂（潮阳）、泰国：中兴、香港地区：福记、新加坡：德泰、印度尼西亚：德泰、越南：集兴	潮梅
	2	汕头：张广泉（梅县）、梅县：裕隆昌、梅县：张源隆、马来西亚：德昌隆、马来西亚：公益、泰国：罗进记、香港地区：裕隆昌、印度尼西亚：土库张	客属
1947	1	汕头：福茂（潮阳）、泰国：中兴、香港地区：福记、新加坡：德泰、印度尼西亚：德泰、越南：集兴	潮梅
1948	1	汕头：福茂（潮阳）、泰国：中兴、香港地区：福记、新加坡：德泰、印度尼西亚：德泰、越南：集兴	潮梅
1949	1	汕头：赖福记、汕头：福茂（潮阳）、梅县：大象、梅县：福记1、梅县：福记2、泰国：美华商行、泰国：中兴、香港地区：赖福记、新加坡：德泰、印度尼西亚：德泰、越南：集兴	潮梅

注：梅县福记一家地点在兴宁，因我们将兴宁并入梅县，所以出现了两家梅县福记，用"1""2"分别标记，以表示为两家批局。

第二，为进一步探索第一大成分内部是否形成派系，我们以 1940 年和 1949 年的侨批网络为例，对第一大成分进行 n – 派系分析，以观察侨批网络内部是否有派别林立的情况。n – 派系是建立在可达性基础上的"凝聚子群"，这里的 n 是派系成员之间距离的最大值。n 越大，表明对派系成员限制的标准就越松散。距离为 2 的关系可以直接解释为那些有共同邻居的人之间的关系，该邻居可以起到中间人的作用等（刘军，2014）。这刚好与侨批网络的特点相吻合，即汕头批信局在南洋批信局和潮汕地方批信局之间起到中间人的作用。因此，我们对侨批网络进行 2 – 派系分析（见表 5 –26）。

表 5 – 26　1940 年和 1949 年第一大成分的派系分析

项目 \ 年份	1940			1949		
规模	20	15	10	25	20	15
成分规模	460	460	460	580	580	580
2 – 派系个数	12	25	113	21	32	52

从前面分析结果来看，综合派系的规模和数量情况，对于 1940 年的数据，我们选用规模为 15 的 2 – 派系分析结果，对于 1949 年，选用规模为 20 的 2 – 派系分析结果。从这些派系成员构成来看，我们发现这些派系成员分以下几种情况：

一是以某一汕头批信局为核心、潮汕分号、南洋分号为成员的派系。这些派系并没有按照县进行地域划分，而是大多包含多个县的分号，有的派系的服务范围几乎覆盖全潮汕地区，如 1940 年第一个 2 – 派系覆盖了潮安、潮阳、澄海、揭阳、普宁、饶平、诏安及南洋各地。这一类派系数量最多，以 1940 年为例，共有 25 个派系，其中以汕头批信局为核心的派系有 15 个，占总派系数量的 60%。

二是以潮汕分号为核心、汕头批信局为成员的派系。如潮汕分号潮阳刘喜合、揭阳魏启峰、揭阳光德成等通过与多家汕头批信局合作，成为派系核心。这一类派系数量较少，以 1940 年为例，以潮汕分号为核心的派系有 5 个，占总派系数量的 20%。

三是由汕头批信局构成的派系。一些潮汕分号或海（境）外分号将多个汕头批信局连接在一起，从可达性角度考虑，一些汕头批信局也形成了派系。这一类派系数量也较少，以1940年为例，有5个，占总派系数量的20%。我们以1940年和1949年侨批网络为例，就以上派系各举一例（见表5－27）。

表5－27　侨批网络派系举例

1940年2－派系举例			1949年2－派系举例		
以汕头批信局为核心的派系	以地方批信局为核心的派系	由汕头批信局构成的派系	以汕头批信局为核心的派系	以地方批信局为核心的派系	由汕头批信局构成的派系
汕头:有信	汕头:光益裕	汕头:源合兴	汕头:黄潮兴	汕头:钟荣顺	汕头:马源丰	汕头:钟荣顺

1940年2－派系举例			1949年2－派系举例		
以汕头批信局为核心的派系	以地方批信局为核心的派系	由汕头批信局构成的派系	以汕头批信局为核心的派系	以地方批信局为核心的派系	由汕头批信局构成的派系
汕头:有信 潮安:有记 潮阳:刘喜合 潮阳:李源合 澄海:信成 揭阳:杨政记 揭阳:荣合昌 揭阳:魏启峰 揭阳:黄德良 普宁:福和 饶平:汇通盛 饶平:许陶合 诏安:许广源 新加坡:有信 印度尼西亚:仁友 印度尼西亚:裕发	汕头:光益裕 汕头:光益 汕头:复安 汕头:恒记 汕头:洪万丰 汕头:裕大 汕头:马德发 汕头:长发 汕头:信大 汕头:祥益 汕头:永安 汕头:裕益 汕头:福成 汕头:陈悦记 揭阳:光德成	汕头:源合兴 汕头:光益裕 汕头:恒记 汕头:佳兴 汕头:荣丰利 汕头:马德发 汕头:玉合 汕头:同发利 汕头:振盛兴 汕头:泰成昌 汕头:潮利亨 汕头:万丰发 汕头:裕益 汕头:胜发 汕头:福兴 汕头:吴顺兴	汕头:黄潮兴 潮安:吴有记 潮安:黄天兴 潮阳:刘喜合 澄海:广顺 澄海:增顺荣昌 澄海:振盛兴 澄海:济亨兴 澄海:联顺 澄海:集信 揭阳:魏启峰 饶平:林顺成 饶平:济亨发 诏安:许广源 泰国:义瑞兴 泰国:永泰祥 泰国:裕丰 泰国:黄潮兴 泰国:荣德泰 泰国:松兴泰 泰国:泰源亨 泰国:振潮兴	汕头:钟荣顺 汕头:周生利 汕头:捷成 汕头:协成兴 汕头:广源何记 汕头:复安 汕头:普通 汕头:万兴昌 汕头:潮利亨 汕头:万丰发 汕头:陈炳春 汕头:广顺利 汕头:和合祥 汕头:理元 汕头:泰成昌 汕头:同发利 汕头:利昌庄 汕头:陈万合	汕头:马源丰 汕头:启峰栈 汕头:黄潮兴 汕头:佳兴 汕头:玉合 汕头:祥益 汕头:马德发 汕头:马合丰 汕头:源合兴 汕头:光益 汕头:合盛利 汕头:许福成 汕头:陈悦记 汕头:义发 汕头:胜发 汕头:福兴 潮阳:刘喜合 揭阳:魏启峰	汕头:钟荣顺 汕头:长发 汕头:周生利 汕头:捷成 汕头:福成 汕头:复安 汕头:潮利亨 汕头:万丰发 汕头:泰成昌 汕头:永安 汕头:启峰栈 汕头:佳兴 汕头:裕达 汕头:祥益 汕头:信大 汕头:马德发 汕头:源合兴 汕头:光益 汕头:恒记 汕头:洪万丰 汕头:福兴

　　从侨批网络派系来看，有一些批信局同时出现在多个派系之中，不同派系往

往存在重叠。以 1940 年和 1949 年侨批网络为例，表 5 – 28 和表 5 – 29 列出同属于 6 个派系以上的批信局。在这些批信局中，多数为汕头批信局，可以看出汕头批信局在侨批网络中的重要作用，同时，少数潮汕分号如潮阳刘喜合、揭阳魏启峰、揭阳光德成、潮安如陶等也同属于多个派系，这些地方批信局通过与多家汕头批信局合作，联结起汕头批信局，构成覆盖潮汕地区的服务网络。

表 5 – 28　1940 年侨批网络第一大成分中不同派系的共同批局

共同批局	所属派系个数	共同批局	所属派系个数
潮阳：刘喜合	14	汕头：光益	6
汕头：马德发	10	汕头：合盛利	6
汕头：源合兴	9	汕头：许福成	6
汕头：光益裕	9	汕头：黄潮兴	6
汕头：玉合	9	汕头：马源丰	6
汕头：同发利	9	汕头：陈万合	6
汕头：泰成昌	9	汕头：利昌	6
汕头：万丰发	9	汕头：马合丰	6
揭阳：魏启峰	9	汕头：协成兴	6
汕头：佳兴	8	汕头：广源和记	6
汕头：潮利亨	8	汕头：郑顺成利	6
汕头：裕益	8	汕头：宏信	6
汕头：胜发	8	汕头：成顺利振记	6
汕头：福兴	8	汕头：和合祥	6
汕头：吴顺兴	8	汕头：广顺利	6
揭阳：光德成	8	汕头：理元	6
汕头：有信	7	汕头：钟荣顺	6
汕头：启峰	7	汕头：陈炳春	6
汕头：普通	7	汕头：义发	6
汕头：周生利	7	潮安：如陶	6

表 5－29　1949 年侨批网络第一大成分中不同派系的共同批局

共同批局	所属派系个数	共同批局	所属派系个数
汕头：捷成	21	汕头：钟荣顺	12
汕头：万丰发	21	汕头：潮利亨	12
汕头：源合兴	21	汕头：洪万丰	12
汕头：光益	21	汕头：福兴	12
汕头：周生利	20	汕头：有信	11
汕头：复安	20	汕头：宏通	11
汕头：泰成昌	20	汕头：广源何记	10
汕头：启峰栈	20	汕头：和合祥	10
汕头：佳兴	20	汕头：理元	10
汕头：祥益	20	汕头：利昌庄	10
汕头：马德发	20	汕头：陈万合	10
汕头：黄潮兴	18	汕头：马合丰	10
汕头：协成兴	17	汕头：合盛利	10
汕头：普通	17	汕头：义发	10
汕头：万兴昌	17	汕头：胜发	10
汕头：陈炳春	17	汕头：长发	9
汕头：广顺利	17	汕头：光益裕	9
汕头：同发利	17	潮阳：刘喜合	9
汕头：马源丰	17	揭阳：魏启峰	9
汕头：玉合	17	汕头：荣丰利	8
汕头：许福成	17	汕头：裕益	8
汕头：陈悦记	17	汕头：信大	7
汕头：郑成顺利	14	汕头：成顺利振记	6
汕头：永安	13	—	—

从以上分析来看，可以得到以下结论：

首先，从成分来看，侨批网络的成分数呈减少趋势，到 1947 年后侨批网络仅包含一个大成分和一个小成分。这表明，随着战后侨批业的发展，汕头批信局不断扩大合作，将海（境）内外众多批信局连接成一个侨批服务网络，服务着南洋华侨和潮汕地区的侨眷。

其次，无论是成分分析还是派系分析，均可以发现整体侨批网络并没有按照县形成小帮派，即没有发现潮阳帮、澄海帮、揭阳帮等小帮派，从可达性形成的派系大多覆盖多个县域，有的派系的服务范围几乎覆盖了潮汕地区乃至邻近区域。

最后，多数汕头批信局和少数潮汕分号同时属于多个派系，侨批网络呈现派系重叠的特点。按照社会网络理论，在有重叠派系的网络中，网络成员之间的冲突和矛盾可能较少一些，而在不存在重叠的网络之中，矛盾则相对多一些。如果网络成员之间有重叠，成员的流动和扩散可能比较迅速；如果网络成员之间没有重叠，成员的流动和扩散可能仅限于一个群体的内部。侨批网络中一些重要批信局同时属于多个派系，他们能够起到沟通与协调不同派系的作用，这使批信局之间的冲突和矛盾会少一些，同时，批信局也能更方便地进行合作关系的建构、扩大服务范围等。如抗战胜利后汕头批信局依托地缘关系与海（境）内外分号很快建立起合作关系，扩大服务范围，侨批网络的规模从 1946 年的 492 家迅速增加到 1947 年的 613 家，增长近 25%。这为近代侨批网络的有效运作提供了重要支持。

二、基于地域的侨批网络分析

潮汕地区与兴梅地区虽方言不同，但地理相邻、习俗相近、经济联系紧密。《潮梅现象》对"潮""梅"之间的关系描述如下：

"潮、梅，本属一家，唐以前无论矣，即据清乾隆府州县图志，犹曰：'嘉应州，明为程乡县，属潮州府'，此就其历史沿革而言，若在地理，则同居五岭之东，同属韩江流域，为粤东重镇，而在今日，不论军事，政治，商业，财政……类皆潮梅并称，无分畛域，盖潮之与梅，息息相关，自古已然，不独今日始也。"

可见潮梅本属一家，经济社会联系密切，客属侨批也经汕头批局中转。限于1940～1949 年汕头批局登记详情表中缺少批局营业人籍贯信息，我们无法将潮属汕头批局与客属汕头批局分开，因此，在前文对侨批网络的分析中，并没有区分潮属批局和客属批局。

从前文的派系分析来看，虽然观察不到以地域划分的小帮派，但我们也发现，在 1940 年的侨批网络第一大成分中，以客属批局为主的两个派系中，并不包含潮属批局，而在以潮属批局为成员的派系中，我们也没有发现客属批局。这使我们产生一个疑问：虽然许多客属批局和潮属批局共同连接成一个大成分，但在这一大成分中没有发现按照地域形成的小帮派，那么潮属批局与客属批局是否会有比较清楚的界限，形成两大派别呢？

鉴于 1940 年后的侨批局登记详情表没有提供批局营业人的籍贯等信息，我们无从对此进行分析。1933 年和 1936 年侨批局登记详情表中有登记批局营业人籍贯等信息，这为我们进一步对侨批网络进行深入分析提供了可能。虽然 1933 年和 1936 年汕头侨批局登记的海（境）外分号信息不够全面，但仍然不失为珍贵的档案资料，考虑到 1936 年汕头侨批局登记的海（境）外分号信息比 1933 年的全面一些，我们将以 1936 年的侨批局登记详情表为例，进一步对潮属批局和客属批局进行分析。①

（一）1936 年侨批网络的派系分析

彩色插页 1 和彩色插页 2 展示了 1936 年侨批网络社群。我们对 1936 年的侨批网络进行成分分析，结果如表 5－30 所示。

表 5－30　1936 年侨批网络成分分析结果

序号	成分	成分规模	占比（%）	序号	成分	成分规模	占比（%）
1	3	310	74	11	11	6	1.4
2	16	13	3.1	12	18	5	1.2
3	8	10	2.4	13	10	5	1.2
4	4	9	2.1	14	1	4	1.0
5	5	8	1.9	15	12	4	1.0
6	2	8	1.9	16	19	3	0.7
7	9	8	1.9	17	17	2	0.5
8	14	7	1.7	18	13	2	0.5
9	15	7	1.7	19	7	1	0.2
10	6	7	1.7	—	—	—	—

---

① 1933 年汕头批信局有 61 家没有登记海（境）外分号信息，1936 年汕头批局有 32 家没有登记海（境）外分号信息，相比较而言，1936 年汕头批信局的登记信息比 1933 年的要齐全一些。

从成分分析来看,"成分3"包含的310家海(境)内外批局连接成了一个覆盖南洋和潮汕地区的侨批网络。通过对这310家批局做进一步分析发现,在海(境)内部分,有1家客属批局、10家汕尾批局、5家诏安批局,其他均为潮汕籍批局;在海(境)外部分,批局营业人的籍贯均为潮汕地区,没有客属籍贯。可以说,这310家海(境)内外批局所构成的侨批网络,服务范围从潮汕地区延伸至汕尾、诏安、客属等邻近地方,不过,对客家地区的延伸非常有限,网络成员中仅有1家大埔批局。1936年侨批网络第3成分中成员批局的地域分布如表5-31所示,另外18个成分的成员构成如表5-32所示,18个成分形成的社群图如图5-4所示。

表5-31 1936年侨批网络第3成分成员地域分布

地点	批局数	地点	批局数
汕头	61	普宁	7
潮安	23	诏安	5
潮阳	23	大埔	1
澄海	21	泰国	24
饶平	18	印度尼西亚	21
揭阳	14	马来西亚	19
惠来	13	新加坡	17
丰顺	12	越南	17
汕尾	10	香港地区	4
合计			310

表5-32 除第3成分外的18个成分的成员构成

成分	成员	营业人籍贯
1	汕头:绵发号、马来西亚:东亚号、马来西亚:绵元号、新加坡:绵发号	潮汕
2	汕头:金生庄、马来西亚:恒益、梅县:金生庄、泰国:大华公司、泰国:熊常兴、香港地区:金生庄、新加坡:嘉兴隆、印度尼西亚:金生庄	客属
3	汕头:捷成、汕头:泉利、大埔:公和发记、大埔:隆昌仁记、大埔:协丰利、大埔:耀记、大埔:益隆、梅县:泉利、梅县:兴利	客属

续表

成分	成员	营业人籍贯
4	汕头：广泰祥、潮安：广泰祥栈、大埔：罗昆记、大埔：仁安堂、大埔：吴合兴、大埔：杨万成、大埔：余同裕、梅县：饶源茂	客属
5	汕头：广汇庄、梅县：广成、梅县：汇兴、梅县：仁兴公记、梅县：温恒杏、梅县：汇源、梅县：伍公昌	客属
6	汕头：成昌利	潮汕
7	汕头：利东庄、马来西亚：利瑞记、马来西亚：信昌、梅县：华丰、梅县：利东庄、缅甸：泗盛、泰国：利裕兴、香港地区：利东庄、新加坡：合炳南、马来西亚：展昌	客属
8	汕头：福利、汕头：荣大号、马来西亚：宝裕隆、泰国：茂利、香港地区：福利、新加坡：福成、新加坡：光裕兴、越南：乃裕	潮汕
9	汕头：福茂、香港地区：福记、新加坡：德泰、印度尼西亚：德泰、越南：集兴	潮梅
10	汕头：陈富通、梅县：陈富源、泰国：陈华兴、香港地区：陈富源、新加坡：陈富源、印度尼西亚：陈富通	客属
11	汕头：致盛、泰国：联兴、香港地区：致成、越南：孔明斋	潮汕
12	汕头：嘉隆、香港地区：嘉隆	潮汕
13	汕头：老亿丰、潮安：福裕兴、潮阳：顺裕发、澄海：顺裕祥、香港地区：老亿丰、新加坡：顺合隆、越南：顺合祥	潮汕
14	汕头：复安、潮安：益和、潮阳：益成、揭阳：益兴、泰国：复成、香港地区：复安、新加坡：复茂	潮汕
15	汕头：宏通庄、汕头：张广泉、马来西亚：公益、马来西亚：合兴、马来西亚：嘉兴昌、梅县：同丰、梅县：裕隆昌、泰国：罗进记、泰国：永和兴、新加坡：天生堂、马来西亚：万和堂、梅县：张源隆、印度尼西亚：南通	客属
16	汕头：永丰庄、梅县：永丰庄	客属
17	汕头：潮裕兴号、普宁：玉成号、泰国：天兴号、印度尼西亚：潮和兴号、越南：成丰号	潮汕
18	汕头：和兴盛号、马来西亚：李和丰号、印度尼西亚：永南兴号	潮汕

注：成分9中的两家"德泰"为梅县籍，其他为潮汕籍。

可以发现，这18个成分均以汕头批局为中心，各自形成独立的网络。批局的服务范围也明显分割为潮汕和客家地区，在客属批局的服务范围中，只有"汕头：广泰祥"在潮汕地区设有一家分号，即"潮安：广泰祥栈"，这可以说是客属批局服务范围的延伸。但从以上分析看，潮帮批局和客帮批局的服务范围是有明显分割的，大帮之间确实少有业务往来，各有各的服务范围。不过，在客帮内部，并没有形成一个较大的整体服务网络，虽然"汕头：张广泉"和"汕头：宏通庄"、"汕头：泉利"和"汕头：捷成"通过客家地方批局连接在一起，但形成的网络规模比较小，整体看都是以汕头批局为中心，各有各的服务范围，可见客帮批局之间比较独立。

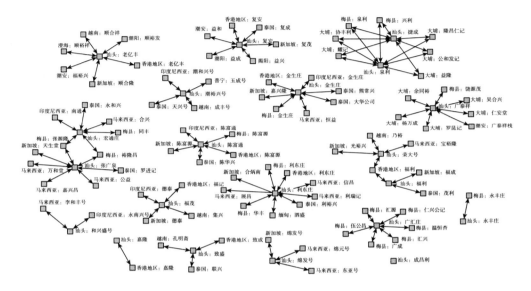

图 5-4　除第 3 成分外的 18 个成分的网络社群

我们进一步对成分 3 进行 n-派系分析，结果如表 5-33 所示。

表 5-33　1936 年侨批网络第 3 成分的 n-派系分析

n	派系规模	网络规模	n-派系数量
3	15	310	499
3	25	310	398
2	25	310	4
2	20	310	6
2	15	310	19

从 n-派系分析结果来看，2-派系规模为 15 的结果比较合适，可以发现有

19 个 2 - 派系，通过对各个 2 - 派系成员的分析发现，这些派系并没有按照潮汕八邑来区分，很多派系的成员往往包含了潮汕多个区域，乃至覆盖整个潮汕地区，并延伸至汕尾、诏安等周边地区，如第一个 2 - 派系（见表 5 - 34）。

表 5 - 34　1936 年侨批网络第 3 成分派系分析

第一个 2 - 派系成员			第二个 2 - 派系成员	
汕头：有信	惠来：鸿大	饶平：孚成	汕头：吴顺兴	丰顺：詹恒亨
潮安：有记	揭阳：荣合昌	饶平：汇通盛	潮安：陶安	揭阳：杨政记
潮阳：刘喜合	揭阳：杨政记	饶平：陶合号	潮阳：陈四合	揭阳：魏启峰
潮阳：李源合	揭阳：黄德良	汕尾：芦德昌	潮阳：刘喜合	饶平：合利
澄海：信成	揭阳：魏启峰	汕尾：芦德太	潮阳：李源合	泰国：义利
丰顺：洪广丰	惠来：福和玉记	汕尾：陈科成	澄海：信成	新加坡：骏裕
丰顺：元大	普宁：义盛昌	诏安：许广源	澄海：有信	印度尼西亚：永裕盛
惠来：富丰	普宁：陈联丰	—	丰顺：德记	越南：佳兴

注：仅以第 1、第 2 派系为例，其他 17 个派系不再一一列出。

由于 n - 派系是建立在可达性基础上的凝聚子群，第 3 成分的分析发现成分内部并没有按照地域进一步细分为小派系。

在前面 18 个成分中，有少数潮汕籍批局独立形成的侨批网络。除了这些独立成分外，潮汕侨批局连接成了一个规模巨大的侨批服务网络，服务着南洋华侨和潮汕地区的侨眷。

我们对侨批网络进行凝聚子群分析的目的是检验网络中是否存在以地域为分界的帮派，从前文分析可以发现，侨批网络基本可以分为潮汕帮和客家帮，两大帮派之间缺乏合作，而在潮汕帮内部，并没有发现存在以潮汕八邑地域为分界的小派别，各县批信局间有比较密切的合作。对于客家帮，并没有形成一个规模较大的成分，而是形成规模较小且各自独立的成分，可见客家帮内部缺乏合作。

（二）潮属网络分析

我们以 1936 年登记详情表为研究对象，剔除了批局营业人不是潮汕籍的批局，形成了潮属侨批网络。潮属批局地域分布情况如表 5 - 35 所示。

表 5 - 35　1936 年潮属批局地域分布情况　　　　　单位：家

序号	地点	数量	占比（%）	序号	地点	数量	占比（%）
1	汕头	71	21.19	9	普宁	8	2.39
2	潮安	26	7.76	10	泰国	27	8.06
3	潮阳	25	7.46	11	印度尼西亚	23	6.87
4	澄海	22	6.57	12	马来西亚	22	6.57
5	饶平	18	5.37	13	越南	22	6.57
6	揭阳	15	4.48	14	新加坡	21	6.27
7	惠来	13	3.88	15	香港地区	10	2.99
8	丰顺	12	3.58	合计		335	100

对潮属侨批网络进行成分分析，以识别侨批网络内部子群的构成情况。成分分析结果如表 5 - 36 所示。潮属侨批网络成分 2 中共有 281 个成员，占总成分规模的 83.9%。也就是说，83.9% 的潮汕籍批局连接成一体；有 10 个成分的规模在 2~7 个，各自形成一个独立的子网络；有 6 家批局各自形成 1 个成分。

表 5 - 36　1936 年潮属侨批网络成分分析结果

序号	成分	成分规模	占比（%）	序号	成分	成分规模	占比（%）
1	2	281	83.9	10	12	3	0.9
2	10	7	2.1	11	8	2	0.6
3	9	7	2.1	12	3	1	0.3
4	4	7	2.1	13	16	1	0.3
5	5	6	1.8	14	13	1	0.3
6	11	5	1.5	15	17	1	0.3
7	1	4	1.2	16	15	1	0.3
8	7	4	1.2	17	14	1	0.3
9	6	3	0.9	合计		335	100

我们对第一大成分中 281 个批局构成的网络进行 2 - 派系分析，结果如表 5 - 37 所示。

表 5-37 潮属侨批网络 2-派系分析

序号	派系最小规模	网络规模	n-派系数量
1	10	281	74
2	15	281	16
3	20	281	5

我们选用派系最小规模 15 的结果进行分析,可以发现形成的 16 个派系中,其派系成员构成的情况与前文对侨批网络的分析是一致的,也就是说,在潮属侨批网络中,没有形成以地域为界限的小帮派,这些派系成员大多包括多个地域的侨批局,有的甚至覆盖了潮汕地区,如第一个派系(见表 5-38)。

表 5-38 1936 年潮属侨批网络第 2 成分的前 3 个派系

1 派系	2 派系	3 派系
汕头:有信	汕头:吴顺兴	汕头:吴顺兴
潮安:有记	潮安:陶安	汕头:万丰发
潮阳:刘喜合	潮阳:陈四合	汕头:有信
潮阳:李源合	潮阳:刘喜合	汕头:郑成顺利粮栈
澄海:信成	潮阳:李源合	汕头:泰成昌
丰顺:洪广丰	澄海:信成	汕头:宏信
丰顺:元大	澄海:有信	汕头:顺成利
惠来:富丰	丰顺:德记	汕头:得合兴
惠来:鸿大	丰顺:詹恒亨	汕头:协成兴
揭阳:荣合昌	揭阳:杨政记	汕头:利昌庄
揭阳:杨政记	揭阳:魏启峰	汕头:启峰栈
揭阳:黄德良	饶平:合利	汕头:黄潮兴
揭阳:魏启峰	泰国:义利	汕头:许福成
惠来:福和玉记	新加坡:骏裕	潮阳:刘喜合
普宁:义盛昌	印度尼西亚:永裕盛	澄海:信成
普宁:陈联丰	越南:佳兴	揭阳:魏启峰
饶平:孚成	—	—
饶平:汇通盛	—	—
饶平:陶合号		

我们进一步对潮属侨批网络按照潮汕八邑进行划分，对潮汕八邑侨批网络进行成分分析（见表 5 – 39），发现负责人籍贯为同一县的批信局并没有构成一个成分，而是分散为多个成分，有不少批信局单独形成一个成分，并没有与本县其他批信局进行业务合作。

表 5 – 39　潮汕八邑侨批网络成分分析

成分序号	潮阳	澄海	揭阳	潮安	普宁	饶平	丰顺	惠来
1	58	24	41	8	14	9	4	1
2	6	1	1	5	5	4	3	1
3	5	1	1	4	4	3	1	1
4	4	1	1	4	3	1	1	1
5	3	1	1	2	2	1	1	1
6	3	1	1	2	1	1	1	1
7	3	1	1	1	1	1	1	1
8	2	1	1	1	1	1	1	1
9	2	1	1	1	1	1	1	1
10	1	1	1	1	1	1	1	1
…	1	1	1	1	1	1	1	1
成分个数	25	16	8	31	11	18	11	15
成员总数	102	39	48	49	34	31	16	15

注：成分序号是按照成分规模大小进行排序，本表只排到第 10 位，第 10 位后的成分规模均为 1，因每个区域的侨批网络成分数量不等，所以我们用 "…" 表示。

我们进一步描绘出潮汕八邑侨批网络的社群图，从社群图我们可以清楚地看到各地域侨批网络的情况，如网络规模、成分构成、主要节点等。可以发现各县的侨批网络比较分散，网络内部联系并不紧密，这与前文对 1936 年潮汕八邑侨批网络密度分析一致，各个县的侨批网络并没有形成联系密切的帮派。

1. 潮阳侨批网络

图 5 – 5 左上角独立的点表示这些批局没有与潮阳籍其他批局进行合作，而是与其他地域的侨批局合作，如汕头致盛批局是与泰国联兴（潮安）、香港地区致成（潮安）、越南孔明斋（澄海）合作；潮阳黄德良批局是与汕头光益（潮安）、汕头永安（澄海）、汕头祥益（潮安）合作。

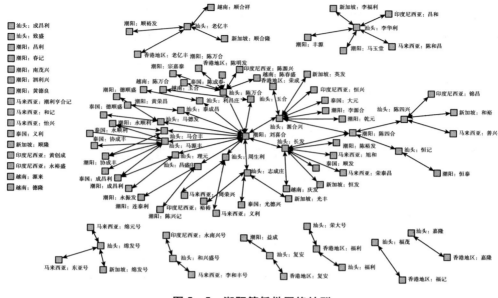

图 5-5　潮阳籍侨批网络社群

在潮阳侨批网络中，有 8 个规模在 2~6 的成分中，各自独立。在第一大成分中，共有 58 家批局，我们发现潮阳刘喜合把 13 个汕头批局连接起来，起到桥梁的作用，成为潮阳侨批网络中的权力中心。还有潮阳陈四合，连接了 4 家汕头批局。当然，如果把刘喜合和陈四合去掉，潮阳侨批网络则变化为一个个以汕头批局为中心的星形网络结构。

2. 澄海侨批网络

澄海信成批局与 8 家汕头批局合作，成为地方批局的权力中心，澄海同泰批局与 3 家汕头批局合作，也起到重要的桥梁作用。在第一大成分 24 家批局构成的侨批网络中，程度中心度较大的批局还有汕头顺成利、汕头光益裕、汕头裕益，他们的程度中心度均为 4，在侨批网络中起到连接海（境）内外分号的关键作用（见图 5-6）。

3. 揭阳侨批网络

在揭阳侨批网络中，有 41 家批局连接在一起，揭阳魏启峰、揭阳洪万丰、揭阳杨政记、揭阳光德成和泰国荣盛利起到连接汕头批局的作用，而汕头批局则将海（境）外批局与内地批局连接在一起。程度中心度较高的批局有：汕头启峰栈（7）、汕头洪万丰（7）、汕头广汇通（6）、汕头张联发（7）、揭阳魏启峰（4）、揭阳杨政记（4）。①

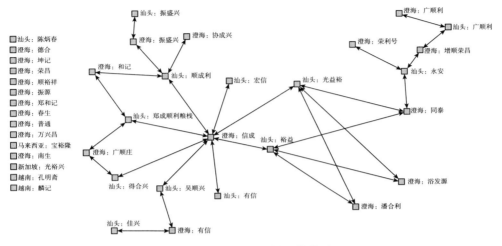

图 5-6 澄海籍侨批网络社群

有 4 家揭阳侨批局和 3 家海（境）外揭阳籍批局与其他籍贯的批局合作。如揭阳荣丰利和揭阳同发利均与丰顺籍汕头同发利合作，可以看作是丰顺籍汕头同发利批局把市场扩展到揭阳的表现（见图 5-7）。

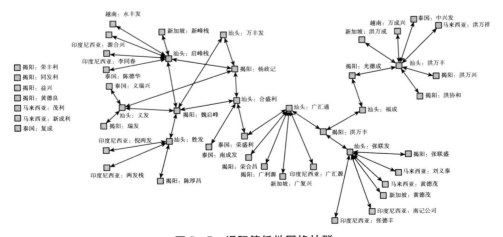

图 5-7 揭阳籍侨批网络社群

---

4. 潮安侨批网络

从潮安侨批网络来看，潮安籍批局内部合作更加稀少，网络密度为 0.016，在潮汕八邑中排倒数第 2 位。许多潮安籍批局通过与其他籍贯的汕头批局进行合作。潮安如陶是地方批局中比较重要的批局，连接了 3 家汕头批局，起到桥梁的作用（见图 5-8）。

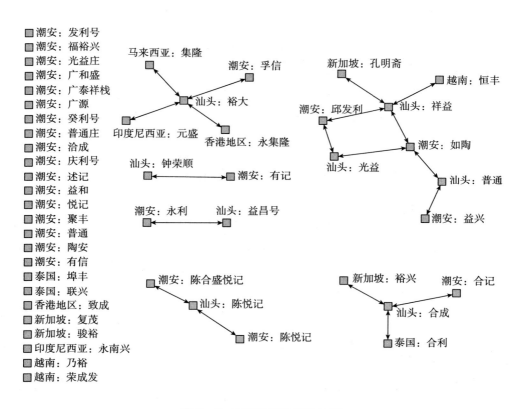

图 5-8 潮安籍侨批网络社群

5. 普宁侨批网络

在普宁地方批局中，陈联丰批局起到桥梁作用，连接了 3 家汕头批局，从而将 14 家海（境）内外普宁批局联系起来（见图 5-9）。

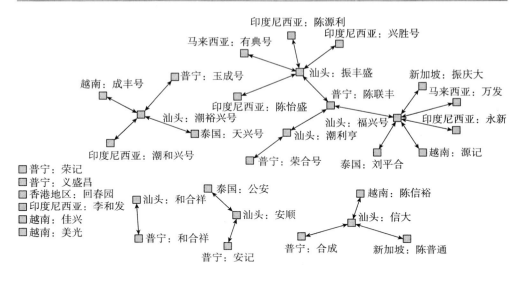

图 5 - 9　普宁籍侨批网络社群

6. 饶平侨批网络

在饶平地方批局中，陶合号是重要批局（见图 5 - 10）。

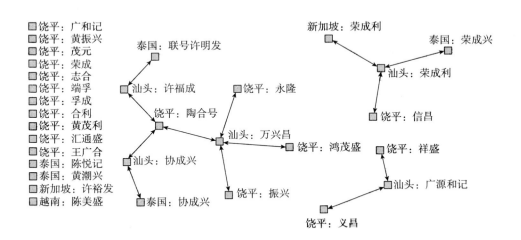

图 5 - 10　饶平籍侨批网络社群

7. 惠来侨批网络

在汕头没有惠来籍批局，惠来地方批局均通过与其他籍贯的汕头批局进行合作，如鸿大、富丰及福和玉记与澄海籍汕头有信批局合作。图 5－11 左侧为惠来籍批局，右侧为惠来籍批局与汕头批局合作网络。

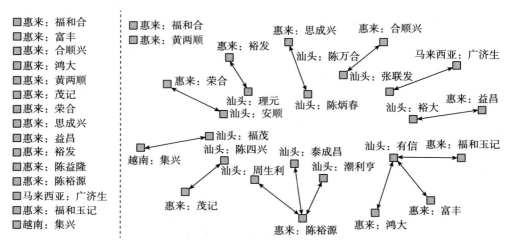

图 5－11　惠来籍批局与汕头批局合作网络

8. 丰顺侨批网络

丰顺籍批局内部合作非常松散，只有 4 家丰顺地方批局与 2 家丰顺籍汕头批局合作，多数丰顺地方批局与非丰顺籍汕头批局进行合作（见图 5－12）。

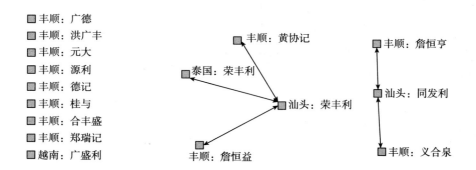

图 5－12　丰顺籍侨批网络社群

9. 潮汕八邑侨批网络分析小结

通过以上分析，我们发现潮汕侨批网络并不存在派系或小团体，各县域批信局内部合作非常松散，这一结果与网络密度分析结果相一致。也就是说，从侨批网络的内部联系来看，侨批网络的服务并没有体现出所谓的地域性，即批局仅服务本县本乡。从汕头批局的角度来看，汕头批局的业务不再局限于服务原来的家乡，而是拓展到潮汕其他地区，甚至覆盖了整个潮汕地区，并延伸到邻近区域。

（三）客属侨批网络分析

1936 年客属批局地域分布情况如表 5 – 40 所示。我们对客属批局进行成分分析发现，在 66 家客属批局中，可以分为 12 个成分（见表 5 – 41），规模最大的成分有 13 家批局，有 4 家批局独自为 1 个成分，这些客属批局并没有与其他客属批局建立合作关系，而是与潮汕籍批局建立合作关系，因此在客属侨批网络中，它们成为侨批网络中离散的点（见图 5 – 13）。

表 5 – 40   1936 年客属批局地域分布

地点	数量	占比（%）	地点	数量	占比（%）
梅县	17	25.76	新加坡	5	7.58
大埔	11	16.67	印度尼西亚	4	6.06
汕头	10	15.15	香港地区	3	4.55
马来西亚	8	12.12	缅甸	1	1.52
泰国	7	10.61	合计	66	100

表 5 – 41   客属侨批网络成分分析结果

序号	成分	成分规模	占比（%）	序号	成分	成分规模	占比（%）
1	7	13	19.7	7	6	6	9.1
2	5	10	15.2	8	8	2	3.0
3	2	9	13.6	9	11	1	1.5
4	1	8	12.1	10	10	1	1.5
5	3	7	10.6	11	9	1	1.5
6	4	7	10.6	12	12	1	1.5
合计						66	100

可以看出，客属批局内部合作非常松散，基本形成以汕头批局为中心的独立

网络。在客家地方批局中，有9家客家地方批局同时与两家汕头批局合作，其他大多数海（境）内外客属批局只与1家客属汕头批局合作，有4家海（境）内外客属批局与潮汕籍批局合作。大埔广泰祥与潮阳籍汕头恒记批局合作，泰国茂利与潮阳籍汕头福利批局合作，印度尼西亚德泰和新加坡德泰与潮阳籍汕头福茂批局合作。

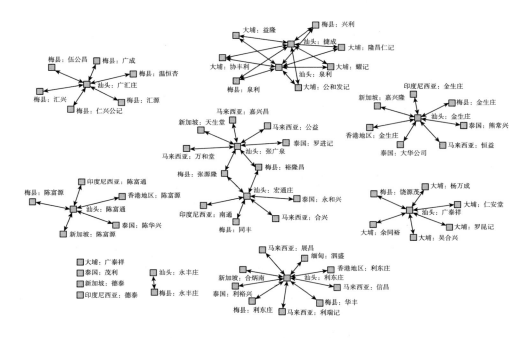

图5-13　1936年客属侨批网络社群

第五节　侨批网络的效率分析

一、侨批网络的效率表现

数量众多的海内外潮汕帮批信局通过合作，形成了覆盖东南亚华侨和潮汕侨眷的侨批网络，为东南亚潮汕华侨和家乡侨眷提供高效的传递银信服务。侨批网络的高效运作体现在以下几个方面：一是华侨通过侨批局递送的批信和批款数额巨大。在 20 世纪 20～30 年代，每月到达汕头的批信数量可达 18.38 万封（谢雪影，1935）。潮汕华侨汇款数目庞大，在全国华侨汇款中占有重要的地位。在民国二十三年以前，潮汕华侨汇款总额约占全国侨汇总额的 20%（吴承熹，1936）。二是回批返回快捷。汕头与南洋间书信往返，一般需两周以上（姚曾荫，1943）。如此快捷的书信传递离不开汕头批局和地方分号的努力工作。汕头批局和地方分号都会尽快将侨批送达侨眷手里，并尽快将回批寄回南洋批信局。在泰国，许多华侨每月会寄侨批，侨批局汇总后，一般每周寄发侨批一次。可见在近代海上交通尚不发达的情况下，侨批局跨国运作具有较高的效率（邹金盛，2001）。三是侨批寄递费用低廉。华侨寄批一般需支付手续费和邮资，但汇款手续费较低，邮资则有半价优惠。在 20 世纪 30 年代，手续费大约是汇款额的 1%，也有不收手续费的，对于比较贫穷的华侨，批信局大多会给予优待。四是批局登门送批，准确无误。《潮州志》描述了批信局为华侨提供的便利服务，"华侨在外，居留范围既极广，而国内侨眷又多为散处穷乡僻壤之妇孺。批业在外洋，采代收方法或专雇伙伴，一一登门收寄，抵国内后，又用有熟习可靠批脚，逐户按址送交，即收取回批寄返外洋，仍一一登门交还。减少华侨为寄款而虚耗工作时间，至人数之繁多，款额之琐碎，既非银行依照驳汇手续所能办理；其书信书写之简单，荒村陋巷地址之错杂，亦非邮政所能送递"（饶宗颐，2005）。即便如此，批局都能做到登门送批，准确无误，深受华侨信任。

二、侨批网络的经济学分析

（一）侨批网络中的重复交易可以降低交易费用

在侨批网络中，无论是华侨、侨眷与批信局之间，还是海（境）内外批信局之间，一般都有较长时间的合作关系，在长期合作中进行重复交易。重复交易可以降低交易费用，主要有三个原因：一是在侨批网络中，由于长期合作，大家彼此熟悉，这就大大节约了重复签约所引起的交易费用；二是在侨批网络中，由于存在长期合作关系，交易是重复进行的，因此，违背契约或者实施机会主义行为的成本是非常高的，如果批信局存在违约等行为，那将导致批信局失去在长期交易中从合作伙伴那里获得大量订单的收益；三是重复交易使双方在未来有更多的机会来矫正交易中的不平等现象，不必斤斤计较每一次交易的得失，从而降低讨价还价的成本。

（二）侨批网络降低了信息的不对称程度

信息不对称是交易中出现机会主义行为的原因。信息不对称的降低可以大大减少机会主义行为，从而降低交易费用。在侨批网络中，由于长时间的合作和互动，交易双方之间的信息不对称程度大大降低，从而降低了交易费用。在长期交易中，双方的交易行为也会变得更加有规律性，如一般多少天可收到回批，哪个批信局的行为更加规范等。一种规律性的行为比没有规律的行为更容易监督和测量，从而降低了道德风险的可能性。另外，侨批网络是结构性嵌入在跨国潮人社会中的，跨国潮人社会关系网络促进了信息流动和共享，特别是海（境）内外数量众多的潮商行业组织、同乡组织等，为跨国潮人社会的信息流动和共享提供了重要渠道，商人一旦有欺骗行为，将很快在跨国潮人社会传播，其声誉必将受损。

（三）侨批网络能够更长时间控制机会主义行为

侨批网络的有序运作并不依赖法律、契约来控制机会主义行为，相反，它依赖的是自我实施的保护措施，尤其是信任机制。在侨批网络中，一方面，乡族关系为侨批网络的运作构建了一定程度的信任和责任基础；另一方面，在侨批网络中，通过双方的长期互动，从共同利益出发，将会建立起信任机制。

在跨国潮人社区，潮汕人以方言为族群身份特征，具有共同的文化认同，潮汕同乡之间很容易建立起信任机制。信任机制的出现，减少了契约的实施和监督成本，并只需要非常低的维持成本。这些自我实施的保护措施可以在很长时间里控制机会主义行为。

（四）侨批网络能够为批信局的经营提供社会资本

资源依赖理论认为，企业的资源不仅仅限于一个企业的有形资产，还包括帮助企业获取竞争优势的各种有形和无形的综合体。侨批网络中蕴含着大量的社会资源，包括金融资源（如赊汇服务）、人力资源（如服务同乡的方言、知识技能和相互协作能力）、组织资源（如组织文化、惯例、合作能力）、信息资源和公共关系等。侨批网络中的资源并不为个人所直接占有，而是通过个人的直接或间接的社会关系来获取，被利用的社会资源就变成了社会资本。

在侨批网络中，华侨和侨眷、海（境）内外批局均可通过侨批网络获取相应的社会资本。如华侨很容易通过赊汇获取金融支持，批局比较容易获得人力资源的支持，批局之间能够比较容易地建立起合作关系，开拓市场等。当然，批局在网络中的地位越高，摄取社会资源的机会越多；批局如果处于结构洞位置，通过弱关系摄取社会资源的几率越高。

本章小结

进入20世纪30年代，潮汕地区人民下南洋达到高峰，汕头对外贸易也达到前所未有的繁荣景象，侨批业的发展也进入一个比较成熟的阶段。通过对1933～1949年潮汕侨批网络的社会网分析，我们呈现了侨批网络的整体面貌和特征，主要结论如下：

一、侨批网络的规模与分布

第一，从整体网络规模来看，在抗日战争胜利后，网络规模有明显的扩大，从1946年的492家增加到1948年的622家。其中南洋批局和潮汕地方分号的数量都有明显增加，受国家限制影响，汕头批局数量大致稳定，不过，汕头批局服务范围有所扩大。

第二，从潮汕分号分布来看，在多个年份里，潮阳、澄海、潮安的批信局数量较多，这在一定程度上也反映了潮汕华侨籍贯的分布，即潮阳籍、澄海籍和潮安籍的华侨数量较多。而在海（境）外分号分布中，泰国、印度尼西亚、马来西亚和新加坡的批信局数量较多，这在一定程度上反映了潮汕华侨在南洋的分布主要集中于泰国、印度尼西亚、马来西亚和新加坡。

二、以宗族关系、同乡关系为联系纽带构建侨批网络

批信局以宗族关系、同乡关系为纽带构建合作关系，形成侨批网络。乡族关

系为侨批网络的运作提供了信用基础，保障了侨批网络的有效运作。随着批信局服务范围的扩大，批信局更多地通过同乡关系构建合作，依托宗族关系进行合作的比重逐渐下降。这表明近代潮汕帮批信局已从乡土家族血缘封闭心理开始走向有差等的社会开放，从注重宗族关系向注重同乡关系转变，但因尚未突破同乡关系，并未与非潮汕籍批信局合作以扩展服务范围，所以仍然是一个以潮汕地区或潮汕方言为界的帮派。不过，与国内环节相比，在跨国环节，批信局间更多依靠宗族关系建立合作，以此来保障侨批的安全递送，减少不确定性风险。

三、在侨批网络中，汕头批信局起到结构洞作用，但整体网络比较松散

汕头批信局通过与众多的海（境）内外分号合作，构建起广阔的侨批服务网络。在侨批网络中，汕头批信局连接了海（境）内外分号，起到结构洞的作用，在侨批网络中处于中心位置。也有一些潮汕地方分号、海（境）外分号通过与多家汕头批信局合作，起到桥梁作用。侨批网络中各侨批局之间的联系比较松散，侨批网络密度比较低，松散的结构特征有利于侨批网络整合潮汕各地族群及近邻族群，促进侨批网络稳定、高效地运作。

四、潮汕籍与客家籍批信局存在明显界限，但不存在以县域为界的小帮派

首先，潮汕籍批信局与客家籍批信局虽有一定程度的合作，但潮属批信局与客属批信局的服务范围仍有明显界限，在一定程度上支持了批信局存在"大帮"之说，即潮汕帮和客家帮。

其次，在汕头批信局的合作分号中，批信局的负责人几乎都是潮汕人，这些以潮汕人为负责人的批信局通过合作，形成名副其实的潮汕帮，为潮汕华侨和侨眷提供侨批服务。不过，在潮汕帮内部，并没有按照县划分为小帮派。随着近代侨批业的发展，批信局的服务范围不断扩大，通过与地方批信局合作，大多数汕头批信局的服务范围已扩展到整个潮汕地区乃至潮汕邻近地区。现有文献认为批信局大帮派内部存在以县划分的小帮派的说法缺乏证据支持。

最后，虽然侨批网络并不存在以县划分的小帮派，但从可达性的角度来看，侨批网络是存在派系的，不过，这些派系的服务范围并不以县域为界限，其服务范围大多覆盖潮汕地区，甚至扩展至邻近地区。在潮汕侨批网络中，不同派系存在重叠现象，不同派系之间往往具有相同的批信局，派系的重叠性为批信局拓展合作关系、扩大服务范围提供了支持，这可能是潮汕侨批网络能高效运作的重要原因。派系的重叠性也促进了信息在侨批网络中的传播，为多边声誉机制的有效实施提供了重要支持，促进了批信局之间的诚信合作。

第六章　多边惩罚机制与侨批网络治理

第一节　侨批网络与代理关系

在南洋，侨批局从华侨手中收到侨批，通过国内的侨批局分发给侨眷，再从侨眷手里收集回批，通过南洋的侨批局发回原寄批人，侨批的流通过程才算完成。南洋侨批局通过与汕头及潮汕各乡村侨批局的合作，形成多层次的委托代理关系，构成了一个连接海（境）外华侨与国内侨眷的侨批经营网络。

一、华侨与侨批局间的代理关系

华侨从家乡到东南亚，目的是赚钱养家。其在国外一旦赚到钱，就需要委托侨批局往家乡寄款，并附家书，互通音信。这样，华侨与南洋侨批局之间就形成了侨批网络的第一层代理关系。侨批局服务的多为乡亲，华侨与南洋侨批局经营人多为同乡或同族关系，彼此比较熟悉。

二、南洋侨批局与汕头侨批局的代理关系

南洋侨批局收到华侨侨批后，将侨批递送到汕头侨批局，再由汕头侨批局安排分发侨批。南洋侨批局与汕头侨批局通过合作完成侨批的跨国递送环节。南洋侨批局与汕头侨批局间的合作关系分两种情况：一种是南洋侨批局在汕头设立分

号，或汕头侨批局在南洋设立分号，雇用家族成员负责侨批局业务，较好地解决了委托代理问题。如绵发号侨批局，在新加坡、吉隆坡、马六甲等地设有侨批局，并在汕头设立绵发号侨批局，这些侨批局的负责人均为其家族成员。[1] 不过，这种自设分号的情况比较少。另一种是南洋侨批局和汕头侨批局之间通过建立代理关系来开展业务。

三、汕头侨批局与潮汕乡村侨批局的代理关系

汕头侨批局接到南洋寄来的侨批后，需要分拣后再分发到潮汕各地，如澄海、揭阳、普宁等，因侨批派送需要熟悉当地情况，再加上出于对节约成本的考虑，汕头侨批局大多通过委托地方侨批局代理侨批派送业务。

以上侨批网络中的三种代理关系，其本质都是一样的，都面临委托代理中的承诺问题。因此，本书将统一采用委托代理关系的视角来分析华侨与侨批局、侨批局之间的代理关系。在下文中，委托人指华侨或侨批局，南洋侨批局和一些汕头侨批局既是代理人也是委托人。

第二节　侨批网络与以声誉为基础的社群执行机制

委托代理的承诺问题可以通过家族成员作为代理人来解决，也可通过法律制裁来解决。不过，近代侨批网络中的代理关系并不是建立在法律合同上的。那么，近代潮汕侨批业是否存在一个支持性制度，以解决委托代理中的承诺问题呢？

一个以声誉为基础的经济制度使潮汕侨批业能够处理委托代理交易中固有的合同问题。在以声誉为基础的制度中，经济交易和社会交往中的未来回报和惩罚是根据核心交易中的行为而定的。这种制度的组织化形式就是一种非正式组织——由相同种族和宗教信仰的人所组成的商业网络（阿夫纳·格雷夫，2008）。

---

① 《中华民国二十五年各批信局声请书副份》，广东省档案馆藏，档号 86 - 1 - 344。

在跨国潮人社区，潮汕人以潮汕方言和共同的宗教信仰为社会身份特征，基于血缘和地缘构建起来的侨批网络反映了一种制度化的信念，潮汕人能够共享信息并集体惩罚行骗者。侨批网络能够满足多边惩罚机制的三个条件：

一、存在一个信息共享机制：人们能够获得代理人的行骗信息

信息是商业运作成功的关键。这些信息流再加上商人的经验，减少了商人和代理人之间的信息不对称，使商人能更好地监督代理人。这些信息流也能使代理人发出信号，表明他们是诚实的。历史资料表明，在潮汕侨批业中，存在信息共享机制，侨批局的欺骗行为是很容易被发现的。

第一，侨批业的回批制度。侨批的递送具有双向反馈的特征。侨批局将信款送到侨眷手中后，需要侨眷写一回批作为签收的凭证，侨批局再将回批送回南洋华侨手中。侨批记录表明，从泰国寄出的侨批，一般一个多月可以收到回批（邹金盛，2001）。这些实践与声誉机制的运行是相一致的。当声誉机制发挥作用时，合同期限越短，委托人就会越快地发现欺骗行为。而侨批局的竞争力体现在"快"字上，谁家侨批局的回批快捷，在华侨中就享有较高的声誉（西尊，1947）。

第二，侨批公会是共享商业信息的重要组织。在汕头，到清光绪中期已有侨批业同业公会（以下简称侨批公会）。侨批公会作为侨批业的一种联盟形式，促进了侨批业者之间的互动和信息共享。据振盛兴侨批局后代曾益奋先生回忆，"汕头的侨批局多集中在一起，侨批公会就在侨批局附近，侨批局负责人经常到侨批公会喝茶聊天，交换信息"。① 在南洋，潮属侨批公会成立时间较晚，如新加坡潮侨汇兑公会成立于1929年。不过，在南洋各地侨批公会成立之前，不少侨批局或其负责人都加入了当地的华侨商会（陈丽园，2007）。汕头侨批公会与泰国、新加坡等地的侨批业及其他社团组织（如潮州会馆、华侨商会等）保持着密切的联系，协调着汕头侨批局与外洋侨批局间的关系，共享两地信息，使集体惩罚的威胁变得更为可信，维护了侨批业的诚信经营。

第三，同乡会馆、宗亲会馆等是人们共享信息的重要渠道。在东南亚潮汕人

---

① 2019年1月11日，于汕头市中信春泽园对振盛兴侨批局后代曾益奋先生（81岁）进行访谈。

的主要聚居地，自发形成了发达的同乡会馆、宗亲会馆等组织，这些组织是华侨分享信息的重要渠道。如在新加坡，1949年之前成立的潮汕人社团组织多达29个，如潮汕人社团的最高组织"新加坡潮州八邑会馆"，还有潮安、澄海、揭阳、潮阳、惠来、普宁、饶平、南澳等县属会馆等（黄挺，2008）。在泰国曼谷，除了曼谷潮州会馆外，还设有潮安、揭阳、潮阳、普宁、澄海等县级同乡会馆等。大量的会馆组织是族群成员进行联谊、交流信息的重要渠道。

侨批经营网络是嵌入在跨国潮人社区中的，乡族联系为社区提供了充足的信息，再加上华人社会通过发行"华文报纸"，更是形成了全面的信息网络（滨下武志，1999）。同时，侨批递送的回批制度也降低了委托人与代理人之间的信息不对称。侨批公会不仅是能够共享代理人信息的组织，也是维护行业规范的侨批业联盟。这些制度要素为以声誉为基础的社群执行机制的实施提供了组织保障。

二、具有共同的文化信念：集体惩罚信念

在潮汕侨批网络中，侨批局只雇用本帮侨批局作为代理人，而且会给代理人足够的回报来确保他诚实守信。同时所有的本帮侨批局都不得雇用曾经欺骗过本帮乡亲和侨批局的代理人，即对不诚实侨批局进行集体惩罚。

侨批局的服务具有地域性，"用乡谊的关系，维持各家的营业范围"（郑林宽，1940），从而形成各帮派，如潮汕帮、福建帮、海南帮等。"各帮批局的业务皆以其本县本乡者为主。在南洋如此，在国内亦然"（姚曾荫，1943）。如泰国振盛兴侨批局，其成立之初只接收家乡澄海上华镇各村的华侨批信，后来扩大的投递范围也仅限于潮汕地区。

由于侨批局的营业范围具有地方性，服务对象多是本县本乡的乡亲，因此在其经营网络中，无论是华侨与侨批局，还是合作侨批局之间，大家彼此都比较熟悉。只要侨批局是诚实的，委托人就会始终雇用他，一旦其行骗，就绝不继续雇用他，其他潜在委托人也不会雇用他。这种策略使代理人为保住饭碗而内生地激励着自己保持诚实。当然，委托人需要给予代理人足够的收益。有了这些信念和收益，相比于侨批局行骗的短期获利，诚实的侨批局可以收获更多的长期收益。

如果其他条件相同，这些信念会降低委托人为保持代理人的诚实而支付的费用。之所以会这样，是因为侨批局在欺骗某个委托人的时候，会有失去与其他委

托人关系的风险，而诚实的侨批局将从委托人未来的重复交易中得到更高的收益。

未来合作关系是基于以前的行为——这就是声誉机制的精髓（阿夫纳·格雷夫，2008）。侨批局一旦有不诚实行为，受骗华侨自然不会再次委托其递送侨批，其他华侨也很容易获取该侨批局的不诚实行为信息，也不会委托该侨批局。在侨批局的代理合作中，侨批局也是根据代理人过去的行为考虑将来雇用与否，并对那些被认为有欺骗行为的代理人实施集体惩罚。因此，侨批局一向十分注重声誉。侨批业文献有联盟运作最直接的证据，它表明代理关系由多边声誉机制治理，代理人愿意牺牲目前的利益来维持他们在行业中的良好声誉。

吧城（Batavia）华人公馆档案的有关记载提供了侨批业中集体惩罚的证据。① 水客邱阿长，因为回唐山后与人打官司破产，无法还清批银，返回吧城以后，也不敢再从事水客，改作猪贩（包乐史和袁冰凌，2004）。水客是侨批局的前身，该事例表明水客一旦有欺骗行为，在集体惩罚下只能退出该行业。"水客只为同乡熟人带款，如水客延误投交或无投交，这个水客在南洋就没有立足之地，侨民也不再上他的当。"（邹金盛，2001）同样的道理，声誉是侨批局的生命。为维护侨批局良好的声誉，侨批局甚至愿意牺牲一定的利益。如 1940 年，因为战乱，泰国侨民刘梓磐寄给汕头澄海上华镇凤岭乡其妻子收的两次侨批均丢失，为了维护声誉，泰国振盛兴侨批局只好用原留在侨批局备查的票根（即寄批款的存根），另贴邮票寄出（邹金盛，2001）。

侨批业从业人员的回忆也印证了侨批业中存在集体惩罚机制。有信侨批局经理芮诒埙（1987）提到，"每次来批不论多少，例于当晚办理清楚，虽通宵达旦，务必悉力以赴，盖明天一早，必须赶赴各处舟车第一帮，否则市面谣言兴起，谓某批局本帮来批，不能出门，必是倒闭。所谓一夫夜呼，乱者四应，不上三五天，便传到海外，寄客如果仍然收不到回批，立即兴师问罪，风潮陡起，以至不可收拾"。这表明在跨国侨批业中不仅存在快捷的信息共享机制，对信誉不

---

① 吧城是吧达维亚（Batavia）（今印度尼西亚雅加达）的简称。吧城华人公馆正式设立于 1742 年，以处理华人社会事务。吧达维亚华人公馆的档案资料记载了 19 世纪中叶侨批局出现之前侨批业营运的情况，包括早期水客、经营方式、经营过程的信用保证、侨批纠纷的解决、经营过程中不可预见情况的处理等。

佳的侨批局也存在集体惩罚行为。在声誉机制下，侨批局都清楚信誉的重要性，都秉持着共同的信念：侨批局一旦有欺骗行为，将受到全体同乡的惩罚，侨批局必然倒闭。

三、具有共同的认知体系：侨批业惯例或规范能让人们对代理人有争议的行为达成共识

对不同的行为，"行骗"必须被定义为一种肯定能引起集体反应的行为。如果一些商人认为某种行为构成"行骗"，而另外一些人持有不同的观点，那么就会破坏集体惩罚的阻吓作用（阿夫纳·格雷夫，2008）。这种协调可以通过签署详细的规定代理人义务的合同，以一份全面的合同来达成共识，但在近代跨国商业运作中，囿于复杂性、不确定性和当时的通信技术，双方签署如此详细的合同是不可能的。

在近代，具有经商传统的潮汕商人已形成了一套商人惯例，特别在侨批业中，更是形成了相应的惯例或行业规范，这些惯例或规范规定了在没有涉及委托人指示的情况下，代理人应该如何诚实地行事。这些惯例或规范一定程度上替代了完备合同，是侨批业的共同文化规则，让人们对代理人有争议的行为能达成共识，是侨批业者的共同认知。侨批业惯例或规范主要包括以下几个方面：

第一，确保侨批安全。近代跨国侨批递送面临很多不确定性，如遭遇海难、抢劫、华侨和侨眷的变故等，侨批业的惯例和规范保证了侨批递送的安全。比如，在遇到海难的情况下，根据不同的损失程度，水客将担负不同的责任。根据吧城华人公馆的档案资料记载，如果货箱堕海，批银失落，但是船只没有损坏，则寄批者和水客各自负担一半的损失；如果船只完全损坏，船主不必向搭乘本船的水客负责，水客也不必向寄批人负责；如果船只遭遇风险，最终还是平安抵港，则水客不得借口侵吞批银。再如，水客可以利用批款做生意，但如果生意亏损导致无法及时送达批款，则必须偿还批款并加40%的贴水（黄挺，2009）。为维护侨批分发的安全，汕头侨批公会制定了《汕头市侨批业同业公会章程》，并与南洋侨批局达成共识，"凡有盗劫损失，历来概由外洋批局负担"。[①] 这些惯例

---

① 《汕头市档案馆藏伪汕头市侨务局档案》，汕头市档案馆藏，档号12-7-49。

或规范为侨批安全递送提供了安全保障。

第二，侨批务必准确投送。批信寄递地址往往不够详细，甚至有误，或者收批人已经去世，侨批局都会千方百计地找到收批人或收批人的后代，从华侨的角度出发妥善处理，而不是简单退回了事。据潮安县浮洋镇茂生侨批局批脚林奕顺回忆，"有一次他分批的侨户地址仅写'玉湖·蔡仁荣'，但他找遍整个玉湖乡却没有找到一个叫蔡仁荣的，后来多方打听，发现邻县揭阳也有个'玉湖'乡，而且当地人大都姓蔡，于是便把批信转到揭阳的玉湖，终于找到了蔡仁荣"（沈文，2004）。批脚庄雪卿有一次到澄海长宁村送侨批，有一封侨批是一位泰国华侨寄给叔祖父的。由于村里没有人认识泰国的寄批人，大家都让她将这封侨批退回去。但她为了不让海外侨胞失望，让村里的几位老人作证，当着大家的面将侨批拆开来看，根据信中内容最终确定收批人已逝世。在几位老人的帮助下，庄雪卿将侨批送交这位收批人的后裔（陈璇珠，2004）。在潮汕沦陷期间，侨批局更是冒着生命危险，想方设法把侨批安全地送到侨眷手里，救侨眷于水深火热之中（王炜中、杨群熙和陈骅，2007；邹金盛，2001）。

第三，回批务必快捷。侨批局"首重批款，更重回批。批业广告每以'汇价从廉'与'手续简便'为标榜，而以'回文快捷'最重要，这是批业精髓所在，亦是批信局业务竞争最有力的号召"。因此，侨批局均在"快"字上做文章。如批信先到而批款未到的情况下，侨批局会先行垫款，以便将侨批尽快送达侨户，并早日将回批寄回南洋侨批局以交寄批人。"但批业有一特色，批信已到，批款还未来，亦照派不误，不像银行没有头寸而退票或搁延。"（西尊，1947）

第三节　模型：代理人的承诺问题和多边惩罚策略

在侨批网络中，南洋侨批局最终要对寄递侨批的华侨负责，华侨与南洋侨批局间的代理关系最为关键。因此，本节中我们以寄批人为委托人、南洋侨批局为代理人，以二者之间的代理关系为例分析侨批网络中的委托代理问题。当然，本节的模型分析也适用于侨批网络中其他层面的代理关系，如南洋侨批局与汕头侨批局之间的代理关系。

参考阿夫纳·格雷夫（2008）的商人联盟博弈模型和青木昌彦（2006）对合同执行的私序制度的分析，侨批网络中的多边惩罚机制可通过表 6-1 的博弈模型得以解释。在模型中：

W 为寄批人在阶段博弈之初决定固定佣金的水平；

R 为侨批局诚实时所创造的利益；

A 为侨批局从欺骗中所获得的当期总收益；

−B 为欺骗行为对华侨造成的损害。

侨批局受雇时的策略集合由两项决策构成：诚实或欺骗。寄批人的目标是控制侨批局的欺骗行为，其策略集合由下述决策构成：在阶段博弈之初决定固定佣金的水平 W，在阶段博弈结束时决定是否继续雇用侨批局，如果不想留用，就决定在下一个阶段博弈开始时雇用谁。

假定寄批人总是要开除不诚实的侨批局。寄批人被迫终止与侨批局的关系的概率为 p。当然，影响终止雇佣关系的不仅是侨批局出现欺骗行为，还有其他不确定因素，如海难、侨批局负责人死亡等，这些都降低了寄批人承诺将来继续雇用或保持佣金水平的能力。

侨批局从欺骗中所获当期总收益为 A，欺骗对华侨造成的损害为 −B。侨批局没有侨批业务时的效用为零。侨批递送雇佣合同的报酬结构如表 6-1 所示，其中行参与人是寄批人，列参与人是侨批局，寄批人的策略有雇用和不雇用两种。

表 6-1　寄批人—侨批局博弈的报酬结构

侨批局 ＼ 寄批人	雇用	不雇用
诚实	W, R − W	0, 0
欺骗	A, −B	0, 0

模型假定了一个固定佣金安排以及在有限的将来继续雇用的承诺。如果侨批局诚实就再次雇用他（除非被迫分开）；如果行骗，就解雇他，绝不雇用曾经欺

骗过其他华侨的侨批局。如果代理关系被迫中断，则寄批人将随机在未被雇用且没有行骗记录的潮帮侨批局中选择一个。侨批局的策略选择是，如果给予佣金 W，则诚实；如果低于 W，则行骗。

那么，我们需要考虑由寄批人报出的佣金（侨批局递送侨批的报酬）的决定因素。当寄批人选择雇用和侨批局选择诚实时，侨批局的报酬是内生地由寄批人来决定的。在多边惩罚策略下，侨批局诚实将得到超过保留的收入，侨批局不诚实则面临解雇。雇用关系终止之后，该侨批局如果从未有过欺骗行为，他重新被雇用的概率假设为 h_h；如有过欺骗行为，重新被雇用的概率为 h_c。用 V 代表当期被雇用而且受雇时一直恪守诚实策略的侨批局的终生预期收入的现值。用 V_h 代表目前没被雇用但一直诚实侨批局的终身预期收入的现值；用 V_c 代表目前没被雇用但曾经欺骗过华侨的侨批局的终身预期收入的现值。于是我们有：

$$V = W + \delta[(1-p)V + p V_h] \tag{6-1}$$

$$V_h = h_h V + \delta(1-h_h)V_h \tag{6-2}$$

$$V_c = h_c V + \delta(1-h_c)V_c \tag{6-3}$$

其中 δ 是贴现因子。行骗一次的终身预期收入是 $A + \delta V_c$，如果它小于 V，侨批局将不会选择行骗。即如果未被雇用的行骗者和被雇用的侨批局的终身期望效用之间的差别大于从一个时期的行骗中所获得的收益，那么侨批局的最优选择就是保持诚实。如果式（6-4）成立，该条件将得到满足。

$$W \geq A[1-\delta(1-h_h)(1-p)]\frac{[1-\delta(1-h_c)]}{[1-\delta(1-h_h)]} = \text{def } W \tag{6-4}$$

寄批人可通过设定佣金 W 来控制侨批局的欺骗行为（我们假设它小于侨批局诚实时所创造的利益 R）。从上述条件很容易看出，寄批人选择佣金的最优策略与他的概率估计 h_i 有关。特别地，最优佣金 W 随 h_c 的增加而增加。更确切地说，如果 $h_c = h_h$，即寄批人预期其他华侨会不计前嫌，会从没被雇用的侨批局中不加选择地进行雇用，那么，寄批人有必要将佣金定在 $W = A[1-\delta(1-h_h)(1-p)] = \text{def } W_i$，以控制侨批局可能的欺骗行为。此外，如果 $h_c = 0$，也就是说，寄批人预期其他华侨只雇用诚实的侨批局，那么，他可将佣金定在如下水平：

$$W = \frac{(1-\delta)}{[1-\delta(1-h_h)]} W_i = \text{def } W_c \tag{6-5}$$

可以看出，$W_i \geq W_c$，即预期其他华侨只雇用诚实侨批局，那么可以将佣金定于一个较低的水平。

寄批人的雇用策略可分两种极端情形：一种称为多边惩罚策略。即寄批人采取不雇用有过欺骗行为的侨批局，给受雇的侨批局提供佣金W_c。这一策略只有在寄批人之间存在密切的信息网络，侨批局的欺骗行为容易被识别的情况下才是可行的，这种策略也称为集体主义策略。另一种称为双边惩罚策略。即寄批人采取不加区分地雇用任何没被雇用的侨批局，并一律提供佣金W_i。这一种策略寄批人可以单方面决定，不用与任何其他人配合，这种策略也称为个人主义策略（阿夫纳·格雷夫，2008）。如果相关的预期是自我实现的，那么，这两种策略所提供的佣金都能阻止欺骗行为。给定上述任何一种寄批人策略下的佣金水平，侨批局的最优策略都是保持诚实。

在多边惩罚和双边惩罚均衡中，均衡结果均可由侨批局的诚实策略来刻画。但这些结果是来自寄批人和侨批局关于在欺骗的情况下（即非实际博弈路径）对方将采取行动的预期。这些预期被阿夫纳·格雷夫称之为文化信念，即侨批网络中的成员是否会对欺骗者进行集体惩罚，因为均衡可能是多重的，集体惩罚的文化信念构成了对经济参与人行为的制度性约束。

侨批网络所嵌入的跨国潮人社区是一个依托乡族关系构建的熟人社会，具有集体主义文化价值观念。跨国潮人社区发展出密切的信息网络，对那些有悖于侨批业惯例和规范的行为进行集体惩罚是潮汕侨批业的共同信念。在此信念下，华侨的最优选择是参与集体惩罚。

在多边惩罚策略下，寄批人严格偏好于雇用诚实的侨批局，诚实的侨批局可以预期在将来被雇用，而曾经行骗的侨批局则没有这个预期。在多边惩罚策略下，对于委托人来说，雇用诚实侨批局是最优的选择。如果雇用了行骗者，则必须支付高于W_c的佣金以阻止进一步的欺骗行为。因此，多边惩罚是自我实施的，每个寄批人严格倾向于雇用诚实的侨批局，支付低于W_i的佣金，这将鼓励华侨寄递更多的侨批，促进侨批业务的增长，提高侨批网络的效率。

第四节　侨批局诚信与多边惩罚条件

在侨批业中，侨批局获取利润主要有两大来源：一是向寄批人收取的手续费，即汇费；二是利用汇率变动进行套汇获利。[①] 在实行银本位的时期，批款采用大洋汇寄（饶宗颐，2005），汇率的问题并不重要，侨批局的利润主要来自收取手续费。手续费与官方收费相比较低。如 1876 年新加坡政府设立华人小邮局时对侨批的收费高达批款的 5% ~ 10%。而在 1887 年，侨批局收费低的只占批款的 1.5%，最高的也不超过批款的 5%（陈丽园，2004）。到货币本位制时，通过货币汇兑获利逐步成为侨批局的主要获利途径。寄批手续费也比较低，汇费一般为批款的 1%（姚曾荫，1943；何启拔，1947）。如果汇兑套利大，则汇费可能降低。"批信局重汇价，不重汇费，总期在汇价上申算多获一点利益。"不过，"批信局的汇价，通常比银行为廉"（西尊，1947）。当然，套汇毕竟也有风险，亏损也是常有的事情（姚曾荫，1943）。

无论是汇费还是汇价的收取，侨批局都要比官方便宜。换言之，侨批局向寄批人收取的费用是比较低的，加上侨批局服务具有地域性，因此，有学者认为侨批局具有社会互助的功能，主要是为了服务乡亲（顾士龙，1948；陈丽园，2007）。

不过，从上面博弈模型分析来看，我们认为，侨批局收取较低的费用，并非完全出于社会互助的性质，也是侨批网络作为一个以声誉为基础的组织有效发挥作用的结果。在多边惩罚策略下，华侨支付给侨批局的费用要比在双边惩罚策略下低，这会鼓励华侨多寄侨批，提高侨批网络的效率。收费的降低和效率的提高意味着在联盟中组建代理关系不但能降低委托人的费用，而且能提高代理人的终身期望效用，使之高于双边惩罚策略情况下的诚实代理人的终身期望

[①]　一些侨批局兼营进出口业务，也有通过挪用批款充当资本等获取收益。特别是在侨批业早期，水客可挪用批款经商获取收益。当然，不管挪用批款盈亏如何，侨批局、水客都必须将批款如数交付收款人。

效用。

但是，一旦多边惩罚条件无法满足或者代理人从一次行骗中能获得的利益足够大时，代理人将选择行骗。抗日战争胜利后，侨批业的经营环境发生了很大变化，多边惩罚机制已难以发挥作用，许多侨批局也不再诚信，通过掌握侨汇头寸获取丰厚利润。战后侨批业经营环境的变化主要体现在以下几个方面：

第一，战后侨批业进入兴盛时期，海（境）内外侨批局数量大为增加，人们获取侨批局信息的成本也在上升。战后华侨为了解家乡亲属情况，纷纷寄侨批回乡，南洋各地原有侨批局虽日夜加班，也难以及时处理汹涌而至的侨批。据汕头邮政统计，由汕头侨批中转局经办的侨批，1947 年 12 月达 14 万多件，是 1943 年 12 月的 1.4 万件的 10 倍。据《南洋中华汇业总汇年刊》统计，汕头市民间侨批局 1947 年收转的侨批为 163.79 万余封，1948 年增至 198.87 万余封，1949 年为 141.54 万余封（王炜中等，2013）。随着"二战"结束后侨批业的迅速恢复和发展，南洋新成立的侨批局快速增加。1945～1946 年，泰国新成立的侨批局就有 29 家之多（邹金盛，2004）。由于可服务侨批局数量的增加和侨批业务规模的扩张，人们获取侨批局信息的成本也上升，信息共享机制已不如以前有效。

第二，战后侨批业利润主要来源已由批佣收入转变为掌握侨汇头寸，侨批局通过侨汇投机获取丰厚利润（邹金盛，2001）。战后南洋各地政府先后实施外汇管制，民国政府也实行外汇全面管理，限制侨汇以黑汇流入国内。不过，抗战胜利后，国民党大肆发行国币，战前国币发行总额尚不足 14 亿元，1945 年底已突破 1 万亿元大关，1946 年底达约 3.7 万亿元，比上年同期增长 2.6 倍；1947 年 12 月高达约 33 万亿元，比上年同期增长近 8 倍；发行金圆券前夕的 1948 年 8 月 21 日，国币发行额竟达 660 万亿元以上，仅 8 个月就比上年底增长了 19 倍（见表 6－2）。物价狂涨迫使国民党发行金圆券，可金圆券的发行量却以更快的速度膨胀，1948 年 8 月金圆券发行 5.44 亿元，到 1949 年 4 月发行总额高达 51612.4 亿元，增长 9487 倍（见表 6－3）。华侨所寄批款，一斤纸币，买不到一斤大米（邹金盛，2001）。

在南洋各国进行外汇管制和国内货币急剧贬值的情况下，侨汇业经营转入黑市，南洋侨批局多把批款汇往香港地区，套购港币，然后兑换国币，利用国币贬值和正常寄运批信、转驳批款的时间差牟取利益，也有侨批局有意无意拖延兑付批款牟取厚利（王炜中、杨群熙和陈骅，2007）。如 1948 年，晋江、南安等十余县"被积压的侨款每县均在几千万以上"，泉州涵江侨批局积压挪用侨汇时间甚至长达 30 天（焦建华，2017b）。特别在中华人民共和国成立前夕，货币更是大幅贬值，侨批局拖延兑付一次批款，也足以获取巨大利益。加之当时局势动荡，侨批局是否故意拖延兑付批款以牟取利益难以判断，人们对侨批局的套汇行为是否适当也难以达成共识。因此，多边惩罚机制难以发挥作用。

表 6 – 2　1946 ~ 1948 年法币发行额、指数及上海物价指数

年份 月份	1946			1947			1948		
	法币发 行额 （10 亿元）	指数 （1946 年 1 月 =1）	上海物价 指数 （1946 年 1 月 =1）	法币发 行额 （10 亿元）	指数 （1946 年 1 月 =1）	上海物价 指数 （1946 年 1 月 =1）	法币发 行额 （10 亿元）	指数 （1946 年 1 月 =1）	上海物价 指数 （1946 年 1 月 =1）
1	1149.9	1	1.0	4509.5	3.9	5.1	40940.9	35.6	87.8
2	1261.2	1.1	1.7	4837.8	4.2	8.2	53928.7	46.9	125.7
3	1345.6	1.2	2.1	5744.1	5	8.6	69682.1	60.6	203.2
4	1528.1	1.3	2.0	6901.1	6	10.4	97798.9	85	235.6
5	1796	1.6	2.2	8381.3	7.3	16.1	137418.8	119.5	338.6
6	2112.5	1.8	2.4	9935.1	8.6	18.1	196520.3	170.9	1233.1
7	2158.1	1.9	2.5	11664.1	10.1	21.0	374762.2	325.9	1794.6
8	2376.1	2.1	2.7	13697.3	11.9	22.8	663694.6	577.2	—
9	2700.6	2.3	3.1	16948.1	14.7	28.9	—	—	—
10	2983.9	2.6	3.8	20791.2	18.1	45.5	—	—	—
11	3296.2	2.9	3.9	26878.9	23.4	51.5	—	—	—
12	3726.1	3.2	4.3	33188.5	28.9	62.8	—	—	—

资料来源：吴冈：《旧中国通货膨胀史料》，上海人民出版社，1958 年版，第 94 – 96 页；张公权：《中国通货膨胀史 1937 – 1946》，第 242 – 243 页。转引自袁丁、陈丽园、钟运荣：《民国政府对侨汇的管制》，广东人民出版社，2014 年版，第 216 页。

表 6 - 3 1948 年 8 月至 1949 年 4 月金圆券发行额、指数及上海物价指数

年份	月份	金圆券发行额（10 亿元）	指数（1948 年 8 月 = 1）	上海物价指数
1948	8	0.544	1.00	1
	9	1.202	2.21	1.1
	10	1.850	3.40	1.2
	11	3.394	6.24	13.7
	12	8.320	15.29	19.2
1949	1	20.822	38.28	69.1
	2	59.644	109.68	482.0
	3	196.060	360.40	2175.6
	4	5161.240	9487.57	112490.7

资料来源：吴冈：《旧中国通货膨胀史料》，上海人民出版社，1958 年版，第 122 页；张公权：《中国通货膨胀史 1937 – 1946》，第 243 页。转引自袁丁、陈丽园、钟运荣：《民国政府对侨汇的管制》，广东人民出版社，2014 年版，第 217 页。

"是以战后批局又如雨后春笋般的林立，利市百倍，获利颇丰。不但南洋的批局是这样，国内的批局亦莫不如此。"（何启拔，1947）侨批局从原来只收取手续费转变为掌握侨汇头寸、炒卖侨汇的投机商，一些侨批局拖延兑付批款、炒卖外汇，以牟取暴利。不过，不诚实的侨批局虽然在短时间内获得暴利，但也很快失去信誉而倒闭（邹金盛，2001）。

本章小结

在近代跨国商业运作中，由于存在信息不对称、通信技术落后、合同签署欠完备、法律合同执行能力有限等约束条件，造成了合同执行不力和相互协调困难的问题，而侨批网络的出现减轻了这一情况。在侨批网络中，信息共享增强了人们之间的熟悉程度，使集体惩罚成为可信的威胁；网络成员对将来的雇佣和集体惩罚的信念，将侨批局当前的交易行为和侨批局与所有潮汕华侨、潮帮侨批局之间的未来交易相联系。网络成员以及他们对集体惩罚的共同信念对每个侨批局而

言都是外生的，每个成员应对这些外生条件的最佳策略就是保持其成员身份，并参与集体惩罚，因此联盟是自我实施的，集体惩罚也是可信的。众所周知的侨批业惯例和规范为各种行为提供了统一的解释，推动了协调行动，从而增加了集体惩罚威胁的保障力。

侨批网络作为一个联盟，为多边惩罚提供了相应的条件，因此，侨批局都会保持诚信。但到了中华人民共和国成立前夕，侨批网络中的信息共享机制弱化，侨批局拖延兑付批款收益巨大，人们对侨批局的套汇行为是否适当难以达成共识，侨批网络已无法满足多边惩罚条件，对侨批局的约束弱化，导致一些侨批局出现了欺骗行为。不过，仍有一些侨批局坚持诚信经营，并从保护侨眷利益出发，采用"一批二送"方式，努力做到快捷送批。

第七章 地域文化与侨批网络治理

第一节 侨批网络治理模式描述

上一章我们论述了侨批网络中的多边惩罚机制和文化信念在治理中发挥的核心作用。不过，多边惩罚机制只是侨批网络治理中的一部分，而治理模式是一套制度体系，侨批网络的有效治理是各种制度要素互补的结果。侨批网络的治理模式包括不同的制度要素（如规则、信念、规范和组织），不同的制度要素具有不同的作用，每一个制度要素都对行为秩序的产生做出不同贡献，它们互为补充，保障侨批网络的有效运作。我们需要识别侨批网络治理中的激励工具都有哪些，有什么样的商业习俗和惯例等，从激励互补的角度分析这些制度要素能否使侨批网络治理变得更为有效。

从整体上看，侨批网络选择了以血缘和地缘为基础的乡族关系治理模式。侨批网络治理内容包括组织形式、激励机制、约束制度等，这些内容大多在第四章已有比较详细的论述，本章将从侨批网络治理模式的角度，对这些内容进行重新组织和归纳，以展示侨批网络治理模式的重要特征。

一、组织形式：依托乡族关系

批局多为家族所有或合伙经营，合伙人多为族人或同乡。血缘和地缘叠合的宗族社区，决定了侨批局从族人和同乡中选拔经理和员工。一旦聘用了经理，老板便委以重任，经理只要定期向老板汇报工作情况就行。[①] 侨批局雇用的批脚均为族人或同乡，一方面是这些族人和同乡熟悉当地情形，另一方面是大家彼此都很熟悉，具有较好的信任基础。如澄海振盛兴批局雇用的 13 位批脚中有 11 位是曾姓同乡（邹金盛，2001）

侨批是跨国递送，只有少数批局在南洋和潮汕地区设立批局，形成自收自送的侨批网络。大多数南洋批局通过委托国内侨批局代理送批业务，合作批局负责人一般是同乡或同族关系，依托乡族关系，海（境）内外批局构建起跨国侨批网络。

无论是批局的内部组织还是外部组织，均依托乡族关系建立合作关系，乡族关系为侨批网络的运作提供了信任基础。

二、激励机制：地缘血缘化

批信局从宗族和同乡中选用经理和伙计，将员工视为"自家人"，并采用薪金、奖金等形式激励员工。如有的批局不仅给批脚以高薪和奖金，还有交通补贴等，"故绝少有侵吞、盗用其所经解批银者"（芮诒埙，1987）。在 20 世纪 30 年代，潮汕各地批脚的报酬是按月计薪，每月由批局付给 10 元左右的工资（何启拔，1947），年底根据营业情况颁发奖金。

批局员工均为同乡或宗亲，通过泛家族化，财东将员工视为自家人，员工如遇红白事，财东均有慷慨的赠款以及热情的祝贺或亲切的慰问。员工也以主人翁的态度努力工作，与批局同舟共济。往往一人兼多人之职，只求业务发展。

三、约束制度：惯例和文化信念

（一）惯例：业务规范和行业规范

侨批的跨国递送面临较大的不确定性，存在比较严重的委托代理问题。在近代法制不完善的条件下，批局的经营全凭信用，诚信经营是批局的道德标准。为树立声誉，批局通过道德可视化，将诚信经营书面化，形成正式、严格的业务规范和行业规范，以约束合作批局和伙计的行为。侨批业业务规范和行业规范是在

长期经营过程中逐步形成的，不少内容是习惯做法的书面化，业务规范和行业规范主要包括：①收批列字与编号制度；②回批、票根制度；③查验制度。

（二）文化信念：侨批信念和集体惩罚

以方言为身份标识的潮汕人，共同的地域宗族文化和信仰让他们容易形成共同的文化信念，特别是对侨批的共同文化信念，这些文化信念对海（境）内外潮汕人特别是侨批业者具有重要的约束力。潮汕人对于侨批业的文化信念包括两个方面：

一是对侨批的内化信念。即人们对侨批的共同认知。随着下南洋习俗和华侨寄批习俗的形成和发展，海（境）内外潮汕人对于侨批有着共同的认知。下南洋的是家中的青壮年劳动力，留在家中的多是嗷嗷待哺的妇孺。批款是华侨的血汗钱，是华侨用于养家、祭祀祖宗和神明的，批款关系着侨眷的生存生活，寄托着华侨养家的责任、孝心，也是华侨与家属唯一的联系纽带。在潮汕宗族村落社区，有四到五成人口需要依赖批款生活，保护侨批安全不仅是官府也是全体潮汕人的共识和责任，并内化为人们的共同信念，即"侨批是华侨的血汗钱，是侨眷的活命钱，侵吞、抢劫侨批是会遭到报应的"。①

二是集体惩罚的行为性信念。行为性信念是关于他人在各种可能情况下的行为是否真正发生的信念。在跨国潮人社区，基于血缘和地缘构建起来的侨批网络反映了一种制度化的信念，即潮汕人能够共享信息并集体惩罚行骗者。批局一旦行骗，必将倒闭；人员一旦行骗，必将失业。

另外，海（境）内外侨批公会在规范行业行为、保护侨批方面也发挥着重要作用，如批脚送批遇劫，汕头侨批公会章程规定："同在一乡村界内，前劫案尚未解决，续又发生劫案而再不为有效救护时，除请官厅严办外，并通知外洋批局停止收寄该乡批银以示惩戒。"② 这可以看作是对保护侨批不力的乡民的集体惩罚。汕头侨批公会对于批脚送批安全"订有保护奖恤追究等办法，官厅民众皆乐协助，故失批之事尚少闻也"（饶宗颐，2005）。

---

① 2019 年 1 月 10 日，于汕头市澄海区隆都镇后埔堤兜村对潘合利批局批脚潘得勤先生（94 岁）进行访谈。

② 汕头市档案馆藏伪汕头市商会档案，全宗号 12、目录号 9、案卷号 270，《四五至四八年关于侨批业同业公会组织章程名册各商号批伙名册》，第 23－31 页。

总的来讲，侨批网络采用了"血缘＋地缘"的乡族关系治理模式。潮汕批局只为潮汕同乡同族提供服务，批局从族人和同乡间选拔经理和伙计，以薪金和奖金激励员工，用比较正式的业务规范、行业规范约束经理、伙计和代理人，用非正式的文化信念约束海（境）内外潮汕人，对有欺骗行为的侨批业者进行集体惩罚。并通过侨批公会对保护侨批者进行奖励和抚恤，对保护不力者进行集体惩罚，以保护侨批的安全递送。

第二节　作为外生条件的地域文化特征：宗族社区文化

是什么原因导致潮汕侨批网络选择基于血缘和地缘的乡族关系治理模式呢？我们认为，首先要探讨侨批网络兴起前潮汕地区和南洋移民社区的外部环境条件，找出决定侨批网络治理模式的外生因素；其次从治理模式出发，分析委托人如何激励并约束代理人以及治理模式如何选择地域文化等非正式制度。这样才能系统地理解侨批网络的治理模式及其效率实现方式。

从侨批网络治理模式来看，该模式离不开潮汕地域文化和南洋潮汕移民文化。在近代侨批网络兴起之前，[①] 潮汕地区已发展成为典型宗族社区。移民南洋的潮汕人大多同族同乡聚居一处，保留并发扬着家乡文化，南洋潮汕移民文化的内涵本质上与潮汕地域文化是一样的。我们对第二章有关潮汕文化内容进行归纳精炼，选择了与侨批业关系比较密切的文化内容，即从宗族文化、民间信仰、下南洋和寄批习俗来探讨潮汕宗族社区文化对侨批网络治理模式的影响。

一、宗族文化

在潮汕宗族村落社区，宗族文化表现最为突出的是祖先崇拜和孝文化。祖先

---

① 在批局产生之前，侨批基本上由水客传递。由于水客在海外没有固定营业场所，华侨寄批很不便利，为满足日益增长的寄批需求，一些水客于19世纪晚期投资创办了侨批局。到1882年，汕头的侨批局数量已达12家，此时侨批网络兴起，并于20世纪30年代进入稳定期。

崇拜是宗族村落社区里最重要的礼俗。人们之所以固守着祖先崇拜，一是受传统的孝的伦理观念的影响，认为做子孙的对祖先有祭祀的义务；二是相信去世的先祖，有操纵后代子孙祸福的权力。因此，人们对于宗祠、家祠和祭祀都极为重视（陈礼颂，1995；陈达，2011）。宗祠里神龛上安列着历代祖宗的神主牌，各家的神主牌便俨然成为对祖宗崇拜的象征。祖先崇拜活动包括祭祠、祭忌和墓祭，凡行祭必皆有一定的仪式，其中祭祠、墓祭的仪式最为隆重。

在宗族村落社区中，"孝"是极为重要的观念。孝更多地指血缘群体中个人对他人的权利、义务和责任（葛学溥，2012）。到南洋谋生的华侨对祖籍的重要任务之一是寄批，寄批的主要作用在于表明对家庭尽责和对双亲尽孝道，侨汇主要用于养家、为长辈祝寿、祭祀祖先和神明等。"他们具有一种传统信念认为寄钱给在故乡的亲属，以便在各大节日中用于作为祭祀祖先的费用。"因旅居海外不能亲临祭拜，华侨遂以寄批方式汇款回去，以表达他们对祖先的怀念并为家族积福（旺威帕·武律叻达纳攀和素攀·占塔瓦匿，1991）。

二、民间信仰

既有了祖先崇拜，于是有了灵魂泛在的信仰和鬼神迷信的习俗，在乡人的心中，往往感到神明的存在。这可以说是宗族村落社区特质之一（陈礼颂，1995）。在近代，民间信仰已成为潮汕地区人们生活习惯的一部分。最普遍受到崇奉的神明有土地神（伯公）、灶神（司命公）、三山国王、妈祖、关公、双忠公等。对神明的信仰不仅能够福佑于人，还连接附近村落，有利于村落的整合和团结。随着清代海上贸易的兴起，从事海上贸易的潮汕商帮迅速崛起，海商保护神妈祖和义薄云天的关公成为潮州社会最有声势的神祇崇拜（黄挺，2008）。对于华侨家庭来讲，家人在南洋身体平安、事业顺利、生意兴隆至关重要。因此，他们对于祈求神明保佑的信仰也越发重视，华侨也会汇款回家用于祀神。每到年初，潮汕各地会举办游神赛会活动，祭拜各路神明，非常隆重。

潮汕人移民南洋，在潮汕人聚居处往往设有自己的庙宇，像在泰国的万望庙、新本头公庙、巴鲁妈宫等（素帕拉·乐帕尼察军，1991），与在潮汕本土相同，受到华侨普遍信奉的主要有土地神（伯公）、妈祖和关公等神明，祈求服水土、保平安和获财利。无论是在潮汕本土还是南洋地区，民间信仰强化了血缘和地缘的关系，更是增进了潮汕移民的凝聚力。

三、下南洋与寄批习俗

1860 年汕头开埠之前，潮汕地区居民随船出国谋生已是常见。汕头开埠之后，潮汕人下南洋更是络绎不绝，且渐成习俗，并于 20 世纪 20～30 年代达到高潮。

移民南洋的潮汕人，大多为穷苦人家的子弟，妻儿老小留居家乡，男人们只身出洋，主要为了赚钱养家，侨批是华侨与家庭保持联系的纽带。华侨一般都会定期（如月初或时节）寄批回家，寄批渐成习俗。批款用于养家糊口、孝敬长辈和节庆支出等，这也表明其对家庭尽责，对长辈尽孝道，因而也衍生出专为华侨传递家书和钱物的侨批业。

在近代侨批网络兴起之前，潮汕地区已是一个血缘和地缘叠合的乡族社区，我们将血缘和地缘叠合的关系称为"乡族关系"。近代潮汕人下南洋，正是在乡族关系的牵引下，在南洋也形成了同族同乡的聚居区，可以说是潮汕乡族社区的复制。加之潮汕方言作为潮汕族群身份识别的特征和方言背后的共同文化认同，无论走到哪里，只要是潮汕人，都会彼此视为"自家人"或同乡，潮汕侨批网络兴起于这一跨国乡族社区之中。侨批是潮汕宗族文化的体现，血缘和地缘合一的乡族文化，决定了侨批网络采用了基于血缘和地缘的乡族关系治理模式。

第三节　治理模式的内生选择：激励工具的互补性

侨批网络通过显性的和正式的业务规范和行业规范，以及隐性的传统文化习俗和文化信念，对违规的代理人（包括批局及其员工等）进行集体惩罚。那么，侨批网络治理模式是如何建立在乡族关系之上，使这些激励和约束工具相互支持的呢？

第一，批局雇用同乡同族人员是内生选择的结果。批局服务的多为本县本乡的乡亲，不仅登门收批和送批，还为华侨提供免息赊汇、代写书信等服务。只有批局的员工与顾客为同乡同族时，才有可能为顾客提供如此便利和人性化的服务，也才能有效地开拓侨批市场。

在南洋和潮汕地区，潮汕人拥有一个人数众多、认同感和凝聚力超强的同乡同族群体，这为侨批网络提供了重要的人力资源支持。批局分布于南洋和潮汕地区，一般家族不可能派出足够的家族成员到异地批局任职。因此，批局选用同乡或同族人员作为员工自然成为最佳选择。此外，批局采用的是联号制，但自设分号的很少，分号多为代理批局，选择同乡或同宗同族商人建立代理关系也自然成为批局的最佳选择。如在 1936 年，有 134 家海外批局与 51 家汕头批局建立代理关系，海外批局负责人和汕头批局负责人均为潮汕同乡，其中，批局负责人是同县关系者约占 75%，同宗关系者约占 43%（胡少东、孙越和张娜，2017）。

乡族关系可在侨批网络治理中发挥两个方面的作用：一是共同的方言、文化习俗和侨批信念，不仅有助于开拓侨批市场，还能有效降低信息沟通成本，减少交易费用；二是为集体惩罚机制的实施提供条件。在潮汕同乡圈子里有着密切的信息网络和信息共享，人们能够对不诚实行为进行集体惩罚。如果代理人存在侵吞批款等欺骗行为，面临的惩罚不仅是雇佣关系或代理关系的解除，还有在宗族、同乡内部的集体惩罚，即面临失业的境地。这样的两个惩罚互为补充，同时对违规者进行惩罚。

第二，乡族关系与薪金奖金制度是互为补充的。薪金和奖金对于惩罚机会主义行为往往是无效的，如难以防止代理人携款外逃等，对于侨批跨国递送来说，则更是如此。而乡族关系用于惩罚严重违规者是比较有效的，是对薪金奖金制度强有力的补充。但乡族关系的激励作用较小，因此需要采用薪金和奖金制度进行激励。

第三，乡族关系与侨批经营制度是互为补充的。侨批涉及跨国汇兑和传递，代理链条较长，面临较大的不确定性。虽然有乡族关系作为保障，但也无法为侨批跨国递送提供足够的外部支持，还须依靠比较正式的行规约束。通过收批列字与编号制度、票根制度、回批制度、验销制度等，以力求安全、及时送达侨批。这些制度降低了信息不对称，弱化了批局及其代理人的事后机会主义行为，并能追究侨批递送过程中不同环节相关代理人的责任，这些经营制度与乡族关系一起保障了侨批业的规范和高效运作。

第四，海（境）内外潮汕人的祭祀对象与侨批网络的治理模式是相互支持、相得益彰的。潮汕人既崇拜祖先以强调宗族价值血缘文化，也信奉伯公、关公、妈祖等神明，强调同乡团结的地缘文化。侨批网络以乡族关系作为治理模式的基础、以共同的祖先崇拜和民间信仰增进同乡同族的凝聚力来强化侨批网络的治理。

第四节　侨批网络治理模式与地域文化、信念的互动

以往研究大多强调潮汕地域文化对侨批网络治理的影响，很少有人探讨侨批网络治理对潮汕人的民间信仰以及习俗的影响。我们认为，潮汕地域文化导致侨批网络选择了基于乡族关系的治理模式，而乡族关系治理模式又通过影响潮汕人的民间信仰、习俗和文化信念等非正式制度，进一步强化侨批网络治理的效果。因此，考察侨批网络治理模式对潮汕地域文化和信念的影响可以深化我们对侨批网络的认识。

首先，侨批网络治理模式对寄批习俗和下南洋习俗有着重要影响。在批局出现之前，华侨寄批是不定期的。批局的出现，特别是侨批网络的出现，为华侨提供了更为便捷安全的服务，促进了华侨寄批，以致华侨寄批成为习惯。特别是到20世纪30年代，华侨按月汇款回家成为一种天经地义的事情，便渐成习俗，而这一习俗的形成与侨批网络服务同乡同族乡亲是分不开的。

侨批网络治理对潮汕人下南洋也有着重要影响，随着源源不断的侨汇汇入，侨汇大大改善了侨眷的生活，这给人们以强烈的示范效应。下南洋成为潮汕人发家致富的主要途径和习俗。在侨批网络初兴之时，每年出洋人数还较少，1869年约有2万人从汕头下南洋，到20世纪二三十年代，潮汕人下南洋已是如过江之鲫，每年大约有6万人从汕头前往南洋（王琳乾和邓特，1999）。

其次，侨批网络治理对潮汕宗族文化、信仰和信念的影响。随着华侨寄批习俗的形成，源源不断的侨汇挹注，促进了潮汕经济社会的发展。侨汇不仅用于养家和

孝敬长辈，也用于祭祀祖先和神明，从而对宗族文化、信仰和文化信念产生影响。

汕头有信批局经理芮治埕（1987）的回忆让我们看到侨批与潮汕地域文化的互动。"当地商例，每年冬至之后，一年盈亏，几成定局，如果丰盈，则当事人便可先期酌支红利，寄批回乡，购置田宅和祭祀祖先；一些高级职员，亦多得店主特许，先支奖金若干；此外唐中藉神敛财者，亦多在此时大显身手，修庙换袍，酬神演戏，趁机跃起，故侨批缘情而激增。"

可见在侨汇的支持下，近代潮汕地区祖先崇拜和民间信仰活动日趋兴盛，从而强化了宗族文化和民间信仰，也进一步强化了人们对侨批的信念。在南洋地区，已建立家庭的潮汕移民保持着祭祀祖先的习俗，不仅如此，潮汕移民还对潮汕移民先辈进行公祭。如泰国潮州会馆每年清明都要举行隆重的公祭先侨仪式。除了祖先崇拜，潮汕移民也崇奉伯公、妈祖和关公等，祈求服水土、保平安和获财利。正是共同的宗族文化和信仰习俗起到敦乡谊、固团体的重要作用。南洋潮汕移民广泛联络同乡与同族关系，形成了数量众多的同乡组织与宗亲组织。这为以乡族关系为纽带的侨批网络治理提供了丰富的人力资源，同时也提供了集体惩罚的条件，增强了集体惩罚的信念。

可以说，侨批网络治理促进了寄批和下南洋习俗的形成，批款除了用于养家，还用于祭祀祖先和神明，通过这些传统文化仪式来宣扬"忠孝"和"信义"，以强化海（境）内外潮汕人的宗族文化和信仰，以及人们的侨批信念和集体惩罚信念，这些信仰和信念内化为侨批网络的内部约束机制，保障了侨批网络的安全高效运作（见图 7 - 1）。

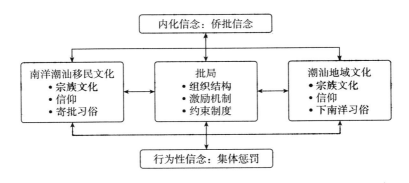

图 7 - 1　地域文化、信念和侨批网络治理

本章小结

　　近代侨批网络兴起于潮汕与南洋跨国潮人社区中，这一外部条件促使侨批网络采用了基于血缘和地缘的乡族关系治理模式。侨批网络依托乡族关系开展业务，为潮汕同乡同族乡亲提供侨批递送服务，并在同乡同族中选拔经理和员工，与同乡同族批局建立代理关系，用正式的业务规范和行业规范约束同乡同族伙计和代理人，对违规者进行集体惩罚，同时采用薪金、奖金激励员工。同时，乡族关系治理模式的发展内生地选择出能降低侨批网络治理模式运行成本的地域文化和信念，进而强化侨批网络的乡族关系治理模式。

第八章　研究结论与政策启示

限于史料，关于侨批网络的研究结论大多陈陈相因，缺乏足够的证据支持。随着侨批档案的整理和开发，为我们进一步深入研究侨批网络提供了史料支持。本书利用广东省档案馆馆藏汕头批信局档案资料、潮汕侨批业档案资料，并通过访谈批脚获得批信局经营管理的口述史资料等，重新组织和透视已有的史实，比较系统地描述了侨批局的经营管理，并从社会网量化分析视角展示了侨批网络的特征和结构，进而对侨批网络的治理模式进行了较全面的描述。此外，我们研究了侨批网络治理模式与潮汕文化之间的关联与互动，探讨了地域文化与治理模式间的联系机制。

第一节　研究结论

一、识别影响侨批网络的潮汕文化内容

我们利用与潮汕文化及潮汕华侨相关的文献资料，运用扎根理论，将潮汕文化内容归纳为血缘和地缘叠合的乡族文化，在阐述潮汕地区是如何形成一个血缘和地缘叠合的宗族社区的基础上，我们识别出与侨批业密切相关的潮汕文化内容，即宗族文化、民间信仰、下南洋和寄批习俗等。宗族文化和民间信仰是潮汕宗族社区的两大文化支柱，宗族文化能够凝聚宗族成员，民间信仰能够联结附近

村落，增强潮汕同乡凝聚力。下南洋的主要目的是赚钱养家，华侨寄批回家是实现养家的主要途径，这些文化内容无疑与侨批业密切相关，对侨批网络的有效运作具有重要影响。

二、侨批业与侨批局

潮汕人下南洋者多为青壮年，担负着养家责任，出洋赚钱养家成为下南洋的主要动因，定期汇款回家成为潮汕华侨习俗，并衍生出为海（境）内外华侨侨眷传递银信的侨批业，数量巨大的侨汇挹注赡养了潮汕地区近半人口，促进了潮汕地区经济社会的发展。

为华侨侨眷传递银信的民间机构是侨批局，侨批局多为家族所有或合伙经营，侨批局一般规模不大，组织比较简单，侨批局服务范围具有地域性，顾客均为族人和同乡。侨批局从宗族子弟和同乡中选拔经理和伙计，依托乡族关系收揽业务，并为华侨提供各种便利服务，且回批快捷，深得华侨信任。

三、侨批网络特征

通过对1933~1949年潮汕侨批网络的社会网分析，我们呈现了侨批网络的整体面貌和特征。从侨批网络整体规模来看，抗日战争胜利后，网络规模有明显扩大，从1946年的492家增长到1948年的622家，主要体现在海（境）外分号和潮汕分号数量的增加，海（境）外分号增长尤为显著，受政策限制，汕头侨批局数量则维持稳定，在70家左右。数量众多的海（境）内外侨批局通过合作，构成了覆盖南洋潮汕华侨和家乡侨眷的跨国侨批网络。从侨批网络个体网规模来看，个体网规模均较小，以汕头侨批局为中心的个体网规模在10~13家。

从侨批网络关系纽带来看，批信局以宗族关系、同乡关系为纽带构建合作关系，形成侨批网络。乡族关系为侨批网络的运作提供了信用基础，保障了侨批网络的有效运作。随着批信局服务范围的扩大，批信局更多地通过同乡关系构建合作，依托宗族关系进行合作的比重在下降。这表明近代潮汕帮批信局已从乡土家族血缘封闭心理开始走向有差等的社会开放，从注重宗族关系向注重同乡关系转变，但尚未突破同乡关系，未能与非潮汕籍批信局合作以扩展服务范围，其仍是一个以潮汕地区或潮汕方言为界的帮派。不过，与国内环节相比，在跨国环节，批信局间更多依靠宗族关系建立合作，以此来保障侨批的递送，减少不确定性与风险。

从侨批网络的中心性来看，汕头侨批局的中心性明显高于潮汕分号和海（境）外分号，而潮汕分号又高于海（境）外分号，说明在侨批网络中，汕头批信局起到结构洞的作用，在侨批网络中处于中心位置。也有一些潮汕地方分号、海（境）外分号也通过与多家汕头批信局合作，起到桥梁作用。从侨批网络密度来看，侨批网络中各侨批局之间的联系比较松散，侨批网络密度比较低，松散的结构特征有利于侨批网络整合潮汕各地族群及邻近族群，促进侨批网络稳定、高效地运作。

从侨批网络的派系分析来看，随着近代侨批业的发展，批信局的服务范围在不断扩大，通过与地方批信局合作，大多数汕头批信局的服务范围几乎扩展到整个潮汕地区乃至潮汕邻近地区。现有文献认为批信局大帮派内部存在以县划分的小帮派的说法缺乏证据支持。不过，虽然侨批网络并不存在以县划分的小帮派，但从可达性的角度出发，侨批网络是存在派系的，不同派系存在重叠现象，不同派系之间往往具有相同的批信局，派系的重叠性为批信局拓展合作关系、扩大服务范围提供了支持，这可能是潮汕侨批网络能高效运作的重要原因。

四、侨批网络的治理

近代侨批网络兴起于潮汕与南洋跨国潮人社区，这一外部条件促使侨批网络采用了基于血缘和地缘的乡族关系治理模式。这一治理模式的主要内容包括侨批网络依托乡族关系开展业务，为潮汕同乡同族乡亲提供侨批递送服务，侨批局在同乡同族中选拔经理和员工，与同乡同族批局建立代理关系，用正式的业务规范和行业规范约束同乡同族伙计和代理人，对违规者进行集体惩罚，通过泛家族化将员工视为"自家人"，采用薪金、奖金激励员工。

跨国侨批的顺利递送取决于是否存在一个支持性的制度安排，它能低成本地解决代理问题。一个以声誉为基础的经济制度为潮汕侨批网络的运作提供了制度支持。侨批网络是结构性嵌入在跨国潮人社区中的，侨批网络中的多边惩罚机制和商人间的文化信念在治理中发挥了核心作用。在侨批网络中，信息共享增强了人们之间的熟悉程度，使多边惩罚成为可信的威胁；网络成员对将来的雇佣和多边惩罚的信念，将侨批局当前的交易和侨批局与所有潮汕华侨、潮帮侨批局之间的未来交易相联系。网络成员对多边惩罚的共同信念对每个侨批局而言是外生的，每个成员应对这些外生条件的最佳策略就是保持其成员身份，并参与多边惩罚，因此联盟是自我实施的，多边惩罚也是可信的。众所周知的侨批业惯例和规范为各种行为提供了统一的解释，推动了协调行动，从而增加了多边惩罚威胁的可信性。

在多边声誉机制分析的基础上，我们进一步从激励互补性理论出发，系统分析侨批网络各制度要素和组织要素间的互补关系，特别分析了侨批网络治理模式与潮汕文化之间的关联与互动。研究发现，在跨国潮人社区条件下，血缘和地缘叠合的乡族文化促使侨批网络采用了基于血缘和地缘的乡族关系治理模式，乡族关系治理模式的发展内生选择出能降低侨批网络治理模式运行成本的地域文化和信念，海（境）内外潮人崇拜祖先，信奉伯公、妈祖和关公等，崇尚寄批和下南洋习俗，并形成相应的文化信念。通过祭祀先辈和神明，能够凝聚身处异地的同乡和宗亲，加强潮汕族群凝聚力，为侨批网络提供源源不断的人力资源。通过宣扬"忠孝""信义"等观念，从道德层面对同乡和同族人员的行为施加约束，对违规者实施集体惩罚。共同的宗族文化、信仰和习俗让人们形成关于侨批的信念，侨批信念和集体惩罚信念强化了侨批网络的乡族关系治理模式，呈现出潮汕文化与侨批网络治理模式相互影响和相互强化的关系。

第二节　政策启示

无论在任何国家，当法律缺失时，社会网络和宗教群体对合同执行起着重要的作用，这一点已经被很多社会学家、人类学家和经济学家提及。但是这些分析倾向于把社会网络和惩罚的可信度当作给定的事实来理解（阿夫纳·格雷夫，2008）。对侨批经营网络的分析充分表明，要完全理解与这些网络和群体相关的经济制度的本质和含义，必须要理解社会组织、文化和相关经济制度之间动态的相互作用过程。本书的政策启示主要体现在以下几个方面：

一、对现代市场信用体系建设的政策启示

侨批网络能得到有效治理的一个重要制度条件是其能够满足多边惩罚机制的条件。这对于现代市场信用体系建设有重要的启示：一是在市场信用体系建设过程中，除了注重法律等正式制度建设外，还需注重如商会、行业协会等非正式制度的建设，因为这些社会组织对于共享企业不诚信行为等信息具有重要作用。二是要弘扬地方商帮优秀文化价值观，发挥商帮文化信念对规范企业行为的作用。三是要尽可能地尊重并认可各种商业惯例和规范。商业惯例和规范是市场个体在长期重复博弈中自发形成的共同认知，在协调商业合作方面发挥着不可替代的作用。

二、对公司治理的启示

多边惩罚机制只是侨批网络治理中的一部分。治理模式是一个制度体系，或一整套"激励系统"，有效的治理模式是各种制度要素互补的结果。本书进一步分析侨批网络制度要素和组织要素间的互补关系，探讨侨批网络治理与潮汕地域文化之间的内在联系与相互作用，认为潮汕文化与侨批网络治理模式存在相互影响和相互强化的关系。这对我们探索公司治理模式有一定的启发意义。企业的经营是嵌入在一定的地域社会结构中的，一个有效的治理模式一定是与其所处的地域文化有着良好耦合，并相互支持的，这样才能节约交易费用和治理成本。当前我国部分企业存在模仿国外先进国家治理模式的现象，而国外企业的激励系统与其特定的地域文化、共享信仰是相耦合的，却未必与中国的文化环境、员工价值观及预期相一致。因此，我们不能一味地模仿外国的治理模式，而是要思考如何创造性地实现地域文化与企业激励系统的良性耦合。

三、对潮汕民营企业的启示

传统信用关系只能存在于熟人社会，近代潮汕人的信用关系也只生长于潮汕人群体中，而很难与外界发生信用关系，以致侨批服务具有地域性，潮汕帮侨批局的服务范围仅限于潮汕地区及邻近区域，无法进一步拓展更大的市场范围。这对于今天的潮汕民营企业具有重要的启示，今天的潮汕民营企业，数量众多，但

规模偏小，多采用家族管理模式。企业要发展壮大，必须要与更多的陌生人合作，包括雇用职业经理人或与上下游合作等。随着交易范围和市场的扩大，潮汕民营经济需从熟人经济向非熟人经济转型，信用关系需从传统信用关系向现代市场信用关系转型，治理模式需从基于关系的治理转向基于规则的治理。

四、对潮汕地区参与"一带一路"建设的启示

侨批网络是近代重要的跨国商业网络，潮汕文化与侨批网络治理之间的内在联系与互动，对于今天中国企业"走出去"，参与"一带一路"建设，具有重要启示。今天的东南亚地区，潮汕籍华侨华人仍然传承着潮汕文化，并与故乡保持着密切联系。因此，潮汕企业家仍然可以依托乡族关系，与东南亚企业建立合作关系，促进中国与东南亚国家的经贸合作。另外，潮汕地区要发挥侨乡优势，特别要加强中国传统文化的输出，加强民心相通。通过人民友好往来，增进相互了解和建立友谊，为开展区域合作奠定坚实的民意基础和社会基础。

参考文献

［1］阿夫纳·格雷夫：《大裂变：中世纪贸易制度比较和西方的兴起》，郑江淮等译，中信出版社，2008 年版。

［2］包乐史、袁冰凌：《吧城华人公馆（吧城公堂）档案丛书·公案簿》（第二辑），苏梦尔校，厦门大学出版社，2004 年版。

［3］彼得·布劳：《不平等和异质性》，王春光等译，中国社会科学出版社，1991 年版。

［4］滨下武志：《移民与商业网络——泰国潮州帮与侨汇》，载陈文寿编：《华侨华人的经济透视》，香港社会科学出版社，1999 年版。

［5］蔡洪滨、周黎安、吴意云：《宗族制度、商人信仰与商帮治理：关于明清时期徽商与晋商的比较研究》，《管理世界》2008 年第 8 期。

［6］蔡鸿生：《清代苏州的潮州商人——苏州清碑〈潮州会馆记〉释证及推论》，《韩山师专学报》（人文社会科学版）1991 年第 1 期。

［7］蔡香玉：《近代潮汕教会与抽纱业的兴起》，《宗教学研究》2015 年第 4 期。

［8］常慧：《侨批的变迁——以王顺兴信局为中心》，《闽商文化研究》2013 年第 1 期。

［9］常建华：《明代徽州的宗族乡约化》，《中国史研究》2003 年第 3 期。

［10］陈春声：《近代华侨汇款与侨批业的经营——以潮汕地区的研究为中心》，《中国社会经济史研究》2000 年第 4 期。

［11］陈春声：《信仰空间与社区历史的演变——以樟林的神庙系统为例》，

《清史研究》1999 年第 2 期。

　　[12] 陈春声：《正统性、地方化与文化的创制——潮州民间神信仰的象征与历史意义》，《史学月刊》2001 年第 1 期。

　　[13] 陈达：《南洋华侨与闽粤社会》，商务印书馆，2011 年版。

　　[14] 陈海忠：《近代国家权力在地域社会的建构——以 20 世纪二三十年代汕头地方纸币变迁为中心》，《学术研究》2016 年第 7 期。

　　[15] 陈海忠：《近代商会与地方金融——以汕头为中心的研究》，广东人民出版社，2011a 年版。

　　[16] 陈海忠：《民国商人、商会与政权力量——基于汕头商会档案中一个商人与商会诉讼案例的讨论》，《汕头大学学报》（人文社会科学版）2011b 年第 3 期。

　　[17] 陈海忠：《内乱还是外患：20 世纪 30 年代的商会问题——以 1930 - 1936 年汕头市商会改选为中心的讨论》，《汕头大学学报》（人文社会科学版）2010 年第 1 期。

　　[18] 陈家麟：《有关"潮汕文化"的若干理论问题》，《汕头大学学报》1994 年第 4 期。

　　[19] 陈礼颂：《百数十年来的南洋侨汇》，《国际潮讯》1993 年总第 17 期。

　　[20] 陈礼颂：《一九四九年前潮州宗族村落社区的研究》，上海古籍出版社，1995 年版。

　　[21] 陈丽园：《潮汕侨批网络与国家控制（1927 - 1949）》，《汕头大学学报》2003 年第 S1 期。

　　[22] 陈丽园：《华南与东南亚华人社会的互动关系——以潮人侨批网络为中心（1911 - 1949）》，新加坡国立大学，博士学位论文，2007 年。

　　[23] 陈丽园：《论潮汕侨批的节律变化》，《汕头大学学报》（人文社会科学版）2014a 年第 6 期。

　　[24] 陈丽园：《论跨国侨批互动的双重性——以潮汕侨批为中心》，《汕头大学学报》（人文社会科学版）2014b 年第 3 期。

　　[25] 陈丽园：《侨批公会的建立与跨国侨批网络的制度化（1911 - 1937）——以潮汕为例的研究》，《华侨华人历史研究》2012 年第 2 期。

［26］陈丽园：《侨批经营网络的组织形态研究》，载王炜中：《第二届侨批文化研讨会论文选》，公元出版有限公司，2003 年版。

［27］陈丽园：《侨批经营研究的若干问题——从 1887 年广惠肇文兴信局的创办广告谈开去》，《侨批文化》2004 年总第 3 期。

［28］陈丽园：《战后华南与东南亚侨批网络的整合与制度化——以南洋中华汇业总会为中心》，《东南亚研究》2014c 年第 3 期。

［29］陈文涛：《福建近代民生地理志》（下卷），福州远东印书局，1929 年版。

［30］陈璇珠：《女侨批派送员庄雪卿》，《侨批文化》2004 年总第 3 期。

［31］陈雪峰：《潮汕宗族意识的瓦解个案分析——以锦里园陈氏为例》，《汕头大学学报》（人文社会科学版）2018 年第 10 期。

［32］陈训先：《论侨批的起源》，《华侨华人历史研究》1996 年第 3 期。

［33］陈训先：《清代潮帮侨批业对我国原始金融市场的贡献》，《汕头大学学报》2005 年第 5 期。

［34］陈衍德：《闽南粤东妈祖信仰与经济文化的互动：历史和现状的考察》，《中国社会经济史研究》1996 年第 2 期。

［35］陈昭天：《华侨汇款归国增减之原因及推测》，《边事研究》1937 年第 3 期。

［36］成瑾、胡彩霞：《股东如何才能获得 CEO 承诺？——基于晋商票号的案例研究》，《管理案例研究与评论》2016 年第 5 期。

［37］戴一峰：《传统与现代：近代中国企业制度变迁的再思考——以侨批局与银行关系为中心》，《中国社会经济史研究》2004 年第 1 期。

［38］戴一峰：《网络化企业与嵌入性：近代侨批局的制度建构（1850S－1940S）》，《中国社会经济史研究》2003 年第 1 期。

［39］杜桂芳：《潮汕侨批：义务与权利——以强烈的心理需求为特征的家族观念》，《华侨华人历史研究》1995 年第 4 期。

［40］杜经国、杜昭：《有关潮汕文化的两个问题》，载汕头大学潮汕文化研究中心、汕头市潮汕历史文化研究中心：《潮汕文化论丛初集》，广东高等教育出版社，1992 年版。

［41］ 杜松年：《潮汕大文化》，中国科学技术出版社，1994 年版。

［42］ 段雪玉：《祭业、董事、粮户：康乾时期苏州〈潮州会馆记〉新证》，《中国经济史研究》2019 年第 4 期。

［43］ 冯菡子：《解析非物质文化遗产潮汕传统嵌瓷艺术》，《艺术与设计》（理论）2018 年第 12 期。

［44］ 葛立功、陈景熙：《二战前后槟榔屿潮州会馆组织结构的变迁——以 1947 年会馆修改章程为案例》，《汕头大学学报》（人文社会科学版）2013 年第 3 期。

［45］ 葛学溥：《华南的乡村生活——广东凤凰村的家族主义社会学研究》，周大鸣译，知识产权出版社，2012 年版。

［46］ 顾士龙：《对于批信局应有之认识》，《储汇服务》1948 年第 86 期。

［47］ 郭马风：《潮汕民俗》，艺苑出版社，2001 年版。

［48］ 何东霞、易顺、李彬联、郭维：《宗族制度、关系网络与经济发展——潮汕地区经济落后的文化原因研究》，《华南师范大学学报》（社会科学版）2014 年第 2 期。

［49］ 何启拔：《批信局的组织及其业务》，《广东省银行月刊》1947 年第 3 卷第 7－8 期。

［50］ 横田浩一：《潮汕地区村落的族群标签与其历史演变——以潮州市饶平县 X 村的宗族与移居传说为例》，《韩山师范学院学报》2012 年第 1 期。

［51］ 洪林：《泰国侨批史略》，《汕头大学学报》（人文社会科学版）2007 年第 4 期。

［52］ 胡少东、孙越、张娜：《近代潮汕侨批网络构建与特征的量化分析》，《中国经济史研究》2017 年第 5 期。

［53］ 胡一声、郑焕宇：《新加坡华人的社会组织史观》，《东南亚研究资料》1982 年第 3 期。

［54］ 黄海清：《闽帮侨批业网络发展初探》，《华侨大学学报》（哲学社会科学版）2012 年第 4 期。

［55］ 黄瑾瑜：《谈海内外的潮州会馆》，《广东史志》2001 年第 4 期。

［56］ 黄挺：《1933－1934 年金融危机中的汕头市商会》，《汕头大学学报》

（人文科学版）2002 年第 3 期。

［57］黄挺：《潮汕文化索源》，《寻根》1998 年第 4 期。

［58］黄挺：《潮商文化》，华文出版社，2008 年版。

［59］黄挺：《城市、商人与宗族——以民国时期汕头市联宗组织为研究对象》，载常建华：《中国社会历史评论》第 10 卷，天津古籍出版社，2009 年版。

［60］黄挺：《从沈氏〈家传〉和〈祠堂记〉看早期潮侨的文化心态》，《汕头大学学报》（人文科学版）1995 年第 4 期。

［61］黄挺：《十六世纪以来潮汕的宗族与社会》，暨南大学出版社，2015 年版。

［62］黄挺：《早期侨批业运营的几个问题——以吧城华人公馆〈公案簿〉的记载为中心》，《韩山师范学院学报》2009 年第 2 期。

［63］黄燕华：《华侨汇款对近代潮汕地区农业与农村社会的影响》，《华南农业大学学报》（人文社会科学版）2006 年第 3 期。

［64］焦建华：《传统组织与现代国家：南京国民政府侨批业政策的制定》，《学术月刊》2013 年第 9 期。

［65］焦建华：《福建侨批业研究（1896 - 1949）》，厦门大学出版社，2017b 年版。

［66］焦建华：《近代国家与市场关系的一个例证分析——以福建侨批业市场与政府邮政竞争为例》，《中国经济问题》2007c 年第 6 期。

［67］焦建华：《近代跨国商业网络的构建与运作——以福建侨批网络为中心》，《学术月刊》2010 年第 11 期。

［68］焦建华：《竞争与垄断：近代中国邮政业研究——以福建批信局与国营邮局关系为例（1928 - 1949）》，《学术月刊》2007a 年第 1 期。

［69］焦建华：《侨汇逃避期间中国银行与批信局关系之探讨（1946 - 1949）——以中国银行福建省分行为例》，《贵州社会科学》2017a 年第 5 期。

［70］焦建华：《太平洋战争前潮汕沦陷区侨汇业研究（1939.7 - 1941.12）》，《南洋问题研究》2014 年第 1 期。

［71］焦建华：《制度创新与文化传统：试析近代批信局的经营制度》，《中国社会经济史研究》2005 年第 3 期。

［72］焦建华：《中国近代的垄断与"规制"——以福建批信局与国营邮局关系为例》，《厦门大学学报》（哲学社会科学版）2007b 年第 5 期。

［73］冷东：《试论东南亚潮人的文化特点》，《汕头大学学报》（人文科学版）1997 年第 6 期。

［74］李宏新：《潮汕华侨史》，暨南大学出版社，2016 年版。

［75］李小燕：《梅州地区客家侨批业初探》，《汕头大学学报》2004 年第 6 期。

［76］李小燕：《新加坡民信业的兴衰》，《五邑大学学报》（社会科学版）2009 年第 1 期。

［77］李新魁：《二百年前的潮州音》，《广东社会科学》1993 年第 1 期。

［78］李宇：《潮汕民居装饰艺术研究》，《设计》2015 年第 3 期。

［79］林济：《潮商》，华中科技大学出版社，2001 年版。

［80］林济：《潮商史略》，华文出版社，2008 年版。

［81］林家劲、罗汝材：《近代广东侨汇研究》，中山大学出版社，1999 年版。

［82］林金枝：《两次世界大战期间东南亚华侨汇款及其作用》，《近代史研究》1988b 年第 3 期。

［83］林金枝：《略论近代福建华侨汇款》，《中国社会经济史研究》1988a 年第 3 期。

［84］林金枝：《析华侨汇款及其作用》，《八桂侨史》1996 年第 3 期。

［85］林金枝、庄为玑：《近代华侨投资国内企业史资料选辑》（广东卷），福建人民出版社，1989 年版。

［86］林凯龙：《"京都帝王府，潮州百姓家"——潮汕民居装饰及其启示》，《艺术与设计》（理论）2007 年第 10 期。

［87］林凯龙：《凿石如木，鬼斧神工——潮汕民居的石雕艺术》，《荣宝斋》2007 年第 5 期。

［88］林伦伦：《"潮汕文化"的自新与粤东社会的发展——"潮汕文化"三题》，《汕头大学学报》（人文社会科学版）2008 年第 4 期。

［89］林伦伦：《试论潮汕方言形成的历史过程》，《汕头大学学报》1988 年

第 Z1 期。

[90] 林伦伦、陈小枫：《广东闽方言语音研究》，汕头大学出版社，1996年版。

[91] 林真：《福建批信局述论》，《华侨华人历史研究》1988 年第 4 期。

[92] 凌彦：《民国邮政与民间信局的关系析论——以 20 世纪 30 年代的厦门为中心》，《中山大学学报》（社会科学版）2007 年第 3 期。

[93] 刘伯挚：《探析捷兴信局和源兴信局的侨批经营及互相关系》，《八桂侨刊》2019 年第 4 期。

[94] 刘军：《整体网分析：UCINET 软件实用指南》，格致出版社、上海人民出版社，2014 年版。

[95] 刘军：《整体网分析讲义——UCINET 软件应用》，第二届社会网与关系管理研讨会资料，哈尔滨工程大学社会学系，2007 年 1 月 18 日。

[96] 刘睿珺、吴宏岐：《民国时期广东台山侨汇网络的变迁——以〈新宁杂志〉的资料为中心》，《五邑大学学报》（社会科学版）2019 年第 4 期。

[97] 刘忠：《解读潮州陶瓷中的潮汕文化元素》，《陶瓷》2013 年第 7 期。

[98] 刘子川：《广府木雕和潮汕木雕之民系文化与地理环境特征》，《佛山科学技术学院学报》（社会科学版）2012 年第 5 期。

[99] 龙时瑶、谢舜龙、张贵英等：《潮商商会组织的成因与演变轨迹》，《潮商》2018 年第 1 期。

[100] 路晓霞、陈胜生：《潮汕侨批行业制度研究——以 20 世纪三四十年代的潮汕侨批档案为资料》，《档案》2013 年第 6 期。

[101] 罗堃、黄郁珠：《潮汕祠堂 历史悠久》，《潮商》2016 年第 1 期。

[102] 马楚坚：《潮帮批信局与侨汇流通之发展初探》，《韩山师范学院学报》2008 年第 2 期。

[103] 马楚坚：《潮帮批信局之创生及其功能的探索》，载李志贤：《海外潮人的移民经验》，新加坡潮州八邑会馆、八方文化企业公司，2003 年版。

[104] 马林诺夫斯基：《文化论》，费孝通等译，中国民间文艺出版社，1987 年版。

[105] 马明达、黄泽纯：《潮汕侨批局的经营网络》，《暨南学报》（人文科

学与社会科学版）2004 年第 1 期。

　　[106] 潘醒农：《马来亚潮侨通鉴》，南岛出版社，1950 年版。

　　[107] 彭尚青、黄敏、李薇、赵敏：《民间信仰的"社会性"内涵与神圣关系建构——基于粤东"夏底古村"的信仰关系研究》，《汕头大学学报》（人文社会科学版）2019 年第 2 期。

　　[108] 钱杭：《关于同姓联宗组织的地缘性质》，《史林》1998 年第 3 期。

　　[109] 青木昌彦：《比较制度分析》，周黎安译，上海远东出版社，2016 年版。

　　[110] 邱俞皓：《浅析潮绣艺术的形式美表达》，《美与时代》（上）2019 年第 12 期。

　　[111] 饶宗颐：《潮州志》，潮州地方志办公室，2005 年版。

　　[112] 芮诒埙：《有信银庄（批局）琐忆》，载政协汕头委员会文史资料研究委员会：《汕头文史》（第四辑），1987 年版。

　　[113] 汕头市金融志编纂小组：《汕头市金融志》，1987 年版。

　　[114] 汕头市侨办、侨联编写组：《汕头华侨志》，1990 年版。

　　[115] 沈敏：《潮安年节风俗谈》，中南书局，1937 年版。

　　[116] 沈文：《认真负责，任劳任怨——记老侨批派送员林奕顺》，《侨批文化》2004 年总第 3 期。

　　[117] 市川信爱、郭梁：《泰国华侨社会的特点和各种华侨帮派形式》，《南洋资料译丛》1981 年第 3 期。

　　[118] 宋德剑：《潮客族群互动与文化认同——丰顺县陶塘镇九河村的实证分析》，《汕头大学学报》2004 年第 4 期。

　　[119] 素帕拉·乐帕尼察军：《曼谷王朝时代政体改革前对华人的管理》，载《泰国潮州人及其故乡潮汕——第一阶段 2310（1767）－2393（1850）》，泰国曼谷朱拉隆功大学亚洲研究所，1991 年版。

　　[120] 田仲一成：《槟城潮帮的祭祀和戏剧》，《汕头大学学报》（人文社会科学版）2007 年第 2 期。

　　[121] 王琳乾、邓特：《汕头市志》（第四册），新华出版社，1999 年版。

　　[122] 王炜中：《许有智记忆中的侨批》，《侨批文化》2004 年总第 1 期。

［123］王炜中、王凯：《侨批对潮汕金融业发展的推动作用略考》，《福建金融》2015 年第 2 期。

［124］王炜中、杨群熙、陈骅：《潮汕侨批简史》，公元出版有限公司，2007 年版。

［125］王炜中等：《潮汕侨批论稿》，天马出版有限公司，2013 年版。

［126］旺威帕·武律叻达纳攀、素攀·占塔瓦匮：《吞武里王朝和曼谷王朝初期泰国社会中的潮州人》，载《泰国潮州人及其故乡潮汕——第一阶段 2310（1767）－2393（1850）》，泰国曼谷朱拉隆功大学亚洲研究所，1991 年版。

［127］隗芾：《论潮人文化的海洋性特征》，《韩山师范学院学报》1998 年第 3 期。

［128］吴承禧：《汕头的华侨汇款》，《华侨半月刊》1936 年第 99－100 期。

［129］吴二持：《略论侨批业与诚信》，《泉州师范学院学报》2008 年第 5 期。

［130］吴孟显：《近代潮汕侨批与墟市的发展关系刍议》，《汕头大学学报》（人文社会科学版）2014 年第 3 期。

［131］吴妙娴、唐孝祥：《近代华侨投资与潮汕侨乡建筑的发展》，《华南理工大学学报》（社会科学版）2005 年第 1 期。

［132］吴润填：《侨批——潮汕文化底蕴的折射》，《广东广播电视大学学报》2007 年第 5 期。

［133］吴贤俊：《主姓主导兼收次姓的〈仙都乡族谱〉——一部跨宗族的潮州同乡族谱》，《韩山师范学院学报》2010 年第 2 期。

［134］吴泽锋：《潮汕传统民居装饰艺术品鉴》，《艺术教育》2011 年第 7 期。

［135］西尊：《批信局侨汇业务的研究》，《广东省银行月刊》1947 年第 7－8 期。

［136］肖文评：《粤东客家山村的水客、侨批与侨乡社会——以民国时期大埔县百侯村为个案》，《汕头大学学报》（人文社会科学版）2008 年第 4 期。

［137］谢成佳：《海外华人社团与祖籍国的关系》，载杨群熙：《潮汕地区侨批业资料》，潮汕历史文化研究中心，2004 年版。

［138］谢荣：《潮汕文化的特点及其在中国历史上的地位》，《韩山师专学报》（社会科学版）1991 年第 1 期。

［139］谢雪影：《潮梅现象》，汕头时事通讯社，1935 年版。

［140］谢雪影：《汕头指南》，汕头时事通讯社，1934 年版。

［141］许东生：《潮汕嵌瓷工艺研究：以存心善堂为例》，《美术学报》2011 年第 4 期。

［142］许南燕、黄华明：《论潮汕传统嵌瓷艺术中的隐喻文化》，《艺术探索》2012 年第 6 期。

［143］杨建成：《侨汇流通之研究》（"南洋研究史料丛刊"第十五集），中华学术院南洋研究所，1984 年版。

［144］杨群熙：《潮汕地区侨批业资料》，潮汕历史文化研究中心，2004 年版。

［145］杨群熙：《华侨与近代潮汕经济》，汕头大学出版社，1997 年版。

［146］杨瑞龙、杨其静：《企业理论：现代观点》，中国人民大学出版社，2005 年版。

［147］杨晓慧：《泰国的批馆：历史与现状》，《东南亚》2003 年第 1 期。

［148］姚曾荫：《广东省的华侨汇款》，商务印书馆，1943 年版。

［149］野泽知弘、乔云：《柬埔寨的华人社会——从潮州会馆和陈氏宗亲总会看华人社团的国际化》，《南洋资料译丛》2011 年第 3 期。

［150］于亚娟：《近代潮汕侨乡城镇体系与市场圈（1840 - 1949）》，经济管理出版社，2017 年版。

［151］袁丁、陈丽园：《1946 - 49 年广东侨汇逃避问题》，《华侨华人历史研究》2001a 年第 3 期。

［152］袁丁、陈丽园：《1946 - 49 年国民政府对侨批局的政策》，《南洋问题研究》2001b 年第 3 期。

［153］袁丁、陈丽园、钟运荣：《民国政府对侨汇的管制》，广东人民出版社，2014 年版。

［154］曾建平：《潮汕民居的美学意蕴——以陈慈黉侨宅个案研究为例》，《汕头大学学报》2003 年第 5 期。

［155］曾益奋：《汕头金融业同业公会旧址》，《侨批文化》2006年第6期。

［156］曾益奋：《忆父亲——记振盛兴侨批局创办人曾仰梅先生》，《侨批文化》2004年总第3期。

［157］张富强、丁旭光：《潮汕文化特质散论》，《广东史志》1994年第1期。

［158］张公量：《关于闽南侨汇》，中国银行泉州分行行史编委会，1993年版。

［159］张洪林、薛锐：《从习惯调整到国家规制：潮汕侨批中的法律文化透析》，《华南师范大学学报》（社会科学版）2018年第1期。

［160］张洪林、朱腾伟：《家族文化构筑的潮汕侨批纠纷调处方式探析》，《广东社会科学》2019年第2期。

［161］张美生：《侨批档案图鉴》，中山大学出版社，2020年版。

［162］张晓宾、陈宏之：《潮汕民间信仰的窥探——以潮汕传统建筑工艺嵌瓷为视角》，《社科纵横》（新理论版）2010年第1期。

［163］张跃中、马夏妍：《潮汕传统民居石雕装饰的造型特征》，《大众文艺》2013年第9期。

［164］张仲凯：《来自家族的呼唤：潮汕地区的经济建构——从一个村落的家族组织说起》，《中国农村观察》2003年第3期。

［165］赵雪松：《浅论20世纪初期侨批局的经营制度创新——以侨批局和银行的关系为例》，《河南社会科学》2008年第S1期。

［166］郑林宽：《福建华侨汇款》，福建省政府秘书处统计室，1940年版。

［167］郑一省：《水客与近代中国侨乡的金融网络及移民网络——以闽粤侨乡为例》，《东南亚研究》2006年第5期。

［168］中国海关学会汕头海关小组、汕头市地方志编纂委员会办公室：《潮海关史料汇编》，汕头市地方志编纂委员会，1988年版。

［169］周大鸣：《动荡中的客家族群与族群意识——粤东地区潮客村落的比较研究》，《广西民族学院学报》（哲学社会科学版）2005年第5期。

［170］周召京：《潮州会馆史话》，上海古籍出版社，1995年版。

［171］朱育友：《马来西亚潮籍华人联络乡谊、共济互助的两种社会结

构——潮侨村和潮州会馆》,《东南亚研究》1987 年第 4 期。

[172] 邹金盛:《潮帮批信局》,艺苑出版社,2001 年版。

[173] 邹金盛:《泰国潮帮批信局史探索》,载杨群熙:《潮汕地区侨批业资料》,潮汕历史文化研究中心,2004 年版。

[174] Burt R. S. , "Structural Holes: The Social Structure of Competition", Boston: Harvard University Press, 1992.

[175] Glaser B. , Strauss A. , "The Discovery of Grounded Theory: Strategies for Qualitative Research", Califon: Transaction Publichers, 2009.

[176] Granovetter M. , "The Strength of Weak Ties", *American Journal of Sociology*, Vol. 78, No. 6, 1973, pp. 1360 – 1380.

[177] Granovetter M. , "Economic Action and Social Structure: The Problem of Embeddedness", *American Journal of Sociology*, Vol. 91, 1985, pp. 481 – 510.

[178] Greif A. , "Contract Enforceability and Economic Institutions in Early Trade: The Maghribi Traders' Coalition", *The American Economic Review*, Vol. 83, No. 3, 1993, pp. 525 – 548.

[179] Greif A. , "Cultural Beliefs and the Organization of Society: A Historical and Theoretical Reflection on Collectivist and Individualist Societies", *Journal of Political Economy*, Vol. 102, No. 5, 1994, pp. 912 – 950.

[180] Greif A. , "Institutions and the Path to the Modern Economy: Lessons from Medieval Trade", Cambridge: Cambridge University Press, 2006.

[181] Greif A. , "Reputation and Coalitions in Medieval Trade: Evidence on the Maghribi Traders", *The Journal of Economic History*, Vol. 49, No. 4, 1989, pp. 857 – 882.

[182] Holmstrom B. , P. Milgrom. , "The Firm as an Incentive System", *The American Economic Review*, Vol. 84, No. 4, 1994, pp. 972 – 991.

[183] Holmstrom B. , "The Firm as a Subeconomy", *The Journal of Law, Economics and Organization*, Vol. 15, No. 1, 1999, pp. 74 – 102.

[184] Hu S. D. , Chen S. Y. , "The Co – Evolution between Remittance Business for Overseas Chinese and Institutions: The Case of Chaoshan Region During 1860 –

1949", *Frontiers of Business Research in China*, Vol. 7, No. 1, 2013, pp. 138 – 164.

[185] Hu S. D. , Chen S. Y. , "Cultural Beliefs, Agency Relationship, and Network Governance", *Chinese Management Studies*, Vol. 9, No. 2, 2015, pp. 176 – 196.

[186] Klup D. H. , "Country Life in South China, the Sociology of Familism", New York: Columbia University Press, 1925.

[187] K. Polanyi, "The Economy as Instituted Process", in M. Granovetter, The Sociology of Economic Life, Boulder: Westview Press, 1992.

[188] Lin, Nan, Social Resources and Instrumental Action, in Lippman S. A. , Rumelt R. P. , Uncertain Imitability: An Analysis of Interfirm Differences in Efficiency under Competition, The Bell Journal of Economics, Vol. 13, 1982, pp. 418 – 438.

[189] Milgrom P. , J. Roberts. , "The Economics of Modern Manufacturing: Technology, Strategy and Organization", *The American Economic Review*, Vol. 80, No. 3, 1990, pp. 511 – 528.

后　记

　　2010 年秋，为准备参加"汕头开埠 150 周年研讨会"的会议论文，我特向林丹明教授请教，林老师建议我对近代和现代的潮汕经济进行比较，看看能否为潮汕经济的发展提供一些有价值的参考。

　　我虽是潮汕人，可对于近代潮汕经济史并不了解，因此，我从图书馆借来了许多文献资料进行研究，不曾想到，这却开启了我从事潮汕经济史的研究之路。

　　我是揭阳砲台镇人，虽然从小偶尔也听说过华侨的故事，但我们村华侨极少，印象中是有两个华侨，对于"过番""番批"等并没有多少了解。1989 年中考我考上汕头金山中学，记得开学时，父亲送我到砲台码头，我和几位同学从砲台坐电船到达西堤码头（今天的西堤公园已打造成为"侨批文化"传播基地），再坐轮渡到礐石，最后徒步到达金山中学。这是我第一次到汕头市——近代潮汕人民下南洋进出境的港口城市。读书期间，我和同学偶尔也爬上飘然亭，爬山路上也见过"百载商埠，楼船万国"等摩崖石刻，可当时不太明白"楼船万国"的意思。总之，我虽是潮汕人，但在开始研究潮汕经济史之前，我对潮汕历史的了解非常有限，大致停留在听长辈"讲古"、少时阅读"揭阳民间故事"的认知上。

　　随着对近代潮汕经济史料的研读，我对近代潮汕经济慢慢有所了解，以前的一些困惑也找到了答案，对于"过番"懵懂的认知也清晰起来。我开始惊叹近代汕头市的繁华和华侨对家乡的贡献。在研究过程中，侨批、侨批局、侨批业、侨批网络等词汇开始吸引我的注意力。一封封鲜活的家书、一个个华侨艰苦创业和一个个批局诚信经营的故事深深打动了我。我发现侨批业是一个很有趣的行业，不仅仅是因为侨汇与潮汕经济密切相关，更是因为海（境）内外批局间的合作和诚信经营吸引了我，侨批业研究也成为我的主要研究方向。一眨眼，我从事潮汕经济史、侨批业研究已过了十个年头。

本书是我承担国家社会科学基金项目（18BJL001）的结题成果。在完成课题研究过程中，得到了广东省档案馆、汕头大学图书馆等单位的大力支持，在此表示感谢；感谢汕头侨批文物馆林庆熙馆长，潮汕历史文化研究中心陈荆淮理事长、吴二持副理事长，汕头侨批研究会陈郴先生，侨批收藏家张美生，原隆都镇副镇长陈伟钿等前辈、好友的支持；感谢潘得勤先生、许允生先生、曾益奋先生等前辈接受我的采访；感谢研究生孙越、张娜、江丽枝、李龙、黄元盈等同学在收集、整理资料数据等方面提供的帮助；感谢国家社会科学基金项目匿名评审专家的宝贵意见。

本书的出版得到国家社会科学基金项目、汕头大学出版资助基金和广东高校创新团队项目的资助，在此一并致谢！

最后，我要感谢我的家人，感谢家人对我的默默支持和付出。

胡少东

2021 年 7 月 26 日，于汕头大学